世界はなぜ争うのか

国家・宗教・民族と倫理をめぐって

Ethics in Decision-Making
Interfaith Dialogue

ヘルムート・シュミット
マルコム・フレーザー
福田康夫
他［著］

ジェレミー・ローゼン［編集］

渥美桂子［訳］

朝倉書店

ETHICS IN DECISION-MAKING

Interfaith Dialogue

Malcolm Fraser
Yasuo Fukuda

Cover photograph by Herwig Laggner

日本語版への前書き

本書の原型となったウィーン宗教間対話を提唱されたヘルムート・シュミット元ドイツ首相が、二〇一五年一一月一〇日に逝去されました。同首相の国葬は、一一月二三日、ハンブルクの聖ミカエル教会で厳かに執り行われました。私は、アンジェラ・メルケル首相、ハンブルク市長、ヘンリー・キッシンジャー元米国国務長官の弔辞と、ケント・ナガノ氏が指揮するハンブルク交響楽団演奏のバッハを感慨を持って聴きながら、シュミット氏が本書（原文は英語）の出版を強く望まれたこと、それが七カ国語に翻訳されることを楽しみにしておられたことを、思い起こしました。そして何よりも父、福田赳夫への長年の友情に改めて感謝したのです。

父、福田赳夫がシュミット首相たちとインターアクション・カウンシル（ＩＡＣ）、通称ＯＢサミットを創設したのは一九八三年でした。当時の世界は冷戦の頂点にあり、経済は二度の石油危機と通貨不安に襲われていました。ＯＢサミットは世界平和、経済の活性化、人口・環境・倫理等、地球規模の諸問題に長期的焦点をあて、世界の元指導者たちの経験と叡智を結集して政策提言を打ち出すという壮大な事業でした。

シュミット首相は、福田赳夫の「心と心」を誰よりも理解してくれました。ＯＢサミットを創設してまもなく、福田赳夫とシュミット首相は、世界の主要宗教指導者と政治家との対話を開始し、幾たびか議論を重ねてきました。両氏は宗教が世界の多くの問題解決に寄与できること、だがその半面ときには深刻な問題にもなり得ることを熟知していたのです。以来、いくつかの優れた宣言が打ち出されてきましたが、二〇一三年にシュミット首相が、しばらく中断していた宗教間対話をもう一度と提案されました。躊躇する他の指導部を押し切って、私と故フレーザー首相と

元日本国首相
福田康夫
二〇一六年一月

で、二〇一四年三月にウィーンで開催した宗教間対話が本書の元となっています。それは中東でＩＳが誕生を宣言する前でしたが、シュミット首相はあたかも今日、世界中で発生しているテロ事件や戦争をまさに予想していたようです。

対話とそれを通じた相互理解と寛容の重要性も、連続するテロ事件を前にして、無意味とするむきもあることでしょう。しかし、例えＩＳが武力で抑えられ、テロの巣屈が根絶されても、相互理解と寛容の精神がなければ、他の形で問題は繰り返されるでしょう。歴史観と世界観にしっかりと支えられた普遍的倫理規範と相互理解・寛容の精神の重要性を私たちに教えてくれたのがシュミット首相でした。私はハンブルクの葬儀でそれらのことを再確認し、難題多き国際関係の解決に向けた糸口を掴む機会が早く訪れることを念じました。

二〇一五年にはＯＢサミットに深く関わられた重要人物が去られました。フォン・ヴァイゼッカー元ドイツ大統領（二月没）、本書の共同著者オーストラリアのフレーザー首相（三月没）、そしてシュミット首相と続きました。また、長年事務総長として会議を取り仕切って下さった宮崎勇元経済企画庁長官も新年早々逝去されました。本書は、混沌とした世界情勢の中で、先達の理念と思いを後世に引き継ぐための試みです。

本書出版にあたっては、ＯＢサミット創設時から事務局で中心的に尽くしてくれた渥美桂子さんに全面的にお世話になりました。ウィーン会議の企画・運営から原本を英文で監修し、他の言語訳の調整、そしてこの邦訳と一貫して貢献してくれました。彼女と他のボランティア諸氏に謝意を表します。また最後に三〇年以上に亘ってＯＢサミットの理念を理解し、支援を惜しまなかった外務省のヴィジョンに心から深謝いたします。

前書き

元西ドイツ首相
ヘルムート・シュミット
二〇一四年一二月

私は一九八〇年代前半、インターアクション・カウンシル（ＯＢサミット）の創設者、故福田赳夫元首相からある相談を受けました。長期的な地球・人類問題と対処するための前・元政治指導者のグループを創設したいということでした。私は何の躊躇もなく賛成しました。それは、私たちがそれまでに、各々の政府代表として議論や交渉を重ねた良き友人であり、世界観や懸念を共有しているとわかり合えていたからです。ＯＢサミットが創設されたのは、一九八三年でした。以降三〇年以上の年月、約三〇名の前・元首脳たちが五大陸の首府や都市に毎年集合し、政治・地政学、経済・金融、環境・開発分野等のグローバルかつ長期的な多くの問題を議論してきました。

しかし福田赳夫氏は、政治指導者のみの議論には満足されなかったのです。世界の諸問題のほとんどの原因が人間の心にあることを理解していた彼は、宗教指導者と政治指導者間の対話を模索していました。政治指導者も、数千年に及ぶ英知と伝統を代表する宗教指導者たちから学ぶ必要があると考えていたのだと思います。私は、彼の願望を「何と典型的な福田思考か」と感心しました。それは「心と心」の対話が彼の政治的な信念だったからです。「心と心」は彼にとって、公私ともに交渉相手に対する誠意、正直、理解、寛容、容認を意味していたのです。政治的にはナイーブとも言えるでしょうが、彼は世界を一層公正で平和にするためにこの姿勢で貢献したいと望んでいたのです。

最初の政治指導者と宗教指導者間の対話は、一九八七年にローマのチビルタ・カトリカで開催されました。仏教、カトリック、ヒンドゥー教、イスラム教、ユダヤ教、プロテスタントの指導者たちが、無神論者も交えて、保守系、社会民主主義者、リベラル派、共産主義者、独裁政権、民主主義政権を代表する政治家たちとの歴史上初めての対話に集合しました。

それは冷戦が頂点に達した時期であり、宗教を巻き込んだ戦争は未だ限定的でした。全ての参加者は、「人類は、長期的諸問題の挑戦と真摯に向き合わなければ、将来を極めて困難なものにしてしまう状況にあり、宗教界と政界の指導者たちが実現可能な解決策を模索し協力しあうことが不可欠である。」と合意しました。私は、家族計画に関してすら合意が得られたことに驚きました。こうした広範な合意が、私たちに宗教間対話を継続させることを決意させたのです。OBサミットは以降、一〇回以上こうした宗教間対話を開催しました。幸運にもチュービンゲン大学名誉教授で、グローバル倫理財団の創設者、ハンス・キュング博士が顧問として中心的役割を担ってくれました。その後、世界中に同様の宗教間対話の場が生まれ、開催されています。

私の人生の終着点が近づいており、世界中で宗教がらみの紛争が増大しているなか、私はもう一度だけこうした宗教間対話に参加したいという願望をここ数年間抱いてきました。OBサミットが誕生したオーストリアのウィーンでその願望が二〇一四年三月に実現されたことを私は嬉しく思いました。またOBサミットが、その機会に私の九五歳を祝福してくれたことにも感動しました。そして何よりも喜ばしいのは、そのときの議論がこうして書籍になったことです。

福田赳夫氏と私自身にとって極めて重要で長期的な懸念事項は、人口増と有限な天然資源の関係でした。一九〇〇年、世界人口は一六億人でした。それが二〇世紀中に四倍増し、今日では七〇億人を越えています。たった一世紀の間に人口が四倍も増したことは、歴史上かつてなかったのです。二一世紀半ばには、九〇億人以上に達すると予測されています。そのうち大多数は都市に居住することを余儀なくされるでしょう。

この二一世紀に入ってからの自然災害の先例なき規模や頻度は、地球が悲鳴をあげているのでしょうか？　深刻な質問は、「この地球は九〇億人を支えきれるのか？」です。食料や水といった生存のための基本的必需品すら手に入らない人々が数十億人も存在する世界で、いかにして公正で平和な社会など望み得るのでしょうか。これは、深遠で困難な問題であり、私には答えはありません。

ウィーン会議では、この問題も含めて他のいくつかの課題にも明確な合意には達しませんでしたが、私には、宗教指導者たちからの極めて重要なメッセージがこだましたのです。それは、「他人や社会を変え得ることは、公正で平和な世界のために責任感と不屈の努力を通じて自己改善できる人々にしかできない。そして世界の主要宗教の全てに共通したグローバル倫理を遵守することで、私たちは目標に一歩一歩、一日一日近づけるのだ。」という静かな主張でした。

これは、私にウィーン生まれの哲学者カール・ポパーの『知的自伝』からの次の言葉を彷彿させました。

「私たちの子供たちも理論も、究極には全ての作品も、ほぼ全てがその製作者から独立してしまう。私たちは、子供や理論に与えたもの以上の知識を得るだろう。それが無知の泥沼から私たち自身を向上させ得るのである。」

目　次

日本語版への前書き――福田康夫／元日本国首相　i
前書き――ヘルムート・シュミット／元西ドイツ首相　iii
序　文――福田康夫、マルコム・フレーザー／元オーストラリア首相　xi
ウィーン宣言　xv
ウィーン会議参加者リスト　xviii

第一部　政治指導者のスピーチ

歓迎の辞――ハインツ・フィッシャー／オーストリア大統領　3

シュミット首相への賛辞――ヴァレリー・ジスカール・デスタン／元フランス大統領　6
基調講演――マルコム・フレーザー　11
歓迎の辞――フランツ・フラニツキー／元オーストリア首相　22
開会の辞――ジャン・クレティエン／元カナダ首相　24

第二部　グローバル倫理

第一セッション　共通倫理の確認――マルコム・フレーザー　29
一．世界の主要宗教と精神哲学における共通倫理の確認――シュテファン・シュレンソグ／グローバル倫理財団理事長　30
二．意思決定におけるグローバル倫理――シャイク・ムハンマド・アル・ハバシ／アブダビ大学教授　35
討論　39

第二セッション　二〇世紀からの教訓――フランツ・フラニツキー　47
一．教会にとっての和解のための優先事項――フリードリッヒ・ヴィルヘルム・グラフ／ルートヴィッヒ・マクシミリアン大学教授　49
二．相違を祝う――シュリ・シュリ・ラヴィ・シャンカール　53
論文「倫理的意思決定」――アブデル・サラム・マジャーリ／元ヨルダン首相　57
討論　60

第三セッション　寛容の美徳――オルセグン・オバサンジョ／元ナイジェリア大統領　76
一．言葉の変遷する意味――ラビ・ジェレミー・ローゼン／ペルシャ・ユダヤ・コミュニティ司祭　78
論文「普遍的倫理―その目的と意図」――ラビ・ジェレミー・ローゼン　81
二．寛容の美徳――アリフ・ザムハリ／ナードラトゥール・ウラマー指導者　84
三．人々と指導者を寛容にする方策――ポール・M・チューレナー／ウィーン精神神学研究所教授　91
論文「寛容と理解」――福田康夫　94
論文「寛容―宗派の時代における過小評価される美徳」――トーマス・アックスウォージー／インターアクション・カウンシル事務局長　102
討論　105
第四セッション　ジハードと西側の見方――アンドリース・ファン・アフト／元オランダ首相　113
一．倫理的概念としてのジハード――アブダル・ムクティ／ムハンマディヤ本部事務局長　114
二．ジハーディ、イジュティハーディそして西側の認識――アミン・サイカル／オーストラリア国立大学教授　121
論文「宗教と暴力」――ゴラマリ・コシュロー／国連大使（イラン）　128
討論　132
第五セッション　倫理の再発見と意思決定における役割――ジョージ・ヴァシリュー／元キプロス大統領　140
一．グローバル倫理から政府とビジネスの倫理的政策決定へ――カーク・O・ハンソン／サンタ・クララ大学教授　142
二．個人的道徳感の連邦としての社会――マノ・メタナンド・ラオハヴァニッチ／タンマサート大学講師　148

論文「金融における倫理規範」――シーク・アブドゥルアジィズ・アルクライシ／元サウジアラビア中央銀行総裁　153
討論　157

第六セッション　将来への道筋――福田康夫　169
一．対話・交流を通じて、他の宗教・文化・文明を学ぶ――大谷光真／浄土真宗本願寺派前門主　171
二．国際的結束への一歩――ナイフォン・フィリッポポリス副大主教　173
論文「私たちの価値を反映する自身の選択」――トゥン・アブドゥラ・ハジ・アーマッド・バダウィ／元マレーシア首相　177
討論　182

第三部　チュービンゲン宗教間対話への提出論文
アブラハムを始祖とする三つの一神教――ハンス・キュング／チュービンゲン大学名誉教授　197
政治家と倫理規範――ヘルムート・シュミット　209
孔子の論語――杜維明／ハーバード大学名誉教授、北京大学名誉教授　224

第四部　倫理に関するＯＢサミット――過去の提言
ローマ宣言（一九八七年）　245
普遍的倫理基準の探求（一九九六年）　252

序　文

ウィーン宗教間対話共同議長
福田康夫
ウィーン宗教間対話共同議長
マルコム・フレーザー
二〇一四年一二月

インターアクション・カウンシル（OBサミット）は、一九八三年、オーストリアのウィーンで設立されました。そこでは、長期的地球人類問題と取り組むことが決められたのです。その後三〇年以上にわたって、世界中の元・前指導者たちが毎年集合し、各時点での問題分野における専門家たちと共に政策提言を発信してきました。この英知の集結は、その時々の常識よりも進んでいたことが多く、他のグループが数年後に追随するということも多々ありました。

その中で最も重要なイニシアチブは、政治指導者と宗教指導者間の対話です。冷戦が頂点に達していた頃、OBサミットは、創設者である故福田赳夫元首相主導の下、イタリアのローマにおいて一九八七年に最初の宗教間対話を開催しました。ローマでは、ヘルムート・シュミット名誉議長が前書きで述べられたように、感銘的な合意が達成されました。

宗教間対話は、その後私たちのアジェンダの重要な標柱となりました。宗教間の論争や相違が、往々にして社会不安、憎悪、時には戦争までもたらしているからです。私たちは、この問題を、宗教の誤解と誤用だと考えました。宗教は本来なら、対話を通じて過激主義や対立を収め得るはずなのです。私たちは、世界の主要諸宗教と精神哲学には、共通した倫理観が流れていると最初から信じてきました。そして宗教間の距離を縮め、より安全な世界を確立するために不可欠な共通倫理を定義したいと模索したのです。

これが一層深遠な議論の一部となりました。通商と世界政治のグローバル化は、倫理基準には目もくれずに進んでいました。私たちは、世界の主要宗教間に流れる倫理に関する合意が、グローバル倫理の確立に大きく貢献し、それが通商も含むすべての活動に影響を及ぼし得ると考えました。平和な世界を確立するためには、共通した倫理基準の遵守が不可欠だと信じたからです。そしてOBサミットは一九九六年と九七年に、オーストリアのウィーンで、神学者でありグローバル倫理を長年提唱してきたハンス・キュング博士指導の下、宗教間対話を再び開催したのです。

多くの議論を経て、一九九七年に「人間の責任に関する世界宣言」案という形で、一連の普遍的倫理規範が成文化され、合意されました。この成文の中核にあるのが、「黄金律」すなわち「自分にして欲しくないことは他人にもしない」です。私たちは、人権宣言の第二の支柱としてこの宣言案が国連で採択されることを望みました。残念なことに、この普遍的倫理という概念は、西側世界で必要な支持が得られませんでした。人間の責任は人間の権利と表裏をなします。人権を享受するには、誰かが責任ある行動を取らなければなりません。責任ある行動なしでは、人権も消滅してしまうのです。私たちの宣言は、世界中、とりわけ南アジア、東南アジア、東アジア、開発途上諸国から広く支持されています。

二一世紀が進み、世界の緊急な諸問題への共同コミットメントは不可欠となってきています。私たちは、世界の人々に平和と調和をもたらすためには、普遍的倫理を受け入れることが大きく役立つという信念を強めました。しかし、主要政府の政策立案において、倫理観は欠如しているかのように伺えるのです。あらゆる努力において倫理的態度の重要性をいかに再確立できるかは、おそらく私たちが直面する最重要な課題でしょう。

高齢となられたOBサミットの名誉議長、ヘルムート・シュミット元ドイツ首相が、OBサミットの傘下でもう一度、宗教間対話に参加されたいという願望を表明されました。そこで、私たち二人は、それをOBサミット誕生の地、ウィーンで開催することを決めました。私たちを長年知的に率いてこられたシュミット首相の九五歳を祝して深謝を表明する機会も兼ねることにしたのです。OBサミットの共同議長フランツ・フラニツキー元オーストリア首相が、二〇一四年三月二六―二七日に「政策決定におけるグローバル倫理」をテーマとした宗教間対話の組織委員長を務めました。この対話の中心的課題は「政治におけるこれら倫理価値の意義とは何か」でした。倫理とは、その必要性を説くだけのものでなく政策アプローチの一部をなすのだということを、いかに政治指導者たちは保証できるのでしょうか。ウィーンでは、以下の質問事項が検討・議論されました。

• 二〇世紀の歴史からいかなる教訓を得たか。どの教訓を無視し、どの教訓を忘れてしまったか？

• 寛容という徳―無視からではなく尊敬から出てくる寛容―とは、教え得るものなのか？

• 私たちは、自らの宗教・文化・文明的帰属意識を抑え、他の人々や国民の帰属意識を尊重するという挑戦を受け入れられるのか。国家・組織・個人であろうと、自己利益は常に道徳的価値や真実、正義よりも大切なのだろうか？

• すべての人間の活動、とりわけ膨大な進歩をもたらしながらも負と邪悪な側面も持つ経済・科学技術の分野での意思決定において、倫理観はいかにして再発見され得るだろうか？

• 世界の人口が九〇億人に達するという予測に鑑み、倫理に基づく人間の英知は、平和で公正な世界を実際もたらし得るのだろうか？

前書きでシュミット首相も述べられたように、これらの質問のいくつかに関して、特定な答えが会議で出たわけではありません。しかし、会議に提出された諸論文も活発な議論も極めて価値の高いものでした。シュミット首相の希望もあり、私たちはそれらを本としてまとめることにしました。（註：原文は英語で二〇一五年三月に発行されたが、その後、日・中・露・印・インドネシア・アラブ・タイ語と七カ国語に翻訳されている。）

私たちが二〇一四年三月にウィーンで会合した時点では、ISは未だ国家として宣言しておらず、ボコ・ハラムも今日のような世界的注目を浴びていませんでした。最近の出来事は、異なる文化と宗教間に存在する大きな分断を際立たせています。言論の自由とその限界、そして乱用は、次の点を例証しています。すなわち、ある一つの文化では世俗的価値観の必要な表現であると考えられるものが、宗教に対する尊敬と畏怖が批判精神や冗談を許さない特定の宗教文化では、侮辱的と捉えられるのです。ますます声高に提起される質問は「宗教と言論の自由を和解させることなど可能なのか？」です。これは、私たち全員が直面しているより大きな難題の一部でしかありません。

だからこそ、ウィーン会議は重要だったのです。それは、相違を強調しながらも、共通の立場を見出すことが可能なのかを試みたからです。事実、会議を通じて、これが宗教間のみならず、宗派間でも同様に重要な問題であると指摘されました。会議では、倫理、政治、社会、経済問題など人々を分断する広範なテーマが議論されましたが、結論の一つはコミュニケーションと相互作用を通じてのみ、私たち全員が望む目標に近づけるということでした。

本書は四部構成です。第一部は、開会式でのスピーチ集で、第二部は提出論文と各セッションでの議論のまとめです。第三部は、先に言及したチュービンゲン会議でのスピーチと論文です。（長年この活動を率いてくれたキュング教授が病気のために参加不可能となったので、彼の卓越した論文とシュミット首相のスピーチ、さらにやはり病気でウィーン会議を欠席せざるを得なかった杜維明ハーバード大学教授の論文を掲載することにしました。これら全てがＯＢサミットへの書き下ろしでした。）第四部は、過去の代表的宗教間対話で打ち出された宣言です。ウィーン会議で繰り返し言及されたように、私たちのこの努力の重要性は常に反復されなければならないと考えているからです。

最後に、三〇年以上にわたり深遠なビジョンをもってＯＢサミットを支援し続けてくれた日本政府に改めて深謝いたします。私たちは、諸般の事情から本書をＯＢサミットの最後の成果物と見なしており、ＯＢサミットも終焉したと位置づけています。

私たちは、共存・協調・人類に対する正義にとって総合的英知と具体的行動が不可欠であると信じています。故に、グローバル倫理の基本的原則および黄金律をここで再度、強調したいと思います。

- **全ての人間は人道的に扱われなければならない。**そして
- **自分にして欲しくないことは、他人にもしない。**

ウィーン宣言

—分断され危険な世界におけるグローバル倫理の実践

二〇一四年三月二六—二七日
オーストリア、ウィーン

一九八七年、当時は設立間もないインターアクション・カウンシルがローマで最初の宗教間対話を開催した。その後の宗教間対話では、台頭しつつあった普遍的（グローバル）倫理—世界の全ての主要宗教が共有する道徳的原則—という概念に焦点があてられた。共通の倫理原則に関する議論は、平和で寛容、慈悲深い社会と国際協力を促進するために必要な項目に限定され、その結論は一九九七年の「人間の責任に関する世界宣言」としてまとめられた。その中核にあるものは「自分にして欲しくないことは他人にもしない」という黄金律だった。

インターアクション・カウンシルは、二〇一四年三月にウィーンで再び宗教間対話を招請した。フランツ・フラニツキー元オーストリア首相が組織委員長を務め、マルコム・フレーザー元オーストラリア首相と福田康夫元日本国首相が会議の共同議長を務めた。その主目的は、危険かつ分断された世界において普遍的倫理規範を効果的にするために直面する挑戦事項を検証することだった。

一　普遍的倫理が明確に定義され、理解されていても、各国政府と諸宗教間の異なる関係および多様な文化的・宗教的背景が、普遍的倫理の実施にとって問題を提起している。

二　各国政府にとって、国益、自己利益、倫理的配慮の間に緊張があり、倫理的配慮を無視し、容易で短期的な決定を下す誘惑もある。

三　世界の状況がすべて異なり、それぞれが独特の文脈で発生しているので、普遍的倫理の実施は、複雑である。

四　たとえ普遍的倫理の原則が法律で条文化されている場合でも、その実施や法の強制への意思の欠如によって、これらの原則が影響され得る。

五　宗教内および宗教間の宗派的暴力そして世界の多くの宗教と文化に見られる過激派の台頭は、政治指導者と普遍的倫理の実施に対して特別な挑戦を挑まれる。

六　普遍的倫理の実践的応用を持続させ前進させることは、終わりなき任務である。政治指導者には、緊急の目標のために普遍的倫理への誓約を犠牲にするという短期的な誘惑が恒常的にある。長年の前進も、過激派や短期的自己利益への譲歩で急速に崩れ去ることもあり得る。

七　普遍的倫理の前進は、その中心において、全ての人に対する尊敬、寛容、慈愛を伴っている。全ての人間は平等に扱われるべきである。

八　グローバル倫理への進歩は、人口の急増によって一層困難になっている。ヘルムート・シュミット氏は、人口が七二億から九〇億に急増しようとしている世界では倫理的目標を達成するのは困難だと訴えた。

ウィーンでの議論は公正と平和のための手段として、グローバル倫理の広範な受容を促進するために必要な実用的ステップを強調した。

我々は以下のことを勧告する。

- グローバル倫理の促進および重要な責任と義務の受容。
- 全ての暴力正当化の拒否及び生命の価値の確認。
- 誤解されやすく分断を促しがちな政策を回避するための慎重な努力。
- 他の人々の見解を理解する特別な努力。相違を乗り越えるためにかかる理解は不可欠。
- 平和への道程としてのグローバル倫理を実施し、文化的・宗教的多様性から協力を促進するための政府指導者たちによる再誓約。
- 過激主義および政府による分断と誹謗の政治の拒否。
- 特定の地域と国家に見られる過激主義に対抗する特別な努力。
- 現代のグローバル化した世界共同体におけるグローバル倫理の促進がより複雑化されていることの認識。
- 全ての人、とりわけ青少年に対して全ての主要宗教およびそれらが重視する共通の倫理基準を教育する特別な努力。
- 人命、環境、天然資源に深刻な影響を及ぼす九〇億という人口に世界が向かっていることを意識した政策立案。
• 政治指導者と宗教指導者間の宗教間対話の継続。

ウィーン会議参加者リスト

二〇一四年三月二六―二七日

オーストリア、ウィーン組織委員長
フランツ・フラニツキー　元オーストリア首相

宗教間対話共同議長
マルコム・フレーザー　元オーストラリア首相
福田康夫　元日本国首相

インターアクション・カウンシル（ＯＢサミット）メンバー
1　ジャン・クレティエン　元カナダ首相
2　フランツ・フラニツキー　元オーストリア首相
3　ヘルムート・シュミット　元西ドイツ首相
4　マルコム・フレーザー　元オーストラリア首相
5　福田康夫　元日本国首相
6　アンドリース・ファン・アフト　元オランダ首相
7　シーク・アブドゥルアジィズ・アルクライシ　元サウジアラビア中央銀行総裁
8　トゥン・アブドゥラ・ハジ・アーマッド・バダウィ　元マレーシア首相
9　アブデル・サラム・マジャーリ　元ヨルダン首相
10　オルセグン・オバサンジョ　元ナイジェリア大統領
11　ジョージ・ヴァシリュー　元キプロス大統領

元ＯＢサミット・メンバー
12　ヴァレリー・ジスカール・デスタン　元フランス大統領

ＯＢサミット事務局長
13　トーマス・アックスウォージー（カナダ）
14　宮崎　勇（日本）

宗教指導者

15　ハムザ・アル・サレム博士（Dr. Hamzah Mohammed AlSalem）プリンス・サルタン大学教授（サウジアラビア）

16　張信剛博士（Prof. Hsin-Kang Chang）北京大学名誉教授（中国）

17　フリードリッヒ・ヴィルヘルム・グラフ博士（Prof. Dr. Friedrich Wilhelm Graf）ルートヴィッヒ・マクシミリアン大学教授（ドイツ）

18　ムハンマド・アル・ハバシ博士（Dr. Muhammad Habash）、アブダビ大学教授（シリア）

19　カーク・ハンソン博士（Prof. Kirk Hanson）サンタ・クララ大学教授（米国）

20　ゴラマリ・コシュロー国連大使（イラン）

21　マノ・メタナンド・ラオハヴァニッチ博士（Dr. Mano Mettanando Laohavanich）タンマサート大学講師（タイ）

22　アブダル・ムクティ博士（Dr. Abdul Mukti）ムハンマディヤ（インドネシア最古の近代ムスリム組織）本部事務局長（インドネシア）

23　ナイフォン・フィリッポポリス副大主教（Metropolitan Niphon）、モスクワ・アンティオック総主教代表（レバノン）

24　大谷光真浄土真宗本願寺派前門主（日本）

25　ラビ・ジェレミー・ローゼン博士（Rabbi Dr. Jeremy Rosen）、元カーメル・カレッジ学長、ラビ（英国）

26　アミン・サイカル博士（Prof. Amin Saikal）オーストラリア国立大学教授（オーストラリア）

27　シュテファン・シュレンソグ博士（Dr. Stephan Schlensog）グローバル倫理財団理事長（ドイツ）

28　ラヴィ・シャンカール師（Sri Sri Ravi Shankar）アート・オブ・リビング（インド）

29　アリフ・ザムハリ博士（Dr. Arif Zamhari）ナードラトゥール・ウラマー（世界最大のムスリム組織）指導者（インドネシア）

30　ポール・M・チューレナー博士（Dr. Paul M. Zulehner）ウィーン精神神学研究所教授、神父（オーストリア）

オブザーバー

31　クローディア・バンディオン-オートナー（Claudia Bandion-Ortner）アブドラ国王宗教・文化間対話国際センター（ＫＡＩＣＩＩＤ）事務次長（オーストリア）

32　ファイザル・Ａ・ムアマール（Mr. Faisal A. Bin Muaammar）ＫＡＩＣＩＩＤ理事長（サウジアラビア）

33　杉浦正健元日本国法務大臣（日本）

第一部

政治指導者のスピーチ

――二〇一四年三月二六日　オーストリア、ウィーン

歓迎の辞

オーストリア大統領
ハインツ・フィッシャー

閣下各位、宗教間対話の参加者、皆様

私は、ここウィーンに皆様を歓迎することを大変うれしく思いますし、私をご招待くださったこの会議の組織委員長、フランツ・フラニツキー博士に感謝申し上げます。

本日は、ドイツ元首相でこのインターアクション・カウンシル（OBサミット）名誉議長、ヘルムート・シュミット氏が参加されています。彼を歓迎できることは、私たちの特別な喜びであり、彼がこの会議をウィーンで開催すべきだと提案されたことにも感謝しております。シュミット首相、私たち全員は、この会議のためにウィーンにお出でくださったことを大変な光栄と存じております。そして宗教間対話に専念するこの会議に参加される皆様にもご挨拶できることは、私の喜びです。

皆様

異なる文化と宗教間の対話促進は、長年オーストリア政府にとっての優先事項でした。

オーストリアの社会は、文化、宗教、伝統、言語において多元的と説明し得るでしょう。一九世紀から二〇世紀に移る頃、ウィーンはイタリア北部からウクライナ西部まで、そしてチェコ共和国から今日のルーマニアの一部までに広がる一五の民族で構成された帝国の首都でした。一九一四年のオーストリア国会議員のうち、四名が後にそれぞれの国の首相になりました。それは、イタリアのガスペリ、チェコ共和国のマザリク、ポーランドのピルスデスキー、そしてオーストリアのカール・レナーです。異なる民族と宗教の間で共に暮らし、共に働くことは、私達の日常生活の一部でした。常に緊張がなかったとは申しませんが、機能はしていました。

例えば一九一二年、オーストリアはイスラム教を帝国内の公的宗教のひとつとして法的に認めた最初の西側国家となりました。それは極めて進歩的な第一歩でした。一〇〇年後の今日、グローバル化と移民のために、人口構成は大きく変わっています。

異文化間、異宗教間の緊張の高まりが近年の世界を特徴づけてきました。そのような緊張を緩和させるために、オーストリアは既存の障壁を除去し、多元主義と共存を強化するうえで、対話と交流が有効な手段だと考えております。

異文化間の関わりと協力という今日の挑戦と向き合うために、私たちは二国間、多国間のイニシアチブと積極的に対応してきました。これらのイニシアチブの目的は、共通の価値―すなわち平和、異なるグループの尊重と寛容―を強調することが圧倒的に多いようです。

こうしたコミットメントはいくつかの例証で説明できます。

第一に、国連文明同盟（UNAOC）は、文化間交流のための場をいくつか提供する遠大な事業で構成されています。UNAOCの強力な支援国として、オーストリアはウィーンで二〇一三年二月に第五回グローバル・フォーラムを開催しました。そのときのテーマは「多様性と対話における責任あるリーダーシップ」で、これは対話と多様性という概念を推進するうえで責任あるリーダーシップが重要であることを認識したものです。

第二に、創設メンバー国としてオーストリアは、二〇一二年にウィーンに本部を置いたアブドラ国王宗教間・文化間対話国際センター（KAICIID）を支援しています。

ここで、今日のオーストリアに関して何点か言及したく存じます。

現政府は、二〇一三年九月九日に行われた総選挙を反映しており、社会民主党とキリスト教民主党との大連立政権です。ブルーノ・クライスキーの頃に比較すると、両党ともほぼ半分になっています。一九七五年、社民党と保守は一八三議席中一二三議席（投票の六六・三五パーセント）を取っていましたし、当時は国会に代表を送り込んでいた政党は三つでした。今日、社会民主党とキリスト教民主党は投票の五二パーセントしか取れず、国会には六政党が代表されています。

あと二カ月後に迫った欧州選挙の予測では、三政党、(すなわち社会民主党、キリスト教民主党、自由党)が投票の二三～二五パーセントという同程度の得票率のチャンスがあると予想されております。

オーストリアの経済統計は、かなり良い状況が続いております。二〇一四年の成長率は一・五パーセントと予測され、失業率は約五パーセントで欧州中最良であり続けるでしょう。最近の推定によると、オーストリアの二〇一四年のインフレ率は二パーセント以下(一・六～一・九パーセント)となっております。オーストリアの二〇一三年の一人当たりGDPは三万七〇〇七ユーロでした(ドイツは三万三三五〇ユーロ)。私たちの輸出品の年間成長率は五パーセントです。一〇〇ユーロの収入のうち五六ユーロが輸出で、私たちの輸出のほぼ三分の一はドイツ向けです。それより少し多い三八パーセントがEUの他の諸国に行き、一〇パーセントがアジア、一〇パーセントが北南米大陸向けです。

皆様、これ以上皆様の貴重なお時間を取るつもりはありませんが、この会議の基礎をなす前提に私が強く共鳴していることにもう一度言及させてください。すなわち、文化間、宗教間対話への努力は、選挙の周期や個々の行政を超えたものだということを。私たちのそれぞれの努力は、本来は継続されるべきで、政策決定の中核として深く留められていると見られるべきです。そうすることで初めて、他の人々への理解を尊重することに成功し、本当に統合された多元論的社会に到達できるのです。

ご清聴ありがとうございました。

シュミット首相への賛辞

元フランス大統領
ヴァレリー・ジスカール・デスタン

ウィーン市長兼知事ホイプル氏、大臣各位、ＯＢサミット・メンバーの皆様、宗教指導者および神学者の皆様、淑女および紳士の皆様

私は今晩ここ、素晴らしいウィーン市庁舎に皆様とご一緒できることをうれしく思い、市長兼知事のミカエル・ホイプル氏のご招待に感謝申し上げます。

私たちは今日、「政策決定における倫理」という興味深いテーマを議論しました。卓越した学者やこのテーマに関する専門家の皆様の参加が議論を極めて中身の濃い、実りの多いものにしてくれました。

しかし、今晩私たちの注目の焦点となるのは別のテーマです。それはヘルムート・シュミットです。そして我が親愛なる友人、ヘルムート、貴方に敬意を払うよう、この参加者の中から私が専門家として依頼されたことを大変うれしく思います。

倫理の分野に留まって話しますと、倫理的行動とは、最大の善と最小の害を提供するものと定義できるでしょう。私は、ヘルムートへの賛美についてもこの原則を尊重して行う努力をいたします。

もちろん、彼は、私たち全員の尊敬に値します。彼は、事実、ドイツの最高指導者として常に勇気と一貫性を持って行動しました。

ヘルムート・シュミットが首相だった頃、ドイツは戦争の恐怖とそれに伴う犯罪によってあまりにもひどく痛めつけられたイメージを回復し、再び大国としての立場を取り戻せたのです。もちろん、ドイツのイメージの回復は、意図的に謙虚だったアデナウアー首相の確固たる民主主義の運営で始まり、極めて困難だったその努力の賜物です。これが、深い自己批判という意味でのドイツ国民の驚くほど

勇気ある努力によって引き継がれたのです。しかし、そのプロセスを完成したのがヘルムート・シュミットでした。それは、有能さ、質素さ、そして健全な判断力に結びついた彼の素質によって達成されたのです。ドイツ人たちは、彼らの民族国家（国民国家）の新たな定義において、幸福な状態に戻れたのです。

しかも当時の国際的環境は決して良好ではありませんでした。

ソビエト体制における最初のひびは、ポーランド危機の頃現れました。ブレジネフとその一派は、それに対していかなる態度を取るべきか分からず、躊躇していました。ヘルムート・シュミットが軍事的介入という選択肢を回避するよう助けたのです。同時に、彼は、ソ連軍のアフガニスタン侵攻という冒険主義を非難しました。この戦争により、究極的に彼らは何もプラスのない結果の中で疲れ果てるという運命にあったのです。

彼が直面したこの一連の出来事は、米国が担うべき役割について、彼に新たな見解を持たせました。それまでは、米国の指導者たちのドイツに対する態度は、占領文化の継続でした。さりげない仕方で、彼らは依然としてドイツが何をしなければならないかを決定していたのです。ヘルムート・シュミットは、彼の国をこの単純化された制約から脱出させようと忍耐強く機会をうかがっていました。彼は、カーター政権の煮え切らなさによってこれを強制されたのです。中性子爆弾やモスクワ・オリンピックへのドイツの不参加といった繊細な問題で、ドイツの支持を要求しておきながら、一言の説明もなくその目的を突如として取り下げてしまったのです。こうした動きは、ヨーロッパ——当時は九カ国で、その後一〇カ国になりました——が一層強力な政治構造を持つことこそ急務である、とヘルムート・シュミットに確信させたのでした。

またこの分野でも、ぶれないこと——矛盾の不在という意味で——が常に彼を動かす原則でした。ヘルムート・シュミットは、実際、信念溢れるヨーロッパ人でした。それ以外の方途などあり得たのでしょうか。

私たちは、一九六〇年代末、何かを予告するような場所、ジャン・モネの家で最初に出会いました。ジャン・モネは、彼の「ヨーロッパ合衆国委員会」メンバーたちとの会合を自宅で開催していたのです。

私が初めてその家に入ったとき、煙がもうもうと立ち込めている所がありましたが、その煙の下にいたのが、ヘルムート・シュミットでした。

一九七二年の蔵相会議で、再び会いましたが、隣同士に座り、議論に関してコメントを交わせるよう、私たちのどちらかが卓上の名前プレートを動かしてしまったことも覚えております。

私たちの間では、いつも自然な共犯関係がありました。それは、類似したビジョンと完璧な個人的忠誠心に基づいたものでした。ヘルムートは、驚くべき実直さの化身でした。どこに行こうとも、群集は私が「彼の確実性」と呼ぶ特質に対して敬意を払っていました。

一九七二年、彼は、カール・シラーから経済大臣のポストを引き継ぎました。シラーは、当時追い風に乗っていたドイツ企業のために、より広範な経済開放と通貨のフロート（変動相場制）を主張していた派手な大臣でした。ヘルムートの信じがたい勤勉さと実用的知性のおかげで、彼は一九七一年から七四年にかけて行われたブレトン・ウッズ固定相場制の廃止と新しいタイプの国際通貨制度の模索に関する知的論議で主要なプレーヤーとなりました。彼が通貨のフロート制度に混乱させられていたヨーロッパ間に新たな結束を確立する必要性を見出したのはこの時だった、と私は思います。

私たちは、私たちの同僚とこの新たな結束を形づくるための作業に着手しました。「通貨のスネーク」は、過度に異なる趨勢からくる圧力の下、崩壊しました。私たちは、より強固なものを作る努力を続けました。私たちの努力は最終的には一九七八―七九年の欧州通貨制度の発足とユーロ（ＥＵＲＯ）の前身であるエキュ（ＥＣＵ）の導入をもたらしました。

ヘルムート・シュミットが、これらの最大の貢献者です。彼は、確固たる政策を表明していたドイツ連邦銀行の意見とは逆に、ドイツ・マルクを他の弱い欧州通貨とリンクさせることをドイツ国民に説得しなければなりませんでした。そして皆様もご存知のように、ドイツの世論にとって、ドイツ・マルクは同国の経済復興そのもののシンボルであり、安全と誇りの要でした。欧州通貨制度の創設へのドイツ経済界の支持を勝ち取るために、ヘルムート・シュミットは彼の説得力と有能かつ公明正大なメッセージで尽力しました。私にはこれを達成し得ただろう人は他に思いつきません。欧州通貨を作り上げたことの功績を誤って求める人々とは対照的に、最高の栄誉はヘルムート・シュミットに与えられなければならない所以です。

一九八六年に私たちが「欧州通貨ユニオン委員会」を創設したとき、その報告書がユーロ導入文書の口火となったのです。その中で彼は、相対的に無気力だった他の指導者たちに、彼自身のヨーロッパに対する強いコミットメントを確認しています。

全てのヨーロッパ人は、ユーロなしの場合、今日の危機において、私たちの制度に大打撃を与えたであろう通貨切り下げ競争に直面しただろうという事実を意識すべきです。ユーロは、この地域全体を保護する並外れた盾なのです。

ヨーロッパにおけるその他の決定的な進展も、その時々の私たちの確実なパートナーシップのおかげでもたらされました。それなくして、私たちは一九七四年に欧州理事会を創設できなかったでしょうし、欧州議会の議員もここ三五年間実施されてきたように、欧州市民による五月の選挙で直接選ばれることはなかったでしょう。

しかし、ヘルムート・シュミットの政治生活で最も劇的な瞬間は「ドイツの秋」と呼ばれる一連の事件だった、と私は思います。

ヘルムート・シュミットは当時、死すら恐れない過激派の言語道断なテロ活動と対抗せざるを得ませんでした。実業家のマルティン・シュライヤー氏が誘拐されたとき、首相のぶれのなさが試されたのです。彼は生命と国家の安全保障の重みを測らざるを得ませんでした。それは市民の具体的な喪失とそれよりも抽象的な国家利益の間の過酷な選択でした。

何年も後、ヘルムート・シュミットは、これが彼の人生で最も困難な選択だった、と語っています。私たちはこの勇気ある態度に尊敬の念を表すばかりです。

こうした瞬間に美徳は顔を現すのです。

孔子が言ったように「仁者は労苦を先にして利得を後に

する。仁とはそういうものなのだ。」（論語、雍也第六、二〇章）

ヘルムート、貴方はその長い人生でこの教えに従いました。そしてそれが貴方を本物の優れた政治指導者にし、私にとっては極めて特別な友人にしたのです。

お誕生日おめでとう！

基調講演

―意思決定における普遍的倫理

元オーストラリア首相
マルコム・フレーザー

この特別の会議は、シュミット元首相の九五歳の誕生日を祝うために、またインターアクション・カウンシル（OBサミット）の創設者たち、とりわけそのビジョンと着想によってこのカウンシルの創設を導かれた故福田赳夫元日本国首相に感謝を表明するために開催されております。ヘルムート・シュミット氏は、その人生を通して、多くの変化に直面されてきました。彼は一九四一年、ドイツの若き陸軍中尉として、ロシア前線に派兵されました。モスクワの空襲も経験しましたが、幸いにも彼の部隊はスターリングラードに配属されませんでした。もしそうであったならば、ヨーロッパは二〇世紀で最も偉大な政治家の一人を失うことになっていたでしょう。

シュミット元首相は、戦後、英仏間の長年の敵意を徹底的に取り除くために、そしてヨーロッパの一体化を目指して、たゆみなく努力されました。シュミット首相は、彼に敬意を表するためにこの場に参加されたジスカール・デスタン元フランス大統領―私も今回お会いできて嬉しいのですが―と、とりわけ緊密に連携を取り合い努力されました。この偉大なお二方はこのOBサミットのみならず、広く世界中にも教訓と規範をもたらしました。フランスとドイツは、手に負えない積年の敵意にとらわれていました。彼らは、それとは異なる二国間関係の構築、すなわち協調と協力関係を確実にすることに努めた最重要人物でした。彼らと現役時代を共にできたことは、私の幸運でした。

私はここに集まられたOBサミットのメンバーたちと宗教指導者の皆様に特別の歓迎を表します。後者は、すでに私たちの議論のために小論文提出という形で大いに貢献されておられます。御礼申し上げます。また、特別ゲストの皆様にも歓迎の意を表します。

OBサミットは、旧ソ連がアフガニスタンを侵攻した直後の一九八三年に設立されました。その目的は、人口爆発、環境破壊に繋がる生活様式がもたらす多くの課題など長期的な地球人類問題を考察することでした。平和で豊かな世界はどうしたら構築できるのか。核兵器はどうしたら禁止できるのか。各国政府が無視しがちな長期的問題といかに取り組むべきか。これらは故福田赳夫首相が特に憂慮された問題でした。

シュミット首相と福田首相は、世界の主要宗教の中核に共通の倫理があると認識され、その定義と理解とを宗教間対話を通じて模索しました。最初の宗教間対話は、一九八七年に開催されました。「人間の責任に関する世界宣言」案に先立つこと一〇年前でした。そこでの宣言は、全ての宗教に受け入れられる普遍的倫理を定義したおそらく最初のものです。

今日、こうした長期的諸問題をかつてなかったほど重要にしている多くの要因が地球上に存在します。そのひとつは、世界人口の急増です。一〇〇年前の第一次世界大戦の頃、世界の人口は一七億人でした。第二次世界大戦が終わった頃は、二三億人でした。それが今日では七二億人に達しており、依然として急増し続けております。この人口増は資源を逼迫させているので、地球上の資源をより賢明に活用し、環境問題に適切な注意を払うことが急務なのです。

長期的諸問題への対応を急務にしている要因は、これらだけではありません。冷戦時代、世界はより安定しており、深刻な軍事対決の危険は今日よりも少なかったのです。二つの超大国が存在したことが、危険ではあったがある特定のバランスをもたらしていたのです。

それぞれが、相手をあまり刺激してはならないことを理解しており、いずれも核戦争は望んでおりませんでした。ただしその危機に恐ろしいほど近づいたことも何回かはありました。このバランスはソ連の崩壊で一九九一年に終焉しました。

それ以降、核不拡散条約にもかかわらず、当時よりも多くの国—現在九カ国—が核兵器を持つにいたりました。テロリストの手に核兵器が落ちる危険には現実味があります。また、地域的核戦争の可能性も単なる憶測であるとして無視するわけにはいきません。そうした地域的紛争が気候、環境、将来の安全保障に深刻な影響を世界中に及ぼすこと、そして数十億人が飢餓に直面するかもしれない、というリスクを理解していない人々が多すぎます。

一九九〇年、第一次湾岸戦争が勃発しました。その戦後、ジョージ・H・W・ブッシュ大統領が、一九九一年三月六日に、私が偉大なスピーチだったと評価した演説を米国議会で行いました。彼は「この小国（クウェート）の支援のために、北米、ヨーロッパ、アジア、南米、アフリカ、アラブの国々が集合しました。皆が侵略に対して団結したのです。私たちのこの普通ではない連合は、これから共通の目的のために努力しなければなりません。すなわち、人間の暗い側面の人質には決してならないという将来を作り上げることです。」と言いました。これが米国から聞きたかった声でした。ブッシュ(父)大統領は、新たな世界について語りました。ウィンストン・チャーチルを引用して、世界の新秩序とは「正義と公正の原則は、弱者を強者から守る」のだと。

その頃は楽観的な時期でした。暗い勢力だった共産主義と自由世界の間の競争は終わりました。自由に対する明白な敵はいなくなりました。各国は、人間性と良識を世界中で前進させるために、協調し合うことができるとされたのです。

それは私の人生で、二度目の楽観主義が世界を覆った時期でした。文明が自らをほぼ壊滅させた第二次世界大戦後、戦勝国、敗戦国双方の指導者たちはもっと賢明にならなければならないことを自覚していました。それは解放の時期でした。国連の理念と自由および平等の精神が世界中に広がったのです。各国は人類の向上のために努力するのだと。不幸にもその楽観主義はすぐ消散してしまいました。

冷戦は四〇年以上続きました。パワー・ポリティックスの古い規範が、国際関係を支配したのです。危険なライバル関係もありました。主要諸国間で真に協力的な世界を築くチャンスは失われてしまいました。

ソ連崩壊後も、楽観的な時期はすぐ終わりました。疑念と恐怖に影響された古い規範が国際関係を支配し、テロとの戦いを含む新たな危険が台頭したのでした。この「テロとの戦い」という名は誤ってつけられたと思います。原理主義者たちが、それをイスラムに対する戦いと解釈するのがあまりにも簡単だったからです。

国家間の信頼が崩壊する時、私たちはその理由を理解すべく努力しなければなりません。私たちは、問題を客観的に、誠意を持って見つめるべきなのです。たとえば、NATO（北大西洋条約機構）はその目的を達成しました。西ヨーロッパの自由は確保されました。一発も発砲せずに戦いに勝ったのです。以前は旧ソ連帝国の支配下にあった多くの国々も含めて、自由は確保されました。それは寛大な時期でした。それは遠くを見つめるべき時代でした。しかし、狭量な自己利益が蔓延してしまいました。

ゴルバチョフ大統領が「NATOは東側に拡大しないという約束があった」と信じていたにもかかわらず、NATOはロシア国境線まで押し広げられました。その帝国が崩壊したロシアは、これを確実に非友好的行動と見なすのです。東ヨーロッパの自由を確保し保証するには、他にも方法があったはずです。しかしNATOはそうは考えませんでした。それがおそらく最も重要かつ致命的な過ちだったでしょう。多くの人々の目には、それがウクライナおよびクリミアにおける今日の問題に大きく影響してしまったと映っています。

新しい世界において「ロシアが真に協力的なパートナーであることを他の国が望んでいるのだ」とロシアが信じる政策を実施すべきだったのです。それは、ロシアの見解にも十分な余地と考慮が与えられる世界です。このNATO拡大がそうした可能性を破壊してしまいました。東欧における新兵器システムの開発は、ロシアの懸念を強めただけです。

一九九一年にブッシュ（父）大統領が発表した原則は、何故そうも簡単にそして急速に見捨てられたのでしょうか。湾岸戦争後に多くの人々が経験した偉大なる希望は、どうして実現できなかったのでしょうか。その結果、その後何年もたって、より危険な世界に身をおくことになってしまったのです。

米国だけが特別であるという概念は、米国建国の時から存在していました。しかし近年、米国が実際に世界最強の国となってから、米国の「例外主義」が世界の時勢における主要な影響力となり要因となったのです。

米国の駐トルコおよびタイ大使を務め、国際危機管理グループの創設者の一人だったモートン・アブラモウィッツは、The National Interest 誌に二〇一二年「米国の例外主義が米国外交政策をいかに破滅させるか」と題した論文を寄稿しました。その中で彼は「我々のユニークな徳に対する独特の信仰は、他のどの国も持たない行動力のみならず生得の自由を持っているのだ、と我々に信じさせてしまう。我々の主張、とりわけ軍事力を行使するときは不変に正しいのだと。そして必要とあらば、我々は我々の法律さえも無視できるのだ。」と書きました。米国情勢に関するこの正直かつオープンなコメントは、一読に値します。

オバマ大統領ですら、米国の例外主義への信仰を主張しています。彼は「子供たちをガス死から守り、長期的には私たちの子供たちをより安全にするために行動すべきであると思います。それがアメリカを他とは違う国にしているのです。それが私たちを特別にしているのです。」実際、子供たちのガス死を望まないのはアメリカ一国だけでしょうか。

米国は他のどの国よりパワーをもっております。しかし何かユニークな徳を主張することは、平和のためには何の貢献もしないのです。ウラジミール・プーチン大統領がニューヨーク・タイムスの意見広告で「人々に自分達は例外だと思わせることを奨励するのは極めて危険だ」と訴えたのは正しかったのです。なぜ危険かというと、それが正しいという感覚を自国民に植え付けるからです。自己の見解に確信を持たせ、他国の人々の意見に耳を貸すゆとりを奪ってしまうからです。こうしたことは、平和への誘因にはなれません。

他の人々あるいは国にとって、何が受け入れ可能なのかを考えられないことが、往々にして合意や平和の達成を極めて困難にしているのです。

いかなる外交交渉でも、相手の議論を理解すること、何が合理的で何が不合理かについて静かに判断できることは重要です。順応を望むのならば、合理的な線を越えてはならないのです。成功し長く記憶に残る外交交渉では、双方の当事者たちが「価値ある何かを達成した」と思って交渉の場を離れられるのです。

これは、国同士での確実な問題なのですが、宗教間あるいは宗教内の問題でもあります。かつて、アイルランドではカトリック対プロテスタントの対立が双方からのテロリズムにまで発展しました。何十年もの交渉と苦痛を経ても、アイルランドの平和な将来への機会を築くことはできませんでした。そして対立中は、双方で相手に対する偏見と憎悪をあおりました。そうした言葉が発せられると、それを打ち消すのは困難です。宗教的憎悪は、おそらく全ての人が克服しなければならないものでしょう。

私は、世界の主要宗教すべてには普遍的な倫理規範が流れていると真に信じています。基本的価値観、倫理規範、平和な社会の必要性は共有されているのです。これは私達の「人間の責任に関する世界宣言」にいたった長い議論において明らかになりました。普遍的倫理の原則を言葉に表すのは簡単ですが、それを人々に行動に移してもらい、彼らの生活で実践してもらうことは、全く別問題です。ＯＢサミットも、世界のほとんどの国も、これまでその結実を逃してしまったのです。

今日、西側世界では多くの人がイスラム原理主義とジハード聖職者の声を非難し「妥協などどうしてあり得るのだ」と主張しています。彼らが忘れているのは、これらは極端なイスラムであり、世界中のムスリムの圧倒的多数に非難されていることです。

もしも西側の我々が正直に認めるのであれば、キリスト教原理主義者たちもいます。イスラムが全ての危険の源泉であり、世界平和に対する全ての脅威だと指摘する人々もいます。ほとんど全ての宗教、イスラム教、キリスト教、ユダヤ教にも原理主義者がいることを明確に指摘すべきです。いかにしたら、彼らのレトリック、彼らの扇動がもはや新たな志願者を惹きつけない世界を構築できるのでしょうか。これは私たち全員に対する最大の挑戦のひとつです。これは西側にいる私たちにとっても、我々の言動が原理主義者たちに逆手に取られないよう気をつけるべき挑戦です。

中東では、おそらく多くの人々が、一九五三年のモサデグ首相の追放から第二次湾岸戦争の米国、英国、オーストラリア等によるイラク侵攻にいたるまでの西側の干渉が、地域全体の多くの問題の原因であると見なしています。西側政策のどれが成功し、あの地域における平和と共通の前進に貢献したかを検証するのは、確かに困難です。第一次湾岸戦争は例外でしたが、あれは単なる西側の政策ではありませんでした。米国は、二〇〇三年のイラク侵攻とは顕著に対照的な三〇カ国を超える連合隊をまとめたのでした。

今日、中東地域全体に見られる混乱は、平和的前進にとっておそらく最大の障害である同地域固有の問題にも見えます。イスラム教内の宗派間に見られる深刻な分断、敵対心、憎悪は、あきらかに数カ国に異常な衝撃を与えているからです。アル・カイーダ自身、世界中にイスラム教への心配と恐怖心を引き起こした主体でした。しかし、前述のとおり、イスラム教内の分断はムスリム独特のものではありません。同じようなことが、キリスト教国家にも起こり、無残な代償を支払わせてきました。

近年は中東が主な焦点でしたが、西太平洋は緊張と対抗の新たな地域となりつつあります。ここでもまた、ブッシュ大統領が一九九一年三月に発表した原則を採択する代わりに、冷戦時代の原則であったパワー、封じ込め軍事的対抗がますます前面に出てきています。

同地域全体で、平和で効果的な前進の見事な例もあります。今日一〇カ国が加盟し、その中には元は敵国同士もあるASEANの発展は、注目に値します。これは、とくにタイとインドネシアのイニシアチブで始まり、西側の関与はありませんでした。これらのアジア諸国は自分たちの方式で進め、それが効果的だったのです。依然としていくつかの問題は残っており、南シナ海を巡る対抗心もありますが、多くの域内問題は、ASEAN内で収められ、管理されています。全ての参加国が、より大きな目的は平和と協力によってもたらされることを認識しているのです。私たちは、全加盟国が民主主義国家ではないことに注目すべきですが、それが必要とされる協力を阻害したことはありません。事実、ASEANは加盟諸国間の相違を仲介する暫定措置をとるところまで発展しました。ASEANの進化は、私たち全員に良きモデルを提供してくれます。しかしその教訓を西側諸国が学んだという兆候はみられません。

私たちが直面しなければならない問題のひとつが世界各地で起きている急激な変化です。例えば、国によっては、増大する中国のパワー、強さ、経済的影響力を受け入れることが困難なようです。中国は西側で十分に理解されていません。中国で起こることは、その歴史、文化、原因などへの理解なしに、往々にして敵意のこもった報道をされます。中国は欧州やアメリカとは異なった方法を取りますが、これまではそれがバランスを保ち、経済的成長と発展の継続にとって効果的だったのです。これは中国内の生活水準を上げる彼らの計画にとって絶対に必要だったのです。

これが、私たちが理解しなければならない進化なのです。今日の多くの指導者たちの人生の中で、中国が引きこもって内部の問題に専念した時代がありました。直接的に必要と思われたこと以外は外側との交流は、当時ほとんどありませんでした。

中国はこの閉鎖的時代から抜け出し、西太平洋の全ての国にとって主な貿易相手国となりました。中国経済は依然として年率七パーセントで成長しています。歴史が長く誇り高い国として中国の見解は尊重されなければならず、アジア太平洋地域全体における諸問題への対応には、しかるべき立場を与えなければならないことは自明の理です。それを攻撃的かつパワーの新たな誇示と見なしてはならないのです。むしろ、中国の伝統的そして歴史的国益の復活と見なすべきでしょう。しかし、それが懸念を生み、時には誇張されて見られています。中国は欧米や日本のようにかつて帝国主義の列強だったことはありません。この西太平洋における新たなバランスとどのように対処するか、それがどのように進展するかは、中国自身の態度のみでなく、特に米国と日本が中国といかに対応するかにかかっています。最近では、これらの三カ国間で良き進展は見られません。中国と日本の間には不信が存在し、米国では懸念が増大しています。何をどうすべきか、すべきではないのかに関しても不確実です。不確実な米国が誤って軍事的選択肢を求めることもあり得ます。

私がこういうことを指摘するのは、欧州と米国の注目が圧倒的に中東地域全体で平和と進歩を達成すること、そしてソ連崩壊後の困難に注がれてきたからです。しかし世界が直面する問題はそれらよりも広範に及んでいるのです。西太平洋はもっと注目されるべき地域なのです。

ここまでは、緊張と困難について話してきましたが、何をなすべきなのか。このＯＢサミットは何を発信できるのか。私たちは、より遠大な目的意識と倫理的政府の必要性に注目を喚起すべきなのでしょうか。ここにいるほとんどの人々は政治的権力を行使できる段階をとうに超しています。今日現役の人々は前任者たちの言うことには耳を貸したがりません。しかし私は、私たちが岐路に立っていると思うのです。それは、平和と進歩への展望を前進させる倫理観に基づく政策決定を下すのか、核兵器使用の展望を伴う第三次世界大戦への長い下降線をたどるのか、なのです。それが中東での紛争を巡ってか、東シナ海の岩を巡って起こるかは、結末にとってさして重要ではありません。

これらの問題は以前よりも急務です。それは人類が今、この地球上の命を破滅させる手段を二つ手にしているからです。核不拡散条約の不十分さ、同条約が義務付けている核保有諸国の核兵器廃止の失敗、核兵器に利用可能な核分裂性物質の生産能力の拡大、高度監視状態にある二〇〇〇個の核兵器の存続などが、以前よりも核対決の可能性を高めているのです。限界的な核戦争でさえも、地球を廃墟にしてしまうのです。

第二に、環境問題、人間の大気圏汚染に対する失敗も地球を破滅させ得るのです。快適な生活を送っている私たちには、この緊急性を理解することは困難かもしれませんが、効果的かつ十分な対応策なしに時間だけが過ぎ去っていくことから、この緊急性も増大しているのです。

そこで、追求すべきことが何点かあります。

一　核不拡散条約が不平等に適用されてきたこと。友好国と見なされた国ではある行動が許され、同様の行動が他の国には許されていません。核不拡散条約は、緊急に更新されなければなりません。これについて、米国の元軍人や国防・国務長官のかなりの人々が意見を表明しています。ジョージ・シュルツ、ヘンリー・キッシンジャー、ビル・ペリー、サム・ナンたちが核兵器はいかなる国の安全にとっても必要なく、逆に人類全体を危険に陥れており、したがってそれを廃止すべきだと表明しました。彼らの意見は核保有国を含む多くの国の識者たちによって追認されました。

この状況は、四〇カ国以上が核兵器を構築する能力を有していることから、愁眉の問題です。数カ月以内に核兵器搭載のミサイルを所有し得る国も数カ国あります。これが核対決の危険、あるいはテロリストによる核兵器入手の危険性をかつてなく大きくしているのです。

二　核兵器禁止ないし廃止を義務付ける国際的合意は必要であり、各国はそうした合意に向かう交渉を開始する能力もあり、責任があると思うのです。

私たちはまた、温室効果および高度消費を奨励する西側の生活スタイルの模倣と拡散を通じて、この地球に深刻な打撃を与えています。これは、人類の歴史においても新しい現象です。

私たちはいかにして前進への道程を見出すのでしょうか。いかにして必要とされる行動への意志と信念を解き放つのでしょうか。生活態度に変化がないかぎり、この問題と対処できないのです。それは自己利益の強調を薄め、政府による倫理的、長期的意思決定に一層大きなウェイトをおくのです。

三　模範とすべき例証もあります。ジスカール・デスタン大統領とシュミット首相が戦後、従来の最大の敵国間で協力関係を打ち立てるために払った努力は、その良き一例です。このOBサミットの長年のメンバーであるオスカー・アリアスは、中央アメリカで払った努力でノーベル平和賞を受賞しました。彼は平和のために働き続けています。

残念ながら、大国、力のある国、そして商業利益がからんでいる国が往々にして前進を困難にしています。平和と前進を追求する際、取らなければならないリスクの要素が行動を阻害し、指導者たちに伝統的態度そして反感を買ってしまう行為を奨励してしまうのです。

四　南アフリカからも大きな教訓が得られます。大多数の黒人が権力を手にしたら、復讐したがるだろうと多くの白人が信じていました。しかしネルソン・マンデラは、南アフリカは全ての国民が重視される虹の国にならなければならない、と曇りのない心で理解していました。同国の真実・和解委員会は、宗教内あるいは国際関係における困難に対しても適用できる方式を提供しています。

五　全ての国は国連を真剣に受け止めなければなりません。私たちはあの組織の原則と理念を知っています。国連はあまりにもしばしば批判の対象になっていますが、そうした批判は本来加盟諸国に向けられるべきものなのです。国連はその構成部分の総合体なのです。

国連が機能するか、あるいは自国の利益を追求することで失敗させるかは、各国政府次第です。

国連改革の問題はありますが、現存の構造の中でも更なる前進は可能なのです。態度を変化させることだけでも、世界では大変な違いが出てくるのです。大国が国連を遵守すると決めれば、そして自国の勝手で規則を曲げないのであれば、そうした変化だけでも前進を可能にするのです。

六　国連規則のなかで、私が前述したＡＳＥＡＮの進歩により多くの注目を払うべきです。

私たちのこの会議で諸問題を解決することはできません。それは私たちの目的でもありません。それでも、あるプロセスを示唆することはできるのではないでしょうか。皆様の英知が一丸となって、世界をより安全な場所にするべく各国政府をいかに動機づけるかを示唆することはできるのではないでしょうか。私たちは、世界が直面している諸問題の緊急性に関しても確実に協調することができます。私たちには、効果的な行動の重要性を強調することもできるのです。そして、私たちすべてをひっきりなしに襲う危険を強調することができるのです。

私は、ハバシ博士の小論文にあった提案をうれしく読みました。それは、政治・宗教指導者たちが署名できる人間の倫理規範を定義することを、もう一度追求すべきだという提案です。各宗教内と宗教間、そして国際間で、普遍的倫理規範を受け入れることは、より正義あふれる平和な世界へのひとつの前提条件なのかもしれません。

これから二日間の議論において、皆様の価値ある貢献が前進への道程を示唆します。それが自己利益を脇におき、倫理的な政府がそれに取って代わっていく動機ともなるでしょう。もしそれが達成できるのであれば、故福田赳夫氏とヘルムート・シュミット氏がＯＢサミット創設時に願望したことを達成できるのではないでしょうか。

歓迎の辞

ウィーン宗教間対話会議組織委員長
元オーストリア首相
フランツ・フラニツキー

大統領閣下
ご列席の皆様

皆様を私たちの素晴らしい都市ウィーンに、そして宗教間対話会議というこの特別な集まりに歓迎できることを大変な光栄に存じます。

今から三十余年前、ＯＢサミットを創設するために、福田赳夫元日本国首相は、まさにこの地で、各国の首脳経験者と会合しました。当時の参加者のうち、マルコム・フレーザー元オーストラリア首相とオバサンジョ元大統領だけが今日ここに出席されておられます。もしも当時の出席者の一人が「このグループはどの位長く存続するだろうか」と尋ねられたとしたら、その答えはどうだったでしょう。事実ＯＢサミットは持続しました。それはまず、今日までの長い年月私たちの資金調達に多大な貢献をして下さった日本政府のおかげです。その後、他の政府からの支援も続きました。また、メンバーの方々の忍耐力なくして継続できなかったでしょう。彼らの知覚鋭い分析力や知的な先見性のおかげで、私たちは未だ活動しております。今日ここに集合していることが何よりの証明です。

私は、私たちが意見交換し、議論の的になるテーマにおいて相互理解に到達しようとすることが如何に重要で、如何に見込みがあるかというメッセージを全世界に発信することができる、と確信しています。

今から二〇〇年前、一八一四年に欧州の政治・外交大国がウィーンに集合し、欧州大陸のためのポスト・ナポレオン時代の新たな政治秩序を設定しました。平和は確立されましたが、永続しませんでした。この経験は、平和の構築と維持が、世界にとって恒久的な挑戦であり続けることを教えています。創立以来、ＯＢサミットはその基本的信念に立ち、この難題に挑んできました。

一九九六年に、私たちの名誉議長ヘルムート・シュミット元ドイツ首相の下で―ヘルムート、大歓迎申し上げます！―ここウィーンで開催された宗教間対話の結論のいくつかを紹介します。アリストテレスが私達に教えたように「人間は社会的動物である。私たちは社会で暮らさなければならず、お互いに調和を保って生活しなければならないが故に、人間には規則と制約が必要である。」

倫理は集合的な生活を可能にする最低規範です。倫理と自制心がなければ、人類はジャングルに戻ってしまうでしょう。ですから、この精神をいだいて私たちの議論を始めることにしましょう。

開会の辞

インターアクション・カウンシル共同議長
元カナダ首相
ジャン・クレティエン

連邦大統領閣下
ご出席の皆様

豊かな歴史を持つ美しい都市ウィーンをまた訪れることが出来、とても嬉しく思います。

ヘルムート・シュミット氏のように、私も最近大きな節目の誕生日を祝いました。私は八〇歳を迎えましたが、ヘルムートのように―そしてお名前は申しませんが、ここにおられる方々のように―私は生活の速度を落としておりません。私の母国カナダで六番目に大きな都市の市長が今年ついに退職することになりましたが、彼女は九三歳です。

私がこのように述べる理由は、私たち、国家や政府の首脳を経験した者たちは、これからもまだ世の中に多くの貢献ができると思うからです。私たちには着想があります。グローバルな諸問題について今も憂慮しています。最も重要なことは、私たちはもはやそれぞれの国の代表ではなく、むしろ、この時点では全ての国の全ての人々を代表する機会を持っていることです。私はOBサミット内では比較的新しいメンバーでありますが、創立メンバーの方々が、叡智を結集して世界の最も手に負えない問題に取り組む場を創設しようという先見の明をお持ちであったことに感謝しています。

ウィーンで開催された第一回目の総会の折、創立メンバーたちは、世界平和が二つの局面―軍事・政治と経済―において脅かされていることを認識し、この二つの問題を最優先課題とし、平和と軍縮そして世界経済の活性化ということを活動の中心に据えてきました。この度の宗教間対話を開始するにあたり、私たちは、東ヨーロッパでは戦争が平和と安全保障を脅かし、世界中で貧富の格差が、個人同士、そして国家間の関係を緊張させていることを念頭に議論をしていきたいと思います。

一九八七年に、OBサミットはローマで宗教指導者たちの会合を開催、この類の歴史上で最初の対話が行われ、普遍的倫理規範についての私達の活動が始まりました。それは三〇年前同様、今日も極めて重要です。この度、ここウィーンに素晴らしい専門家の方々が集合して下さいましたが、私たちを導いてくださっている偉大な神学者、ハンス・キュング博士に（残念ながら、この度のご臨席は叶いませんでしたが）特に深謝したいと思います。

第二部　グローバル倫理

——二〇一四年三月二六—二七日　オーストリア、ウィーン

第一セッション
共通倫理の確認

議長　マルコム・フレーザー
元オーストラリア首相

世界の主要宗教と人道主義の伝統は、何千年もの間、人々に基本的な倫理規範と道義を生活の中で生かすよう促してきた。ＯＢサミットも、世界の主要宗教の中を流れる共通倫理こそが、平和そしてより公正で人道的な世界に向けて最善の長期的基盤を構築したと考えている。

第一セッションでは、ドイツのグローバル倫理財団のシュテファン・シュレンソグ博士とアブダビ大学のシャイク・ムハンマド・ハバシ博士が問題提起した。その目的はグループとして共通倫理を再確認することだった。

シュレンソグ博士は、民族や文化を異にする人々は自分たちを分かつものよりも、自分たちに共通するものに注目すべきだと主張した。ユダヤ教、キリスト教、イスラム教で言われていることの多くは、東洋の伝統にも見出せ、世俗の人道的哲学の中心でもあったことは偶然ではない。グローバル倫理を、人々をつなぐ価値、変更不能な規範及び個人の姿勢についての基本的合意と規定するのなら、これは宗教的人間にも非宗教的人間にも共有され得るものだ。博士はＯＢサミットに対し、私たちの時代の全ての重要問題には倫理的側面があること、そして平和で持続可能な世界は、私たちの偉大な宗教と人道主義の伝統の教えを真剣に考えた場合にのみ存在し得ることに注目するよう呼びかけた。

ハバシ博士の論文は、主としてイスラム的視点を説明した。教授は、イスラム教宗教指導者の倫理的責任は、イスラム世界の中で中庸と寛容の力を強化し、世界の良き勢力と、寛容で穏健なイスラムの運動との間に有効なコミュニケーションを築くことだと述べ、国際衛星放送“One God”を開設すること、全ての宗教経典を一冊の本にまとめること、グローバル倫理宣言―世界の宗教指導者と政治指導者が署名する―をアピールすることを提言した。

続く討議では、グローバル倫理への理解を再確認した。つまり、多様な生活の中でグローバル倫理は実際に何を意味し、多様性の中でいかに管理され得るかが検討された。また、民主主義世界の選挙におけるネガティブ・キャンペーンや誹謗中傷が良き指導者の欠乏につながっていることに強い懸念が表明された。グループは、道徳概念や倫理概念を政治・ビジネス・教育等の公共領域で広めるよう努力する必要性を強調した。

世界の主要宗教と精神哲学における共通倫理の確認

第一紹介者　シュテファン・シュレンソグ

グローバル倫理財団理事長

OBサミットがこの会議を「意思決定におけるグローバル倫理」と名付けたのは、完全に理にかなった正しい決定だった。なぜなら、OBサミットが得ている高い国際的評価は、基本的にその道徳的信頼度及び権威と英知—OBサミットはそれらをもって政治・宗教・ビジネス・社会における価値の根本的重要性を繰り返し強調してきた—に基づくからである。

世界はグローバル化してきたが、私たちが「グローバル政策」や「グローバル経済」のみならず、「グローバル倫理」についても当然のように語るようになったのには、二つ理由がある。一つは、今日の世界におけるグローバル倫理規範の必要性と、もう一つは、スイスの神学者、ハンス・キュング博士と関わりがある。キュング博士は長年OBサミットの顧問を務めており、私自身も彼と三〇年以上共に働いてきた。彼から皆様に心からのご挨拶を送るよう頼まれている。

そこで、まずキュング博士について少し述べてみたい。一九八〇年代に彼は、モダンからポストモダンへのパラダイム変換と、それがもたらす宗教・政治・社会の変化に関心を抱き、著書“Global Responsibility : In Search of a New World Ethic”(New York 1991)の中で、グローバル化した人類は、異なる、矛盾する、あるいは対立する倫理が存在する余地がもはや無くなった場合にのみ、長く存続すると述べた。この世界に均一のイデオロギーや均一の宗教は必要ではないが、人種、国家、文化間の様々な差異を考えると、これらをつなぎ、結び付けるいくつかの世界的倫理価値、規範、姿勢は必要だ、と言うのである。グローバル化した私たちの世界はグローバルな倫理が必要なのだ！

当時は多くの人にとって異なる宗教間、文化間の類似性という彼の観察は、新奇で受け入れ難いものだったが、彼は「宗教間の平和なくして国家間の平和なし」というスローガン—一九八四年に初めて使った—を掲げて、宗教による紛争の潜在的可能性を一方的に強調する人々に対して異議を唱えた。グローバル倫理という考えは、宗教や文化が異なる人々が、自分たちを分かつものよりも共通するものにもっと注目すべきだ、という信念に基づいている。したがって、私たちには文化間の対話、宗教間の対話が必要なのである。とりわけ私たちは、価値や倫理に関しては、自分たちが可能と思っているよりも共有する部分がはるかに大きいことを学ぶ必要がある。そして私たち皆が知っているように、こうした共通の価値は、個人や家族の生活のみならず、現代社会のあらゆる分野において基本的に重要なのである。

それでは、宗教や人道主義の伝統に様々な異なる信仰や哲学があるとするならば、なぜ「グローバル倫理」の共通価値を語ることに意味があるのだろうか。それは、エゴイズム、自己主張、暴力に傾きがちな人間は、生きていく中で真の人間らしく振舞うことを学ばなければならないからである。進化生物学者や心理学者たちも、種としての人類の成功の秘密は、誤解されているダーウィンのいわゆる「適者生存」原理よりも、共感し協力して行動できる人間の能力にあることを示してきた。

だからこそ、人類は良き共存の基盤として、価値や倫理原則を作ってきたのだ。このことは世界中で、そして全ての文化で起きている。何千年もの間、主要宗教や人道主義の伝統は、人々に基本的な倫理規範及び道理、とりわけ、思いやりと相互主義を生かすよう促してきた。

- 「思いやりや慈悲」という意味の人間性—誰もが人道的に扱われなければならない
- 有名な「黄金律」が語る相互主義—「自分にして欲しくないことは他者にもしない」

これら二つの道理は、特に非暴力、正義、真実、ジェンダーの擁護等の基本的な倫理価値に表れている。

倫理規範は、常に特定の場所、時間、状況において、そこに住む人々の間で実施される。実施の方法も実に多様である。それらは各時代に根ざし、かつ状況にも依存するので、時代が違えば、規範もその時代の優先順位に従って適用されるし、時には消滅したり、忘れられたり、意識的に無視される—権力が理由であることが多い—ことさえある。しかし、ある種の基本的な倫理規範は全ての文化に当てはまるものである（あるいは、当てはまるべきだ）。同じ様な生命価値が非常に異なる文化の中で繰り返し出現してきたことは、経験が示している。

したがって、ヘブライ語聖書、新約聖書、クルアーン（コーラン）の中で神の戒律とされているものの多くが、論拠は異なるものの、ヒンドゥー教、仏教、ジャイナ教や中国文化の倫理的格言の中にも見出せ、また、何千年もの間、世俗の人道的哲学の中心であり続けてきたのは偶然ではない。だからこそグローバル倫理は、宗教的人間にも非宗教的人間にも共有でき、したがって、世俗の人道主義者や不可知論者も、信仰を持つ者と同じようにそれに共鳴できるのである。

ところで、一九九三年の世界宗教家議会による「グローバル倫理に向けた宣言」—これらの道理や価値を人類共通の倫理の核と表現している—の採択は、宗教間の対話の歴史における画期的出来事だった。同宣言の署名者たち—世界中のほとんど全ての宗教の代表—は、「グローバル倫理」が何を意味するかを最初から明確にしている。

「グローバル倫理は、グローバルなイデオロギーや、全ての既存宗教を超えた単一の統一宗教を意味するものではないし、もちろん、ある特定の宗教が他の全ての宗教を支配することを意味するのでもない。それは、人と人とをつなぐ価値、取り消し不能な規範、そして個人的姿勢に関する基本的な意見の一致を意味する。」

ここではっきりさせておきたいのは、グローバル倫理は個々の宗教倫理に取って代わろうとするものではなく、それを支えようとするものだということである。ユダヤ教の律法、キリスト教の山上の垂訓、イスラム教のクルアーン、ヒンドゥー教のバガヴァッド・ギーター、ブッダの教え、あるいは孔子の論語に取って代わるとか、改善するなどと考えるのは愚かであり、思い違いというものだ。これらは今も何十億もの人々の信仰、生活、思考、そして行動の基盤や枠組みとして存在している。それぞれの宗教はその特徴を維持し、それら教義や宗教儀式を社会の中で強調すべき、否、強調しなければならない。しかし、それと同時に宗教は、一定の基本的倫理が指し示すものの中にある共通項に気付き、それを認めなければならない。

他方、グローバル倫理は、異なる宗教間、あるいは一つの宗教内で争われている倫理問題について結論を出すことはしない。こうした宗教間、あるいは宗教内で合意がない倫理問題は、少なくとも現時点では、グローバル倫理の主題になり得ない。「グローバル倫理に向けた宣言」に、現時点で意見が一致していない問題、例えば、避妊や堕胎、同性愛や安楽死が含まれなかったのは、このためである。宗教や精神哲学の義務と責任は、よくあるように、係争中の問題を取り上げて社会的対立を激化させることではなく、これらの問題についてのさらなる内省や一般的倫理規範に基づく議論を通して、個人の助けとなる合意を形成し、社会の平和に貢献することにある。

なお、世界宗教家会議のグローバル倫理宣言も、神の名に懸けて語ってはいない。もし貴方（一神教の信徒）が、例えば、仏教、儒学、道教の経典や世俗の教典を学びたいのなら、神の権威を着てそれらの教えに反論すべきではない。

賞賛すべきことに、OBサミットは、文化の壁を超える価値が私たちの社会にとって重要であることを早い段階で認めていた。この方面でのOBサミットの努力は、世界人権宣言を範とする、一九九七年の「人間の責任に関する世界宣言」の提言に結実している。OBサミットは、次のことを確信していた。すなわち「国家的にも、国際的にも、良き社会秩序は法律や指示や慣習のみでは実現できず、グローバル倫理を必要とする。」「人類の進歩への願いは、全ての時代の全ての人々と組織に当てはまり、合意された価値と基準によってのみ実現され得る。」また、OBサミットは、その一〇年後の二〇〇七年にドイツのチュービンゲンで開催した「ハイレベル専門家会議」においても、「世界政治の一要因としての世界的宗教」を討論した際、この問題に触れた。

価値というものは、人間の行動を成功へと導いてくれる理想、そして基準を表している。そして私たちは皆、こうした価値を政治や社会に導入することがいかに重要であり、しかもいかに難しいかを知っている。私たちは毎日、政治やビジネスや社会における倫理の崩壊によって引き起こされる危機やスキャンダルのニュースを聞かされる。模範であるべき、そして価値と倫理の担い手であるべき宗教自体が自らの既得権益やスキャンダルにからめとられ、内紛や不和に乱されているように思えることが多い。会議を進める中で良いものも悪いものも含めてこれらの点に触れていくことになるだろう。

したがって、私たちの世界は、これまでにもまして、世界の良心に話しかける人や組織を必要としている。つまり、私たちに方向を指し示し、何が私たちを人間たらしめるのかを、政治、社会、宗教、文化といった枠組みをはるかに超えて思い出させてくれるような人々や組織、敬意と自由と平和の内の共存の基盤として世界的に認められる価値が反映された人間性が必要だ、ということなのである。

OBサミットはまさにそうしたフォーラムだと私は確信している。私はこの会議の終わりにこれまでの試みに沿った、そしてこの会議でこれから討議する内容に沿った、次の提言を行うようお願いしたい。

- 私たちの時代の重要な問題にはみな倫理的側面があることを明確にしてくれる提言
- 正しい、そして平和的で持続可能な世界は、私たちが偉大な宗教的、人間主義的伝統の教えを熟考した場合にのみ存在し得ることに気づかせてくれる提言

二〇〇三年に当時のアナン国連事務総長がチュービンゲン大学の「グローバル倫理講義Ⅲ」で講演した。反対の多かったイラク戦争が始まった頃で、こうした状況を背景に、アナンは、「私たちに今も普遍的価値があるだろうか」と問いかけ、結論として以下のように語った。

「そうだ。私たちは今も普遍的価値を持っている。ただし、それを当たり前と思ってはならない。そうした価値は注意深く考えられ、守られ、強化される必要がある。そして、私たちは自分たちが標榜する価値に従って生きる―私

的生活においても、地域社会や国家社会においても、世界においても―という意志を自分自身の中に見出す必要がある。」

意思決定におけるグローバル倫理

第二紹介者　シャイク・ムハンマド・アル・ハバシ

アブダビ大学教授

ここにいる皆様にアッラーの祝福を。

この歴史的会議で世界の偉大な精神指導者と政治指導者の方々とお話できることを大変嬉しく思っている。私たちは、平和で安全な、そして道徳的で倫理的な意思決定者との対話がある、より良い世界を共に築こうとしている。また、私はイスラム―それは預言者たちの言う愛と寛容のメッセージを裏付けるものである―の見地からお話しすることを光栄に思っている。これは預言者たちが説き、次いで預言者ムハンマドがメッセージを介して祝福したもので、ムハンマドは、ユダヤ教のトーラーやキリスト教の聖書の中でそうしたメッセージを確認している。このメッセージには五つの柱―その内の二つは他の人々の宗教及びその神聖性や信仰内容を信頼するものだ―があり、それについて預言者ムハンマドは「信仰は神、天使、聖書、神の使い、審判の日の五柱を基盤に築かれてきた」と言っている。

したがって、イスラムでは、ムハンマド以前の預言者たち、つまり預言者の父アブラハムやモーゼあるいはマリアの子イエスやその他の預言者たちへの深い信仰が無い者は、ムスリム（イスラム教徒）とは考えない。神が言われたように、神の使い（ムハンマド）は神から送られてきたものを信じる者であり、信者もまたそうである。一人ひとりがアッラー、天使、聖書、そして神の使いを信じている。ムハンマドは自分以外の地上の全ての預言者も信じるよう私たちに命じている。クルアーン、トーラーあるいは聖書の中で言及されていない預言者、霊魂と瞑想の地である東洋の預言者でさえもそうである。「そして、前に言及したことのある使いも、言及したことのない使いも（私たちは）送った。」

今日イスラム教は、イスラム世界のテロのために世界中に広がったイスラム嫌悪感によって非常に歪められている。私は、自由と民主主義の欠如、富裕国と貧困国の連帯を実現できない国際社会、イスラム世界に蔓延する独裁制こそが、支配と迫害からの解放の道としてのテロの出現につながったと思っている。したがって、迫害と迫害への対抗がイスラム嫌悪の原因であり、今日イスラム世界で起きている出来事は、間違いなくその実例と言える。

要約すると、イスラム世界で中庸と寛容の力を促進し、地上の良き勢力とイスラム世界の寛容で穏健な運動―テロを否定し、いかなる大義名分の下であろうと犯罪を正当化しない―との間に有効なコミュニケーションを実現することが、宗教指導者としての私たちの倫理的責任である。それによって全能の神がクルアーンの中で言っていること「悪は善によって撃退される」が達成されるのである。新約聖書の中でイエスも「悪は悪によって撃退されるなどと言う者は嘘をついている。二つの火を起こして、片方の火がもう片方の火を消すかどうか試してみたら分かる」と言っている。悪は善によって撃退され、闇は光によって撃退される。神の法則とはそういうものなのだ。

また、大国が倫理不在のまま決定を下すこと、および同盟締結や紛争終結に際して政治的利益のみを目的にすることは、重大な失敗につながった。加えて、人々と国際機関の間で信頼が失われ、多くの国が国連や同盟関係を倫理基準と正義の対極にあると見て否定した。このことは、大国の政治的利害にも小国の政治的利害にも同じように反映された。平和と安全は地球上のあらゆる所で脅かされ、人々は兵器とテロに依存するようになった。

全てのことを考慮すると、私たちが構成する特別委員会が取りまとめ、政治指導者と宗教界の指導者が署名する、人間倫理の約束を発表するよう私はお願いしたい。また、それを世界の政治指導者、宗教指導者に広め、出来るだけ多くの国際的に影響力のある人々に署名してもらえるよう、一年の猶予を認めるべきである。その上で、私たちは、悲惨な状況にある国々の支援に貢献した人権宣言のように、これが国際的な約束として承認されるよう、国連傘下の会議を招集すべきである。

私はこれを、自由と人間の尊厳と人権を信じない独裁政権と、人々の意思や自由の権利とが対立する、血みどろの戦争の中であらゆる苦しみと恐怖を経験し、深く傷ついているシリアからあなた方に話しかけている。悲嘆と苦悶の中にあるシリアの人々を支持してくれる全ての人々に、私の心からの感謝を伝えるのが私の責任だ。実際、神が言われたように、虐げられた人々を助けることが最上の信仰なのである。

シリアでは六〇〇〇年前に文明が始まり、この地でいくつもの宗教、そして預言者が生まれ、世界各地に英知と光を広げた。アブラハムの時代以来、シリアは世界中の全ての信仰者にとっての聖地、世界中の信仰者が精神的救済を模索し、善行を行い、アッラーを愛し、アッラーに近づくために目指す聖なる目的地となった。

これらは、世界中の賢明な人々の一致した見解である。「あなたがた信仰する者よ、心を込めてイスラム（平安の境）に入れ。悪魔の歩みを追ってはならない。本当に彼は、あなたがたにとって公然の敵である。」（クルアーン[2-208]）という全能のアッラーの言葉の下に、今日この高貴な会議に集まった聖職者たちの役割を私は支持したい。

私たちの宗教的演説のアプローチについては徹底的な見直しが必要である。と言うのは、世界各地の宗教的演説には傲慢な言葉や排他的な言葉が使われているからだ。私の考えでは、この種の演説は、人々の中に寛容と慈悲を生み出すためにもたらされた宗教の精神から遠くかけ離れている。世界には至る所に、政治や等級付けが混じり込んだ宗教的演説とは程遠い、信心深い正直な人々がいる。これらの人々は、神だけを崇拝し、神が創られた人間に献身的に尽くす。また、彼らは、宗教というものを、初期の頃のごく日常的な愛、慈悲、平和のメッセージとして見ている。しかも、これらの人々は神からの贅沢な精神的光明に生きており、好むと好まざるとに関わらず、人間は互いに兄弟であると信じて、預言者が与えたもの、古の英知がもたらしたもの全てに友愛を見出そうとする。

他の英知をも取り入れようとする文化は、当初からのイスラムの高貴な伝統であり、クルアーンは、預言者たちはお互いを補うということを一四回も指摘している。そこには先行する預言、その後の英知、そして当代の助言が含まれる。

預言者ムハンマドは、「英知こそが信仰者の目指すものだ。どこにいようと、それが信仰者にとって一番大切なことだ。」と言われた。二〇年前、大シリアのイスラム法学者、シーク・アハマッド・カフタロ（Sheikh Ahmad Kaftaro）は、あらゆる宗教の信仰者を鼓舞し、正しい道への導きとなる統一的倫理区分を介して、諸宗教の経典収集を目指す運動に参加した。

私たちは、好むと好まざるとに関わらず、人は人と兄弟なのだと信じているが、そうした遠く離れた人々同士を結びつけてくれたのが、聖なるメッセージなのである。諸宗教や諸教義間の共通性は非常に大きく、預言者や賢人たちの遺産は一貫性ある人間生活の確かな基盤になるかもしれない。

私たちはいかなる類の天国の独占、宗教の独占、現実の独占に対しても闘わなければならない。私たちは自分たちの信仰を、他の信仰に優越するものではなく、多くの信仰の中の一つとして理解しなければならない。宗教というものは、他の諸宗教に優越するのではなく、多くの中の宗教の中の一つであり、国家というものも、他の諸国家に優越するのでなく、多くの国家の中の一つなのだ。その多くの証拠はクルアーンの中に見出すことができる。

私は、自由と民主主義の欠如、国際社会が富裕な国と貧しい国との連帯を実現できなかったこと、イスラム世界における独裁制の蔓延が、従属と圧制からの解放の道としてのテロの出現につながったと確信している。

しかし、これはイスラム教の本来の姿ではない。私たちはイスラムの姿をクルアーンや預言者ムハンマドの伝統の中に見出さなければならない。神はムハンマドに「私は汝を全人類のために遣わした」と言われた。クルアーンは「神は全人類のためにある」という有名な言葉で始まる。神は決して「イスラム教徒の神、信仰者の神、あるいはアラブの神」とは言っていない。神は、「人類の神」と言っており、クルアーンの最後の言葉は、「全人類の神」と言っている。私たちは私たちの中に共通するものをもっと見出すようにしなければならない。何故なら、それが、聖典の中で預言者たちが要求している目標だからである。

この会合には三つの事を提案したい。第一に、初めての国際衛星チャンネル、“One God”の開局に向けて協力をお願いしたい。友愛、寛容、愛の聖なるメッセージを信じる天国の子孫たちが、一つの場に集まり、預言者たちのメッセージは一つ、彼らの導きも一つ、そして預言と英知は人間の幸福を、そして地上の悪に挑戦するという気高い目標を目指すものだと発信するのだ。このことは、クルアーンも「人間よ、私は汝を男と女から創り、互いを知ることができる民族と部族を創った。アッラーの目には、汝人間の中で最も高貴な者は最も高潔な者だ。」と言って、認めている。

第二の提案は、全ての教典を一冊の書物にする方法を見つけるよう要請したい。全ての宗教は共通の価値と徹底した倫理規則を要求する。それに、祈りは信者の心を捉える唯一人の神に向けられる。クルアーンにも「(**かれ**こそは)天と地の創造者である。かれが一事を決められ、それに『有れ』と仰せになれば、即ち有るのである。」[2-117]と書かれてある。

第三に、世界倫理宣言が世界中の宗教指導者と政治指導者に署名してもらえるよう呼びかけたい。これは世界各地で、また、国連という舞台で行える。草案は既に用意されている。

結論として、私たちは私たちの宗教、そして私たちの預言者が命じることを行うために、そして寛容を求めて戦争を拒否し、慈悲と全ての者の救済を神に乞うためにここにいる。救済の独占、楽園の独占、現実の独占、神の独占に対して戦うことが私たちの共通の責任である。私たちの間には、そして私たちの宗教的方法や理解の方法には、私たちが思うよりも多くの共通性がある。イスラムは愛のメッセージ、慈悲のメッセージ、平和のメッセージであり、全ての人々に共通性を見出すよう要請している。

神は一つだが、神の名前はいくつもある。
現実は一つだが、その現われ方はいくつもある。
霊性は一つだが、宗教はいくつもある。

討　論

オバサンジョ大統領　私の国はクリスチャンとムスリムでほぼ二分されています。私たちが直面する最大の問題の一つが、ムスリムは、ブラザーというのはムスリム同士に限られる、同じ両親から生まれた兄弟であっても、ムスリムでなければブラザーではないと主張します。この種の解釈を国民にどう説明できるのでしょうか？

ハバシ博士　私たちはナイジェリアのムスリムとクリスチャン間、とりわけボコ・ハラムとクリスチャンとの間の悲劇的状況を知っています。私たちにはイスラムを理解する上で二つの道があります。一つは、アル・カイーダなどの過激勢力が犯したことをよく見た上で、クルアーンを読むことです。世界中の様々な国で起きている過激な闘争が、クルアーンの中には無いことを知るためにも、私はあなた方がクルアーンを読む必要があると思っています。あなたに良き信仰、イエス・キリストやモーゼへの真実の愛、そしてイエスやモーゼの信仰者への慈愛が無ければ、私はあなたをムスリムと考えることはできません。これがイスラム教の信仰に従った考え方です。しかし、残念なことに、過激な運動がイスラムを腐敗させてしまいました。

アル・サレム博士　過去にキリスト教とイスラム教は衝突し、戦争がありました。両宗教とも倫理的教典のことを口にしますが、実際には政治的要因がそこに影響してきます。これはクルアーンについても、聖書についても言えることです。知識がなくては、私たちはクルアーンの中にあるジハードに関わる記述をどう理解すべきか、を人々に語ることはできません。イスラム過激派は原理主義者であり、クルアーンの言葉をそのまま実行しようとします。しかし、ほとんどの過激派は信仰心を持っているので、実際は彼らを納得させることができる強力な根本的論拠はあるのです。したがって、彼らを撃破するには、私たちのやり方ではなく、彼らのやり方に沿って戦わなければなりません。何故なら彼らは、私たちの言う倫理は信用しないからです。

アックスウォージー教授　マジャーリ博士の論文が、寛容の本質は尊敬であり、それが共通倫理を作ると言っています。そして、バダウィ博士の論文は、倫理を適用することの政治的要件に焦点を置いています。近頃は、政治的論戦で、私たちが話してきたような、倫理の一部としての尊敬は否定されています。選挙戦では相手候補の考えではなく、人格を攻撃します。相手を貶めて、有権者の尊敬を得られないようにするのです。実際、国連や同盟関係を使ったネガティブ・キャンペーンによって、私たちは相手方を敵に変えてしまうのです。あるいは、彼らの言うことを大目には見ますが、注意は払わないのです。

私たちは政治を貶めてきたので、良い人間が政治の世界に行かないようになり、その結果、このOBサミットでもしばしば嘆かれるように、質の劣る指導者しか持てなくなっています。私たちはもっと良い指導者を必要としていますが、ネガティブ・キャンペーンを行う今のような選挙の方法は、そうした指導者を得ることをほぼ不可能にしています。私たちは現代の政党が利用するネガティブ・キャンペーンや誹謗中傷に反対を表明すべきです。

ラヴィ・シャンカール師　ハバシ博士が言われたことについてですが、彼が言うようなイスラム教、そういう考え方をインド亜大陸に持ってくる必要があります。インド亜大陸の人々はそうした考えになじみがありません。イスラム神学校ではワッハービズムがスーフィズムより優勢になっていますが、そうした異なる宗派にどうやってこうした考えを導入したらよいのでしょうか？　インドにはスーフィズムという大きな宗派があり、これは寛容なイスラムです。また、インドのヒンドゥー教には戦争や異なる宗教間の対立という伝統はありません。そこにはもっと透明性があり、人々は共に祝い、互いのお祭りに参加します。ところが、過激派の出現に伴い、かつてはなかった亀裂が生じ始めています。OBサミットやここにいる私たち皆が一緒になって掲げた文明の光をどうやったら持っていくことができるでしょうか？　どうしたらこうした過激派に働きかけることができるのか、そしてどういう努力が必要なのでしょうか？

サイカル教授　OBサミットは、異なる宗派間、信徒間のギャップをある程度埋めて、一連のグローバル倫理に向かえるようにする、と言う点に関してあまり成果を生んでいません。私がここで一連のグローバル倫理と言ったのは、唯一のグローバル倫理では到達不可能だと思うからです。しかし、抱合性を促す方向に向かって動いていくことは可能であり、これこそが本当に重要なことです。これまでのところ、私たちは異なる信仰やイデオロギー的性向を持つ人々の間に共通の理解が生まれるよう、彼らを呼び集めることに務めてきましたが、私たちが失敗したのは、異なるグループの間に信頼感を醸成することでした。これが私の一番の懸念です。今回の会合で、グローバル倫理の創造という私たちの目的を実現できるようにしてくれる、実際的な提案がなされることを期待しています。

バダウィ首相　私は自国、マレーシアについてお話しなければなりません。何故なら、マレーシアには多様な民族がいるだけでなく、宗教も多様だからです。しかし、私たちは平和的に生きていかなければならないし、国民を養うために経済的にも上手くやっていかなくてはなりません。私は、実質的でありたいのです。私たち皆が受け入れられる考えや目標を見つけることで、上手くやりたいと思っています。私たちは、信仰と信心という原理、公正で信頼できる政府、自由で自立した国民、知識の追求と獲得、バランスの取れた総合的な経済開発、良き生活の質、女性や少数者の権利擁護、本物の文化、道徳的品位、環境や天然資源の保護、強力な国防能力について話しているのです。全ての宗教が受け入れられるものを創ることが重要です。「一部ではなく、全部を愛する」、「権力への愛ではなく、愛の力」ということです。

ムアマール氏　ここに私たちが集まったのは、相互理解の架け橋を作るためであり、それには対話が必要です。私たちの考えは、あらゆる宗教は平和的共存を支持する原理を有しているということで一致しています。しかし、中東などでは、宗教と政治が分かち難くなっており、また、多くの人々が私利私欲のために宗教を利用しているため、私たちの目論見は上手く行っていません。西側の文化は国家と宗教の分離に成功し、民主主義は世界中に広まりつつあります。しかし、中東のほとんどの国は、宗教的教えが幅をきかせ、宗教に支配されるイスラム国家です。私たちがしなくてはならないことは、知識を伝え、彼らを助けることであり、それは唯一、対話を介して行うことができるのです。

サイカル教授　サウジアラビアは国家と宗教の分離という面で先導してくれるでしょうか?

ムアマール氏　私は、国家と宗教の分離を支持すると言っているわけではありません。私たちは、人々が自分たちで選択したことを支持すべきです。例えば、エジプトはまやかしの民主主義を採用し、それと宗教を組み合わせようとして失敗しました。だから私たちは、人々が選択したものを強化できるよう助ける必要があるのです。

フレーザー議長　グローバル倫理の考え方は理解された、というご意見がありました。そうかもしれません。しかしまた、異なる宗教間では倫理基準に大きな違いがあると思っている人も大勢います。したがって、私から見ると、世界の主要宗教から受け入れられているグローバル倫理というものを、私たちの社会が理解するためには、まだなすべきことがたくさんあるように思えます。人々は倫理がどうあるべきかということは分かっていますが、その彼らも政敵に対しては全く無礼な態度をとります。どうしたらこうしたことを覆し、人々を政治の主人にすることができるのでしょうか？　オーストラリアではこの二〇年、自分たちを政治的に優位にするために人種や宗教を利用する人々がいました。これは政治的指導者がなし得る最悪の行いだと思います。こうしたことが起きると、それは社会の中の無知な人々の反感を引き起こし、非常に有害な結果を生みます。私はグローバル倫理を再定義する必要、つまり、異なる諸宗教が支持できる共通の基準はあるが、それらはどのように異なる国や異なるプロセスに適用されるかを再確認する必要があると思っています。

ハンソン教授　私は今朝のコメントの中で少なくとも三つの異なる課題が提出されたと思います。一つは、グローバル倫理およびそれを巡る対話の理解についての再確認で、それによって私たちはより深く説明し、模索することが出来るようになります。二つ目は、様々な生活において実際にグローバル倫理は何を意味するのか、という問題です。マレーシアの首相が説明されたように、グローバル倫理はどのように多様性の中でマネージメントできるかという問題です。三つ目は、私たちが共存できるようにしてくれる美徳、すなわち、いかに全ての人の良き部分を追求し、過激主義に対抗できる市民の徳性や礼節を特定するかという問題です。そうすることで、私たちは私たち自身の宗教や政治構造の中にある過激主義に抗することができるでしょう。

ラビ・ローゼン博士　半世紀前、ラビになった私は理想主義に燃えていました。私は正統派ユダヤ教の家庭に育ち、エルサレムの正統派ユダヤ教の学校で勉強しました。私の職業上の目標はユダヤ教の原理主義者たちにある程度の寛容性と理解を持たせることでした。しかし、五〇年経ちましたが、これは全くの失敗に終わり、悲しいことに、今やユダヤ教のみならず、私が出会った他の全ての宗教でも原理主義や過激主義が台頭しています。

昔から、時代が人を作るのか、それとも人が時代を作るのかという論争がありますが、人間界の出来事には、政治的動きや独自に動く歴史的、社会的状況にコントロールされるサイクルがあると思います。イギリスのビクトリア朝の狭量な欺瞞性は、その前のジョージア朝の過剰な自由への反動でした。他方、ビクトリア朝の科学的創造性や革新は、妖精を信じる、迷信的な薔薇十字会を生み出しました。人間社会はサイクルを描いて動きます。そして、サイクルはエネルギーとそれ自体の型を産みます。一〇〇〇年前、エジプトに住んでいた偉大なユダヤ人学者、マイモニデスは開明的な哲学者でしたが、彼は著書『迷える者への導き』の中で寛容と理解について語っています。彼の著書はある者には賞賛され、ある者には拒否されましたが、やがて彼は最も偉大かつ人を感動させるユダヤ人の一人と見られるようになりました。彼の法律、神学、倫理に関する分厚い本の中で一番繰り返し扱われたテーマは、バランスという考え「黄金の中庸」で、これに私はいつも鼓舞されてきました。

このOBサミットの会合が世界の問題を解決することはありません。私たちが中東やアフリカや極東の紛争を解決することはない。しかし、もちろん、誰かを非難したり、スケープ・ゴートを仕立てて責任転嫁しても、何も得られません。人間には人間の問題を解決する能力があります。ただし、それは、誠実に、善意をもって解決しようとした場合に限られます。紛争は自らの方法で自ら解決しなければならないというのが現実です。しかし、私は、普遍的な友愛や愛の価値を主張し、それらが公的な場に存在するようにすることが、私たちやこのOBサミット、そしてOBサミットと同種の組織の義務であると固く信じています。だから私はアックスウォージー教授が、選挙の問題を取り上げた時に嬉しく思いました。何故なら政治は以前よりもはるかに粗野で残忍なものになってしまったからです。イギリス議会では、かつて議員は互いを呼ぶのに「閣下」と言ったものです。しかし、今日ではほとんどの議会関係の会合にそうした礼儀正しさはありません。

ですから、基本倫理と呼ぼうが、基本課題と呼ぼうが、人間を一つにまとめようとするもの、憎悪や敵意をなくそうとするものを確立することは、たとえそれが直ちに結果をもたらさないとしても、非常に重要なことだと私は思っています。懐疑的な見方はありますが、ここにいる私たち皆には、前向きで建設的な姿勢を保ち、私たちの考えが公的な領域に組み込まれるようにすべく、出来ることをして行く責務があると思います。この問題を今取り上げたい人はそうすべきです。さもなければ、私たちは次世代に期待しなければならなくなります。しかし、私たちの世代には、私たちの声が人々の耳に届くようにする義務があるのだ、と私は確信しています。

張教授　ラビ・ローゼン教授に全面的に賛成です。彼は私が言いたかったことを全て言ってくれました。

サイカル教授　私は「イスラム世界」という言葉を使うことに非常に抵抗があります。「ムスリムの領域」と言うべきです。

ハンソン教授　異なる宗教間の対話では、ベネディクト一六世の救済に対する姿勢について補足する必要があります。カトリック教会はかつて教会の外に救済はないという立場をとっていたかもしれませんが、幸い、二〇世紀にはそういうことはなくなりました。もちろん、フランシスコ現教皇（法王）の下で積極的な改宗の勧めは少なくなりました。しかし、救済に関して、前教皇と現教皇の間に違いはありません。彼らは全ての善意の宗教を介しての救済を深く信じています。

シュレンソグ博士　私たちは他の宗教間フォーラムが犯したのと同じ間違いを犯してはなりません。私たちは車輪を再発明しようとしてはならないのです。私たちは、グローバル倫理のような考えがあるということを再確認すべきです。私たちはそれが何を意味するのか、また意味しないのかを大まかに説明してきました。宗教界や世俗社会によって採用された文書は既に十分あります。私たちはこうした文書をまた新たに作り出す必要はなく、私たちがすべきことは既にあるこうした文書を人々の心に届けることなのです。

また、もっと重要なことは、こうした考えを私たちの社会で具体的に実行に移す方法を考え出すことです。私は、政界、ビジネス界、そして教育分野という三つの領域に働きかけなければならないと思っています。倫理教育―倫理のための教育や相対多数の尊重等―を初等の段階で始めなければ、私たちは変わりません。最後に、私たちは宗教の言葉で話すべきではないと思います。私たちには世俗世界に働きかけ、こうした原理について話す方法を見つける責務があるのです。

第二セッション
二〇世紀からの教訓

議長　フランツ・フラニツキー
元オーストリア首相

人類は二〇世紀に二つの恐ろしい世界大戦を目撃した。第二次世界大戦では六〇〇〇万人以上が命を奪われた。しかしながら、世界の技術は目を見張るほど進歩し、先進諸国でも一部の開発途上諸国でも生活水準はそれまでの想像を超える勢いで上昇した。

第二セッションでは、それらがもたらした意味が考察された。最初の紹介者であるルートヴィッヒ・マクシミリアン大学教授のフリードリッヒ・ヴィルヘルム・グラフ博士は、第二次世界大戦後世代のドイツ国民がナチスの体験とその非人道的犯罪を厳しく検証し、何故それほどまで多くのドイツ人と新旧キリスト教会が反ユダヤ政策を受け入れ、あるいは積極的に支持したのか、を問わざるを得なかったと語った。それは人間界の敗退でもあり、明らかに宗教界の敗退でもあった。宗教はしばしば連帯感を生み出すこともできるが、この特定の失墜は、社会の中でいかに破滅的な力をもたらし得るかを立証した。人間界で異なる要素やイデオロギーの完璧な調和など決してないだろう。この世界では常に道徳的対立、差異や分断が起きている。しかしながら、グラフ教授によると、宗教よりもむしろそうしたことが私たちをグローバル倫理に導き得る理由である。

次の紹介者、アート・オブ・リビングのスリ・スリ・ラヴィ・シャンカール師は、マハトマ・ガンディーがあらゆる宗教の信仰を包括し、それぞれの違いをも賞賛したことが人々を結束させ、二〇世紀で最も困難な挑戦のひとつであったアジアにおける植民地政策に終止符を打たせるに至った、と述べた。それでもなおインド亜大陸においては、宗教間の紛争が大きな課題として残ってしまった。シャンカール師は、確固とした教育によって平和を促進させること、ストレスのない心の平和と幸福により一層の注意を喚起すること、非暴力的コミュニケーションを醸成させることなどが、前世紀の過失を繰り返さないためにも不可欠なのだ、と強調した。

アブデル・サラム・マジャーリ元ヨルダン首相は、古代アラブの学者を引用して、紛争を解決し、和解と平和をもたらす指導者の役割に関する考察を提出した。文明は、指導者が独裁的になると破壊される。最も重要なことは、自らとは異なる他者を尊重することである。マジャーリ博士はまた、若者たちを異なる価値観に「触れさせる」ことが重要であると強調した。

続く討論では次のような指摘がなされた。多神教の東アジアからの参加者たちは、域内における宗教の包括性と寛容性が紛争回避に役立っている、という意見で一致した。それにも関わらず、悲しいことに、異なる宗教間や民族間の紛争が西側諸国と同様に東側諸国でも起きている。グラフ博士の指摘に呼応して、日本仏教の僧侶が彼らの宗派も第二次世界大戦を支持したことを認め、それを反省し、二度とあのような惨事が繰り返されないことを祈念している、と語った。

理想論的なカント的見解をホッブズ論者の現実主義が追いやってしまう必然性について質疑が交わされた。西側諸国では、これは積極的に検討され続けた挑戦であり、民主的プロセスを通じた成功も達成された。しかし、世界の他の地域、とりわけ神の主権と宗教上の伝統の遵守を民主主義と組み合わせようとするイスラム諸国で特に顕著なように、いまだに満足のいく対応はなされていない。

同様に重要なのは、経済開発と人間の生活の質の関係がもたらす挑戦である。同じように、経済的・政治的失策の結末としての大量移民の増大が西側諸国における反移民感情を生み出してきた。これは受け入れ国における主要課題となっている。さらには人口過剰からも重要な挑戦がなされている。世界は、人口九〇億という現実とそれが私たちの地球上の生命体にもたらす脅威という困難に直面せざるを得ないのだ。

純粋に世俗的社会の典型などないが、法の支配を受け入れる世俗国家は実在すると結論づけられた。この法の支配とは、カント主義の特定の要素の継続性を保証するものである。しかし、人間と文化の表現や熱望は異なることから、一元的な解決策は避けるべきだし、複合的な現代用語で考えるべきである。何故いまだに強靭な社会的束縛を生み出す原理主義宗教に魅力があるのか、を紐解くことが重要である。明らかに、宗教界が世俗的価値観の諸目標から裨益しているように、世俗国家も宗教界の貢献から恩恵を享受し得るのだ。

教会にとっての和解のための優先事項
―あるドイツ人の見解

第一紹介者　フリードリッヒ・ヴィルヘルム・グラフ
ルートヴィッヒ・マクシミリアン大学教授

あらゆる神学には神学者の人生経験が反映されている。神学、宗教学そして個人的体験は、複雑に絡み合い、様々な形で相互に影響し合っている。私自身の宗教に関する研究は、ある特別な歴史的布陣によって形成された。私は、一九四八年一二月に西ドイツで生まれたので、連邦共和国で生を受けた最初のドイツ人世代に属する。つまり、私はこの民主国家と共に成長したのである。

政治に関心を抱き、知的に感受性の強い私たち世代は、ある特別な挑戦と自ら向き合ってきた。私たちは、国家社会主義とその恐るべき犯罪を決定的に検証しなければならなかった。私たちは、ドイツ最初の民主主義、一九一九年に創設されたヴァイマール共和国が何故失敗し、何がナチスの反自由主義独裁国家を可能にしたのだろうか、という質問に答えなければならなかった。その理由から、私は比較的若い年齢の頃から、アングロ・サクソンの古典的政治論、なによりも自由主義的政治論を勉強し始めた。

とりわけ私は議会制民主主義が機能するための条件に関心を抱き、その結果、国家や社会と相対する自由を求める個人的要求を強めていった。

私は、一九歳の時に日独交換留学生プログラムに参加している。数週間日本国内を旅し、ある期間、東京で学んだ。その際に私は、自国の文化がいかに特殊であり、相対的であるかに気づかされた。その経験がきっかけとなって、私はかなり早い時期からキリスト教、とりわけプロテスタントと他の宗教との関連性について研究し始めた。そこでも私は、自身の主たる関心事であった個人の自由に焦点を当てた。私は、個人的自由を強化し、大きく異なる背景と宗教的信念を持つ人々との平和的共存を促進する神学の伝統に取り組み始めた。
私は学生時代に、チュービンゲン大学からミュンヘン大学に転籍している。ミュンヘンでは、私にとって新鮮かつ魅力溢れる思考の世界に導いてくれた哲学教授陣に出会った。その最たるものがリベラルなドイツ「プロテスタント文化」の伝統である。私は、ヘーゲルやシュライエルマッハー、トレルチやハルナック、そして特にエマニュエル・カントについて学んだ。私にとってカントの批判的哲学は、ドイツの啓蒙主義に根付く強烈にリベラルな理論の最も黙想的で重要な哲学を代表していた。一言で言えば、私は私自身をプロテスタントのカント主義者であると認識している。私はカントから、批判的自己反省、寛容、狭義な真実への主張などを常に懐疑的に質問すべきことを学んだ。

私たち世代に課された任務は、近代政治の全体主義とそのイデオロギー上の約束について精査すること、そして何故あれほど多くのドイツ人が、ましてや何故新旧両教会が、反ユダヤ主義や人種差別政策を受け入れ、積極的に支持したのかを問うことにあった。これは、私にとって非常に重要なテーマとなった。私は自分の論文を読むつもりはないが、今朝交わされた議論に関連する見解を二点付け足したいと思う。

まず、宗教についてである。宗教はかなりあいまいな現象であり、これは人類のすべての宗教的伝統について言える。宗教は人と人との間に連帯感をもたらすことができる。私たちの脆弱さを強くし、貧しい人々や隅に追いやられた人々の基本的ニーズを補うことも可能である。宗教は国民、階級、民族などを超越して兄弟姉妹になることで、お互いに理解し合えるように導いてくれる。宗教は謙遜の精神を高めることも可能なのだ。

その一方で宗教は、極端に破壊的な社会勢力であり、極めて暴力的にもなり得、「私の敬虔な信仰心」を共有せず、見知らぬ神を信じる人々への憎悪や排除に繋がっていく。こうしたこともまた、全ての宗教的伝統において真実だ、と言える。例えば、キリスト教の歴史の中でも多くの暴力があったし、仏教の歴史においてもかなりの暴力が存在した。そして日本のオウム真理教のように、東アジア地域における新興宗教にもかなり暴力的なものが確認されている。つまり私たちは宗教について、今朝何人かの方々が提示された以上に、より厳しく批判し、より懐疑的な見地から議論を交わしていかなければならない。

二つ目の要点は、「グローバル倫理」という言葉についてである。「世界的」もしくは「全世界的」という概念は、一八世紀のドイツとイギリスで啓蒙主義思想を伝達するために造り出されたものである。ある人はそれを「コスモポリタン精神（気質）」と呼び、ある人は「人間の尊厳および基本的人権の精神」と呼んだ。啓蒙主義の哲学者、ジョン・ロックやエマニュエル・カントは、常にあるポイントを強調していた。つまり全ての人々にとって普遍的に最も重要であり倫理的であるものとは、理性のみに基づいた非超人的努力であると。グローバル倫理の原則に私たちを導くものは、理性であって宗教的信仰心ではないのだ。

これは、啓蒙主義時代の哲学者や神学者にとって、一方では理性とグローバル倫理、他方では多くの異なる特定の宗教的伝統の間には、極めて深い緊張があったということである。カント的表現によると、後者は特定の倫理観に宗教的にはめ込まれた倫理規範あるいは他律的倫理である。宗教的倫理は、全知全能な創造主である神への人間の依存に基づいている。その宗教的他律に対して、理性的倫理は明確に対照的で、自律と自己決定に基づいているのだ。

今朝、フレーザー首相は「世界の主要宗教に受け入れられているグローバル倫理」について語られた。私は、はるかに懐疑的であると言わざるをえない。古い宗教的伝統における多くの要素は、グローバル倫理の核である人権という観念とはかなり対照的である。ドイツの例を挙げてみよう。ドイツの教会は、かなり遅れてから人権という観念を受け入れることを学んだ。一九五〇年代に入ってからのことであった。教会は一九世紀の啓蒙運動以来、さらには一九二〇年代以降、いかなる類の人権に関する思想にも強く反発してきた。その受容プロセスも遅々としたものだった。私は、私たちの中に宗教とグローバル倫理との関連性に関してあまりにも調和的な見方をしている人々がいる、と考えている。私たちは多様性と、様々な宗教やコミュニティ内部のみならずそれらの間に存在する相違について、もっと真剣に取り組まなければならない。

まとめに入りたいと思う。キリスト教神学者にとって、和解、寛容、グローバル倫理あるいは普遍的倫理は、常に生物学における昆虫学のような概念だった。今世と来世、王国の世界などに関する基本的に異なる概念が宗教的和解、寛容などの議論をイデオロギー化や政治的道具化などから阻止している。この世界では完璧な和解などあり得ないし、常に多くの道徳的対立が生じ続ける。現世においては常に差別や意見の相違、分断、分離そして紛争が発生してしまうだろう。包括的なグローバル倫理を実現できるような社会を求める人は、誰であろうと、他の人々とは異なる人生の個人的要素や個人的自由を否定してしまう脅威をもたらしてしまう。さらなる自由がさらなる多様性と、時にはさらなる論争と共にあり続けるのだ。

フラニツキー議長　意見を述べたいと思います。まずは寛容と信教の自由についてですが、ドイツで最も有名な詩人であるゲーテが、かつて寛容は中間点でのみ可能であると記しています。つまり、受容に進まなければ、意味はないのだと。私たちはこのことを心に留めておくべきです。次に、フレーザー首相や他の方々も言及されたように、歴史的に見ても多くの場合、宗教が紛争や口論や戦争などの主たる原因ではなかったという認識から目を逸らしてはならないというご意見に、私も賛同します。

その一例がアイルランドのカトリックは、イギリスがプロテスタントだったからイギリスと争った訳ではありません。貧しかったアイルランドのカトリックが、先進的なロンドンに圧制されたから闘ったのです。それだけでも良き友人になれない十分な理由でした。さらには、政治指導者が様々なグループから選出されており、それら指導者たちはそれぞれのグループが望み求めていることに同意しているからでもあります。そして北アイルランドの指導者たちが穏健になった後、平和へのチャンスが生まれたのです。非常に好戦的で強硬派だったイアン・ペーズリーについて考えてみてください。彼が公職から去った後になって、ようやく彼らは共に協力しあう方法や道筋を見出せたのです。

三つ目はむしろ質問になります。おそらく午後からのスピーカーの皆さんも対応できるかと思います。私たちがグローバルな信頼や信用等について語る時、数多くの宗教や各国での男女共同参画に関して、何を発信すべきか思案しています。私がこのようなことを伺うのは、午後からのスピーカーの中にインドの方がいるからだけではないのですが、あなたのご参加を享受することができましたので、あなたにこの質問をさせていただきます。

ところでグラフ博士、私たちはプロセスの学習にかなり遅れているとおっしゃられましたが、このプロセスは最後には無神論に到達するのでしょうか？

グラフ博士　いえ、私はそのようなことは言っておりません。私はヨーロッパ社会のことしか語れませんし、米国に関しては僅かなことしか語れません。多くのヨーロッパ社会における宗教の現状は、極めて複雑なのです。世俗主義への趨勢やかなり攻撃的な無神論者に、特にイギリスやフランスで出会ったことがあるでしょう。きわめて右翼的で攻撃的、そして保守的な要素が一部の欧州プロテスタント教会でも一部の欧州カトリック教会でも見られます。クリスマスの祝会に参加する敬虔な中産階級もいます。彼らは、自らをクリスチャンであると自覚しているのです。私はヨーロッパが無神論者の大陸などとは思っておりません。ポーランドは異なります。皆さんは多くの多様性に触れることでしょう。東部ドイツでは異なる状態を目にするでしょう。南部ドイツと比較することなどできない等々です。

私は、宗教と政治を切り離して考えることはできないと思っています。ヨーロッパでは、宗教と政治が切り離されたことはありません。一九世紀ヨーロッパの各地で発生したナショナリズムは神学的思考や宗教的伝統に基盤を置いていました。神聖なる国家、聖なるポーランド等々、常に宗教的言語が使われてきたのです。しかし、例えば宗教機関や組織を国家から切り離すことや、教会と国家を分離させることはできます。しかし、それは全く別の分野です。

相違を祝う

第二紹介者　シュリ・シュリ・ラヴィ・シャンカール

アート・オブ・リビング

私はまず日本で開催されたあるイベントについて語ることから始めたいと思う。かつて、米国のニクソン大統領が日本で宗教指導者たちと会合を開いたことがあった。彼の右側には仏教の僧侶が、そして左側には神道の宮司が座っていた。ニクソンは神道の宮司に向かってこう質問した。「日本では神道の信者がどのくらいいますか？」」すると「八〇パーセントです」と宮司は答えた。次にニクソンは仏教の僧侶に訪ねた。「では、日本の仏教徒の割合は？」。僧侶は「八〇パーセントです」と答えた。ニクソンは当惑し、こう訪ねた。「どうしてそういうことが可能なのでしょうか？」。宮司と僧侶は互いに顔を見合わせ、微笑んだ。「私たちの宗教の間には明確な境界線がないからです。全ての仏教徒は神道を讃えていますし、その逆も真なりだからです。」

このニクソンの物語は多くの人には現実味が薄いと映るだろうが、その視点は望ましいといえる。インドでは、厳しいヒンドゥー教徒の家族出身者が、男性であろうと女性であろうと教会やモスクに行くことを止めることはできない。事実、私たちの両親は私たちを他の宗教の礼拝に連れていくこともあった。マハトマ・ガンディーのおかげと宗教の平和的共存という伝統に根ざした慣習の恩恵によって、インドでは何世紀にもわたってユダヤ教ですら栄えた。事実、インドはユダヤ人迫害の歴史をもたない世界でも希な国でもある。

私の一一七歳になる恩師は、マハトマ・ガンディーと極めて親交の深い人であった。ガンディーは繰り返し「私たちは夢を持つべきであり、私たちは直ちに働き始めるべきである」と言っていた。ガンディーの夢には包括性があった。彼は毎日、クルアーンからいくつかの韻文を、聖書からいくつかの節を、バガヴァッド・ギーターからいくつかの詩を、そして仏典からいくつかの経を唱えていた。ガンディーの哲学は、南アジアが二〇世紀に経験した進歩の源泉だった。彼は、二〇世紀において最も困難な挑戦であった植民地主義に終止符を打つという運動に、全ての宗教の信徒たちを一つにまとめて参加させたのである。

今日、ヒンドゥー教や仏教のように伝統的に平和な宗教ですら、忍び寄る過激主義の影響を受けている。私たちは何故か相違を祝福する能力を失いつつある。ガンディーの実践に見習い、私たちは多様性のなかに調和を見出すよう、そして共に祭事を祝福しあい、互いの宗教を学びあう私たちの信徒たちを鼓舞すべきである。もしも子供があらゆる宗教に関して、少しでも理解を示すように育つならば、彼あるいは彼女が「私の宗教だけが私を天国に導いてくれる」あるいは「他は皆地獄に行く」と信じる人に成長することなどないのだ。視野の広さが全く異なる結果を生むのである。

二〇世紀は軍拡競争を激化させ、不幸なことに私たちは武器や弾薬に膨大な財政を支出し続けている。どの国も、防衛費に莫大な額を費やしている。もしも政府が防衛支出の〇・一パーセントでも若者たちへの平和と文化間交流教育に充てたなら、世界はもっと幸せに生きられる場になっていたに違いない。宗教コミュニティも、勇気と未来への希望を持たせることができるし、他宗教の祝祭を奨励する重要な役割を果たすこともできる。平和教育は、精力的に促進されなければならない。

二〇世紀は暴動、宗教間闘争、そして紛争や自然災害等で家や身内を失った人々を目の当たりにしてきた。外側から平和をもたらす努力はなされたが、十分ではなかったことは明白である。人間にとって、ストレスは今日の世界の過ちの大きな要因となっている。私たちはこの社会をより幸福なものにしているのだろうか？　あるいは、私たちの社会は一層憂鬱になっているのだろうか？　世界保健機構は、今世紀最強の致命傷はうつや精神的疾患となる、と宣言している。教師の四割がうつ状態にあることが統計的に判明している。教師がうつ状態にあるとしたら、彼らは何を生徒に与えられるのだろうか？　したがって、私たちは心の平和と幸福についても語り合わなければならない。

幸福が繁栄に比例するものではないことがますます立証され始めてきている。ヨーロッパの人口のおよそ三八パーセントがうつ傾向にある。他の先進諸国も同じような数値を見せている。対照的に、インドの貧民街人口の幸福度は、多くの先進諸国よりもはるかに高い。二一世紀においては、前世紀から真に学ぶべきために、このような不可思議な事実を検証していかなければならない。

ストレス、人生に対する広い視野の欠損や理解力の欠如に加えて、社会に暴力をもたらし得るコミュニケーションの欠落がある。二〇世紀は、コミュニケーションがうまく取れないと紛争が起こり得ることを、私たちに教えてくれた。したがって今日の社会では、幼少期の頃から非暴力的なコミュニケーションが取れるよう子供たちを育成することにコミットしていかなければならない。

この時点で私は、議長が指摘された重要な問題である

「男女不平等」についても強調したいと思う。男女不平等は、真の包括性に不可欠な問題である。インドを含むいくつかの国では、花嫁の両親が増えつづける結婚費用の負担を強いられ、男性が花嫁に持参金を期待することから、女性胎児の堕胎が重要な懸念事項となっている。しかしながら、男女不平等が常に常識だったわけでもない。しばしば女性たちは、男性たちよりも高い優先権が与えられてきた。例えば、招待状などは「Mrs. & Mr.」と表記され、その逆はなかった。インドの二つの州―ケララとトリプラ―は、女系社会である。そこでは、花婿が花嫁の実家に入り、資産は娘から娘へと受け継がれていく。事実、古代インドでは男性と女性が対等に扱われていた。しかしながら中世期に入って、女性の立場は徐々に弱まっていったのである。古代の平等の伝統を取り戻さなければならない。

インドでは、前政権の頃の大統領、議会議長と与党党首はすべて女性だった。インドの州の多くが女性によって統治されている。とはいえ、この分野で未だに対処しなければならないことが多々あるということには私も同意する。宗教および社会的組織は、女性の立場改善を真剣に考慮して行かなければならない。それは簡単な事ではない。賛同する者もいれば反対する者もいるが、男女平等はどうしても二一世紀には前進させなければならないのだ。これは今日の思想家や哲学者が担う責任でもある。

結論として、私たちは若い世代を教育するために動かなければならない。私の最初の発言を強調すると、全ての子供たちが世界の異なる伝統や習慣を学べば、男子も女子もより広い視野を持つ人間に成長していくだろう。このようなビジョンによって、寛容のみならず、相違を認め合い祝福し合う能力を養うことになるだろう。私たちは二〇世紀の孤立主義から二一世紀のグローバル社会に移行してきた。そして、今がまさに私たちの相違を祝福すべき時なのである。

提出論文

倫理的意思決定
―グローバル文明における連帯感に向けて

アブデル・サラム・マジャーリ
元ヨルダン首相

私たちは「宗教間対話」について議論しているが、私は「何を達成するための対話か」を問わなければならないと考えている。

その答えを、アラブの偉大な学者であり歴史家であるイブン・ハルドゥーンから引き出したい。彼は、文明の概念と歴史を研究し、何故それらが台頭し衰退したかを説明した。彼はまたヨーロッパの学者達よりかなり前にウムランという社会学の理念を発展させた。ウムランとは「人間の幸福と人間開発」のことであり、それは宗教間対話にとって良い目標と言える。

イブン・ハルドゥーンは、アサビーヤの概念を提唱した。それは「連帯意識」を意味する。理想としてのアサビーヤの追求において、指導者は人間の文明の進展に貢献できる哲学、経済、環境および社会的要因を確認しようと努める。確かに「対話」の最初の目的は、連帯意識―国内と共にグローバルな文明諸国間の連帯意識―を構築することにある。イブン・ハルドゥーンはまたリーダーシップ教育の父でもあった。彼は、リーダーシップは指導者と国民との間の強固でダイナミックな関係を通じて存在すると唱えた。イブン・ハルドゥーンによると、良き指導者の基本的資格は、彼／彼女が他者を尊重できる意欲にある。それによって指導者と被統治者間、首長と集団間の連帯意識が芽生えるのだ。

リーダーシップと支配は大きく異なる。指導者が独裁的になると文明は崩壊する。これは確実に世界の指導者たち、とりわけ大国の指導者たちへのメッセージである。私たちは若き指導者たちに、もしも独裁者になったとしたら、彼らがけん引する社会もコミュニティも諸機関も、究極的には文明をも破滅させるに至る―言うまでもなく自らの破滅も―と理解させる必要がある。指導者たちは説教によって押し付けられた知識から多くを学ぼうとはしない。彼らは、自分たちの先輩や同僚との接触―縦と横の繋がり

―を通して学ぶのだ。私は、最良の教育が異なる職業、異なる宗教、異なる文明、そして異なる社会部門の人々との心の触れ合いにある、と信じている。これは未来の指導者たちの意思決定における倫理の基本である。

国連大学国際リーダーシップ・アカデミーは、あらゆる国やあらゆる境遇からの潜在的指導者たりうる若者たちに「他者と触れ合う」機会を供与するために数年前に設立された。(私が促進し支援した。)三〇代から四〇代の若き指導者たちが他国の指導者たちと面会し交流するために、様々な国々を訪問して相互に影響しあう。また選出された政治指導者たちから情報を得る。各国を訪問後、地元に戻り、全員が何を見、何を聞き、どう感じることができたかをグループ報告書として提出する。それらをまとめた主要参考本も出版されている。これは、指導者と被統治者との間にあるギャップおよび指導者間にもあるギャップを埋め、さらには将来の指導者達の心と知力に倫理的意思決定の種を植え付け得るひとつの確実な方法である。

二一世紀の私たちは、いわゆる「グローバル化された世界」で暮らしている。確実に前記のようなプログラムはグローバル文明という連帯意識を構築するひとつの方法である。このような指導者教育は、「他者」の生活様式や慣習に対する無知や偏見を矯正する一助となっている。残念なことに、このプログラムは何年か前に国連大学の指導部によって廃止されてしまった。彼らは、私が提案した計画ではなく、慣例的な指導者育成トレーニングを選んだのである。

人の目に「さらす」とは、利己的にある者の見解を他者にさらすことではない。それは他者にも自身の見解をさらさせることを意味する。まずは聞くことから始める。数年前にサウジアラビア大使になったアメリカの元民主党下院議員、ワィシェ・ファウラーの言葉を引用しよう。彼はこう言った。「私は砂漠で夜遅くまで何時間も、アラブ人とのお茶飲みを楽しんできた。彼らは自分たちの家族について語りたがったし、相手の家族の話も聞きたがった。彼らは私に彼らの父親がラクダを育てたことを教えてくれたし、私は彼らに私の父親が牛を育てたことを話した。」これこそが連帯意識への道を切り開く共通の基盤を見出すための美しい例証である。

宗教にはこれと同様の実例がある。ムハンマドは「他者には己がしてもらいたいことをせよ」と説いた。イエスは「汝の隣人を己のごとく愛せよ」と言った。これら二つの異なる宗教は、他者に対して同じような態度で接するように悟らせている。自分がしてもらいたいように、他の指導者も、政府も、企業も、人々も扱う。私は、同じ論拠が倫理規範にも当てはまると思っている。倫理は全ての宗教に共通する。私たちが宗教間対話について語るときに、私たちは確実に様々な宗教の信徒間の対話について語っているのだ。しかし、果たしてそれが実際に意味するものとは？ある者は信仰を「精神的な確信に基づく特定の教義の信仰」と定義している。私にとっての信仰とは、本来的には儀式、法律および価値観のことである。

異なる信仰の信徒間対話は、儀式もしくはいかに私たちが神と触れ合うか、あるいはいかに祈るか、あるいは男女がモスクや教会やシナゴーグ（ユダヤ教の礼拝堂）に行くのか否かに関してであってはならない。あるいは、法典や教義が世界的であるのか、そして世界に受け入れられているのか否かを語りあうべきではない。対話は「価値」、公正・平等・人権の尊重と自由に関する価値についてでなくてはならない。この問題の核心はそこにある。

価値に焦点を当てることで、私たちは「他者」を悪魔に仕立てるのではなく助ける共通基盤を模索するのである。したがって、ここで発生する質問は、国の利益がグローバルな利益に反する時に、その国の指導者と世界の指導者との間に生じる矛盾をいかに解決すれば良いのだろうか、である。私個人としては、いかなる矛盾も生じないと考えている。私がまさにそれは個人のあり方に関わると確信しているからだ。個人の利益以前に公共の利益を優先させれば、国の指導者として存続でき、永続する遺産を構築することができるのだ。グローバルなレベルでも同様である。最終的には、国家利益とグローバル利益は同じであり、それを認識できる指導者が一番うまく存続できるのだ。

人権の本から引用するが、私は国際的な倫理宣言が必要であると訴えたい。そうした努力は、人類に貢献できる政治指導者と宗教指導者を繋ぐからだ。あらゆる意思決定に「倫理」の基盤を置くために、である。

最後に私は、わが親愛なる友、ＯＢサミットの創設者の一人であり、二〇世紀における最も卓越した指導者であられた、九五歳の誕生日を迎えられたドイツのヘルムート・シュミット首相について語りたいと思う。シュミット首相は、「遠くのゴールに達したい者は誰でも、小さなステップから踏み始めなければならない。」と言った。

私は歳を重ねていくことの徳に関して、米国ワシントンDCのワシントン・ヘブライ会議名誉司祭、ラビ・ハバーマンが最近語った言葉を引用する。

• 最初に彼は、高齢者は平静であると述べた。
• もしもあなたが幸運であれば、あなたが望んだことは高齢になって達成することができる。重要な闘いは成果を上げ、意思は決定される。あなたはもはや強要することも、骨を折ることも、あがく必要もなくなるのだ。

私は、ヘルムート・シュミット首相について語る時には、ハバーマンとは異なる考えを持っているが、それは元首相の信念が九五歳になった今でも、原理原則に関しては、四〇年前にドイツを率いていた頃と変わらぬ情熱を抱いておられるからである。ヘルムート、貴方は私たちのみならず世界中の多くの人々から愛と尊敬を受けています。穏やかな誕生日を迎えられますように。そして神の祝福を。

討　論

シュレンソグ博士　男女平等の問題は、異なる宗教や社会の問題だけではありません。この問題はこの会議においての論点にもなっています。ですから、これに向けて相当の努力を重ねていかなければなりません。もうひとつの所見ですが、それはグラフ教授の発表に関するものです。誤解されたくありませんので。私のような人間や他の世界の学者たちがグローバル倫理について議論する場合、私たちは天や地について語ることはない、と申し上げたい。私たちは、世界の精神界や哲学の伝統に見られる倫理的可能性について論じ合うのです。世界宗教会議による「世界倫理宣言」のような文書は、私たちの時代の特別な挑戦について表明しており、私たち各々が倫理的伝統や倫理的戒律を思い起こせば、多くの問題を解決する力になると訴えています。これは、地上に天国を創設することができるというような、ナイーブな文書ではありません。しかし、私たちには義務があると訴えています。私たちに信仰があるならば、それぞれの伝統の可能性内で自ら思い起こさせる義務があるのです。私たちは信者、非信者に関わりなく、すべての人々にも同じことをするように呼びかけているのです。

張教授　宗教に対する心構えに関してですが、私は中国における信仰の一般的慣習は日本のそれと変わらないと申し上げたい。八〇パーセントが仏教徒、八〇パーセントが儒教徒、そして八〇パーセントが道教徒です。なぜならば、教育水準に関わりなく、男性にも女性にも、それら三つの宗教が同じ比率で中国人の心の中に根付いているからです。同じ家族の中で、両親は仏教徒もしくは儒教徒でありながらも、子供たちがクリスチャンになることも珍しくはありません。

二つ目のポイントは、議長が引用されたゲーテの「第一に忍耐、しかしながら第二のステップは受容」に関することです。私は、第二のステップは尊敬であると確信しています。受容だけでなく尊敬も、です。私は「相違を祝福する」とまでは言いきれません。しかし、相違があるのであれば、そのままにし、宗教上の相違を受け入れ、尊重すべきです。

三つ目のポイントは、私たちは個人、部族、氏族、国家利益、経済的利益が、宗教上の相違として偽装されてきたことを見てきました。私自身の例を挙げてみましょう。私の生まれ故郷は、一八九四年の日清戦争でイギリスとフランスが介入しなければ、永続的に日本に割譲されていたでしょう。しかしプロテスタント国であるイギリスとカトリック国であるフランスは、神道国である日本に対し、台湾だけを占領するよう強要しました。現在、皆さんはロシアが一九世紀にロシア正教の国としてイスラム教徒の国を乗っ取ろうとしたクリミアに注目しています。そこでもフランスとイギリスが介入し、ロシア軍は撤退しました。こうしたことが宗教の信仰のあり方に過大な注目を払うべきではないこと、そして人間には根の深い相違があることを私に教えてくれました。

私たちすべてはまずは人間です。そして私たちが育った社会的慣習や文化しだいで、私たちは異なるグループに分けられています。私は、こうしたあらゆる相違の包括が可能であることを尊重し、それを願っています。しかし、私たちは今回のような対話の機会を模索していかなければなりませんが、宗教とは生来、紛争を起こすためのものではないことを忘れてはなりません。人々は平和な宗教について語ります。インドのアショカ時代にアショカ王は広大な土地を征服し、すべての人々を仏教徒に変えました。

フラニツキー議長　私の母はプロテスタントで父はカトリックでした。両親が結婚した時、お互いに変わることなくそれぞれの宗教を守りました。第二次世界大戦が勃発し、私の父はドイツ軍の兵士として徴兵されました。一九四二年、九カ月間も父からは何の音沙汰もありませんでした。私の母は、父が死んだのではないかと恐れては、子供たちにカトリックとして洗礼を受けさせなかったことで自身を咎めていました。幸いにも父は生き残り、一九四五年に帰郷しました。母は父に「あなたが戦争から戻ってきたら、カトリックの信仰に基づいて子供たちに洗礼を受けさせます、と私は神に誓いました。」と伝えました。ですから私はカトリックとプロテスタント両方の洗礼を受けた数少ないオーストリア人なのです。長い物語を簡略すると、私の父は「すべてナンセンスだ！」と言って、教会を去っていきました。

大谷門主　日本人として私は、日本人の宗教に対する姿勢について語られたラヴィ・シャンカール師にコメントしたいと思います。彼は、日本人の八割が仏教徒であり、八割が神道であると語られましたが、それはおおむね真実であります。一神教徒にとっては理解し難いことかもしれませんが、日本人の暮らしの中では真なのです。しかし、私の宗派（浄土真宗）は、日本の他の仏教界の主流とは少々異なっています。私どもの宗派は、自然を超越された存在、阿弥陀仏への信仰に特化しております。したがいまして、私たちは神道信奉者と口論し、反発しあうことなどはありませんが、神社にお参りすることはありません。日本の伝統の中でも、私どもの宗教は他より平和的です。

しかしながら、そうとは言え、私はグラフ教授のプレゼンテーションに関連して一点だけ言及したいと思います。第二次世界大戦時の邪悪に対する宗教界のあり方についてです。誠に遺憾なことに、たとえ消極的にでも、ほとんど全ての日本の宗教が日本政府の政策を支持し、近隣諸国との戦争を支持したことを認めざるを得ません。第二次世界大戦後、四〇年から五〇年ほどの年数はかかりましたが、私どもを含めたほとんどの日本の宗教が自らの受け入れがたい過ちを認め、そして深く後悔しています。私たちは二度と同じ過ちを繰り返してはならないと決意し、現在ではいかに世界平和に貢献することができるかを学ぶことを誓約しております。

フラニツキー議長　グローバリゼーションと統合の曲線が上昇すると連帯意識の曲線が下降するのは、さほど驚くべきことではありません。ヨーロッパのほとんどの諸国は、移民や亡命者、そのほか抱えている問題に直面すると、連帯意識が低下します。ほぼ全ての政治指導者たちが、選挙運動となると「外国からの貧しい人々との連帯意識よ、さようなら」と悲しくも言うことを、私は報告せざるを得ません。

サイカル教授　アラブ世界で浮かぶイメージのひとつが不安を招く分裂であり、連帯意識ではありません。私は「二〇世紀からの教訓」に立ち戻りたいと思います。グラフ博士に質問があります。私たちは二〇世紀を宗教と政治が絡み合った時代と見てきましたが、両者間の関係が密接に相互作用しあってきたことも見ています。米国やヨーロッパの一部を含む世俗社会においてですら、神の主権と人間の主権との間には深刻な緊張があるとお考えでしょうか？　私たちに与えられているものは、人間主権の尊厳です。これは、極端に重要なことなのです。

しかし、もしもそこに宗教を挟みますと、神の主権が重要となります。なぜならばイラン・イスラム共和国では神の主権が最高指導者によって代表され、人間の主権は総選挙で選出された大統領と議会に代表されています。イランのように、両者間に有機的な関係性があれば、うまくいくでしょう。二〇世紀からの教訓のひとつとして、宗教と政治が絡み合うと、私たちはいつも神の主権と人間の主権という概念の間の衝突を見てきました。これは、私たちが対応しなければならないということでしょうか？

私たちが焦点を当てるべき二つ目の教訓ですが、あなたは本当にカントの世界観をグローバル村で奨励したいと思われているのでしょうか？　カントの哲学を奨励しようとするたびに、私たちは失敗し、世界政治のみならず世界各国の国内政治でも支配し続けているホッブズ的現実に直面するのです。これは二〇世紀から学ばなければならないもうひとつの重要な教訓です。私たちが実際に連帯とグローバル倫理の概念を促進できるように、実際にホッブズ的世界からカントの世界秩序に移行させるチャンスはあるのでしょうか?

コシュロー博士　私は神の主権と人間の主権の概念に関してコメントしたいと思います。もしも私がイスラム世界における社会的・政治的発展の文脈でこの哲学的見地を提案するとした場合、イスラムは成長途上の宗教であり、五〇年前と比べて現代社会においてさらに大きな役割を果たしていることを確認できるのか否かについて意見を述べたいと思います。イスラムは社会生活や政治生活に影響を及ぼす台頭勢力です。しかし、宗教は人々の意思によってなんらかの条件をつけられるべきものであることも考慮する必要があります。主権の正当性の源泉であるこの二つに均衡点を見つけ出すことは、ひとつの挑戦です。イスラムが前進する限り、人々の意思が入り、それこそが両者を融合させる方途なのです。

これは、民主主義と宗教というもっと広範な問題に繋がります。宗教が前進し、その範囲を拡大するのであれば、民主的規範を条件とすべきです。民主主義は人々の意思を表明し、イスラム教は神の主権を表明しています。そして両者を連合させることが今日のイスラム世界の挑戦的課題でもあるのです。人間の意思を完全に無視する神の主権のみであるならば、宗教的独裁主義となってしまいます。そしてもしも支配者がイスラム教を社会の外に押しやるならば、そこは世俗的な社会となってしまうでしょう。これはイスラム諸国で起きていることであり、極めて暴力的に裏目に出てしまうことを私たちは目撃してきているのです。人間と神の主権をいかに機能させるべきかはいまだに挑戦的課題なのです。

ハンソン教授　私は、過去のOBサミットの宗教間対話で取り上げられた二項目について再度コメントしたいと思います。そのひとつはグローバル倫理に入れることができる項目の数に制限があるのか否かです。そして、シュレンソグ博士が発言されたように、例えば堕胎や避妊問題といったいくつかの項目については、人間責任から意図的に外されたのでしょうか。シュリ・シュリ・ラヴィ・シャンカールが先ほど男女平等についてコメントされたので、私も対象とすることが困難かもしれない問題をリストにしてみました。男女平等、避妊および堕胎、同性愛者の権利、人工授精、死刑などです。私たちは他の方々の意見を尊重し、解決に向けて対話を行っていくべきです。

二つ目は、倫理教育についてです。人格形成に関して米国では度重なる議論が交わされてきています。それは伝統的には宗教の領域でしたが、社会の責任でもあることから、世俗的文脈において議論されることが増えてきました。公立の世俗学校に対して、人格形成のための授業の要請が増え続け、道徳教育の必要性に対する認識が高まっています。

ヴァシリュー大統領　当セッションのタイトルは「二〇世紀からの教訓」です。決して私たちが忘れられない教訓のひとつが経済開発と危機との間に共通する関連性、そして倫理規範や連帯意識の尊重等などです。私たちは、例えば一九三〇年代の経済危機が原因で、その問題への言い訳として、反ユダヤ政策、ナチズム等などがすさまじく拡大したことを忘れてはなりません。

現在、私たちが暮らす国によって、黒人であったり、白人であったり、黄色人種であったりしますが、反移民問題があります。それは政治家にとって、問題を誰かのせいにすることが最も好都合だからです。そして移民の建設的な側面を見る代わりに、「問題は外国人や移民にある」と言い放つことが最も安易な対処方法なのです。ですから私は、この問題を解決できるか否かはわかりませんが、経済開発と倫理規範との関連性を指摘することが極めて重要だと思うのです。問題が発生すると、誰かを非難しがちです。他者を貶めることで問題など解決できません。移民やユダヤ人と闘っても、過激派ムスリムやクリスチャンと闘っても、その国の問題を解決することなどできません。

クレティエン元首相　カナダの宗教には何の問題もないので、おそらく私が語れるのではないかと思います。わが国では、誰も他人の政治志向や宗教を知りません。それは問題ではないのです。かつては極めて重要な時もありました。政党が宗教によって分けられていたからです。現在では全く問題なく、移民に関してもカナダではそれを問題とする政党はないので、何の問題も抱えておりません。私の知る限り、移民に反対している政治家は一人もいません。それは、おそらく私たちの国が移民によって建国されたからでしょう。今日、カナダ人の五〇パーセントは移民一世、二世、三世で占められています。ですから過去五〇年から六〇年間の新しい国民は全員が移民なのです。

私は、政治的に人口成長の一パーセントは移民が占めるようにすると公約しました。そして、それが達成できなかった時には非難されました。移民をネガティブな要素とするのではなく、むしろポジティブな要素とする哲学に基づいているからです。人口の増加が必要とされていますが、かつてのように出産で補うことはできませんから、成長を保つためにも移民が必要なのです。カナダに来た移民は、初日から消費者です。時には教育をしっかり受けてきた人たちが正規の専門職に就きます。今日では多様な文化を奨励する社会が成り立っています。私たちはすべての移民に誇りを持つよう伝え、彼らの教育の一部は彼らの母語で受けられるような取組みも始めています。

これは、寛容が重要であると認識する社会の経験談です。そして、受け入れることが絶対的に重要なのです。私の場合ですが、私はフランス語圏の人間で、正式に英語で話すことを学んだことがないので、常に問題を抱えています。私はフランス語のアクセントで英語をしゃべり続ける唯一のフランス系である、とよくジョークを飛ばしたものです。私は初めて国会議員になったときには英語を一言もしゃべることができませんでしたが、それにも関わらず、人々はその相違を受け入れ、私は首相になることができました。ですから、寛容は極めて重要ですが、寛容であるためには知識も必要とされるのです。私たちは他者のことをまず知ることが先で、受け入れることはその後でよいのです。故に対話と教育は常に重要なのです。

今日、私たちは昔とは全く異なる社会で暮らしています。現在のコミュニケーションは過去のものと同じではありません。世界中のすべての子供たちは、もはや会話を交わすことなどないとすら思われます。彼らは小さな器具を見つめるばかりですが、それは人々が相互理解を深める素晴らしいチャンスを提供してくれているのかもしれません。今の学生たちは、私には使いこなせないものではありますが、その新しい技術を通して諸外国の学生たちとコミュニケーションを交わしています。今では宗教や人種などは全く人間の価値とは関わりがない、と世界中で教育することも可能です。私たちすべてが人間であるという事実を受け止めなければなりません。そして私は、いつか私たちが次のように言えることを望んでいるのです。「神様？ 彼女は偉大です。」私たちは常に神を男性だと思ってきました。でも淑女かも知れないでしょう？ いつか分かる日が来るのでしょうが、私は未だそこに行く用意はできていません！

フレーザー首相　カナダについてのすべての話は、一九九〇年くらいまでのオーストラリアの正確な描写です。オーストラリアは移民によって建国されましたし、開かれた社会でした。そしてベトナム戦争後、カナダと共に何十万にも達する亡命者を受け入れました。しかし、オーストラリアは、いかに状況が変化しうるかという極めて不幸な教訓も提供しています。

一時、選挙で負けると思われた政府がありました。彼らは論点になり得ることを探しまわりました。それで、ノルウェー船が、沈みかけていた一隻のボートに乗っていた二〇〇人の亡命者を救助したのですが、その船のオーストラリアへの入港を拒否したのです。負ける運命にあった政府は、その船の船長がオーストラリアに近づけないようにと完全武装した特別監視船を配備したのです。そして、その時の写真が世界中を駆け巡りました。警察官だけで十分だったはずです。ノルウェーの貨物船をオーストラリアに入港させないために、エリート兵士を監視役として配備する必要などなかったのです。それで、その政府は選挙で勝利しました。

その後私は、政府が最低の本性をさらけ出した、と書いたのですが、「初めて私を代表した政府が出てきたのに、最低の本性を現したとは何事だ！」といった趣旨の手紙を何通も受けとりました。そこの「私」とは、偏屈、頑迷、心の狭い人であり、何かしら異なっている人は悪人と信じ、その違いは人種や宗教でもあり得たのです。当時の野党は、この問題で大論争できたはずですが、彼らには闘う勇気がありませんでした。彼らは樽の中に隠れることで選挙を戦えば良いと考えていました。それ以降、オーストラリアの主要政党は双方とも、樽の底へ底へと沈んで行きました。何十万ものオーストラリア人は、政府がその名の下、彼らの名の下に取った行動を深く恥じています。そして野党がその名の下で支持したことを恥じています。かつての私たちはあなた方のように開かれていましたし、受容力もありました。

私は、一九八〇年の自分のスピーチを思い出します。振り返ってみると、私は偏見との闘いに勝ったと愚かにも言ってしまいました。しかしその後、物事を変えるには間違った見解を取る政治家さえいれば良いことを学びました。そしてもしも自分たちの社会がスリランカやアフガニスタン、あるいはイラクの人々を理解しなかったとしたら、閣僚たちがあまりにも多くの人々に「彼らは善良ではなく、人として扱う価値などない」と信じ込ませるのは簡単なことなのです。それが起きてしまったのです。それは正確な説明ではありませんが、与えたダメージに比べると控えめな表現でしょう。したがって、政治家により良き態度を取らせるには、どうすれば良いのでしょうか？　それには政治家の相互尊敬のみでなく、国民への尊敬も必要なのですが、残念ながら、私の国ではその任務を受け止めようと試みる指導者を挙げることはできません。

ハンソン教授がいくつかの要素が意図的に宣言の草案から除外されていると指摘した件で、意見を述べたかったのですが、私は宣言案には十分に重要要素が入っていると、当時も確信していましたし、今でも信じております。今も私は、その時に私たちが望んだように、宗教間に平和が存在することを人々に理解させることや、すべての宗教が受け入れるという希望を抱いています。また、すべての宗教に存在する原理主義者や平和と進歩を敵視する人々は例外として、誰かが信ずる宗教が他者にとっては脅威ではないという十分な共通項があることも理解して欲しいのです。

過去には問題を起こした宗教もありますが、多くの人たちが今日ではイスラム教が最大の問題の原因である、と思っています。しかしそれもやがて過去となり、未来には他のものが取って代わっているでしょう。しかし宣言案から除外された問題は、全体としての宗教間もしくは諸国間の関係性に実際には影響を及ぼさない社会的問題です。少なくとも自分と同じ態度を他の宗教信徒にも取らせるとか、自国でのように他国の人々にも行動するように要求してはならないのです。重要なのは、「宗教にとっても国にとっても、平和、調和、協力の下で共存できることが不可欠な価値である」ことを強調することです。これが、多くの人が重要だと考えたいくつかの価値が除外された理由です。私は、宣言案には、より平和でより豊かな世界を示唆するものが十分にあったと確信しています。

ラビ・ローゼン博士　私たちは、メディアのおかげで、どこで何が起きているのかを以前に増して知ることになり、ますます情報や意見が過度に氾濫する混沌とした世界に暮らしています。実際には私たちは、自己の意見を反映したブログやチャンネルのみと交信しているので、他者の意見を排除してしまっているのです。それは、私たちが住む世界にとって魅惑的なプロセスでもあるのです。

アメリカは常に移民社会として、移民のためのホームと認識されてきました。しかし、アメリカ社会の興味深い特徴として、第二次世界大戦前もそれ以降も米国への移民には極めて厳しい制限がありました。元来、アメリカに来た移民は、アメリカの生活に適応するよりほかありませんでした。ほかの選択肢がなかったので、彼らは英語を学ばざるを得ませんでした。近年何が起きているかと言うと、「違法移民」と呼ばれる大きな問題です。違法移民はほとんどがラテン系で、中央アメリカや南アメリカのカトリックでした。しかし、元来いかなる移民であろうとも英語を学ばなければならなかったのに、今ではアメリカのテレビ放送を見ても、スペイン語の放送局が五〇以上もあり、誰もがアメリカ社会の一員となるために英語を学ぶ必要はなくなりました。

ヨーロッパのケースですが、移民は元来二級市民と見なされてきました。大量のユダヤ人移民が一九世紀に東ヨーロッパから移って来たとき、ほとんどのイギリス市民は歓迎しなかっただけでなく、すでに快適なポジションを確立していた多くのユダヤ系イギリス市民すら貧しい新移民たちが自分たちの生活を脅かすのではないか、と歓迎しなかったのです。私が育った一九五〇年代でも自分のアイデンティティを隠すことが期待された社会でした。ユダヤ人がヨーロッパ社会でユダヤ人として快適に暮らせるようになるまで何世代もかかりました。(悲しいことに、現在は逆戻りしつつありますが、それは別問題です。)

私は三〇年前の議論を覚えていますが、その時、私はイギリスへのムスリム移民の第一波だった人々との議論で「ユダヤ人の真似をしてはいけない。あなたが誰であるかを隠してはいけない。自分のアイデンティティに誇りを持ってください。あなたのアイデンティティを主張しなさい。」と説得しました。そして未だにイギリスと共にフランスやベルギーなどのヨーロッパ大陸では、移民の波は周辺に追いやられ、仕事など簡単に見つからない古く廃れた産業都市あるいは不健全な郊外に送り込まれているのです。そして突然、移民は経済問題と多文化主義という二つの要因がもたらす問題と直面してしまうのです。その解決策とは？　難民に新しい国に適応するように強いるのでしょうか？　あるいは彼らのあるがままを認めるのでしょうか？　そしてさらには、受入れ国そのものの特性を変えるような要求を出すのでしょうか？

こうしたことは、今まさに私たちが奮闘している問題です。十分に稼ぐことができず、身分を落とされ、望まれず、価値を認めてもらえないような社会で、どうしてくつろげるでしょうか？　同時に私たちは、過去に想像すらできなかった物質主義と消費主義に走る社会に直面しています。そこではお金を稼ぐ者、雇用のある者、乗用車を持つ者だけが価値があると思われています。ですから人々は―それは難民のみならず、持つべき物を持たない高齢者の問題でもありますが―除外されていると苦しむのです。

これは宗教の問題だけではなく、経済や政治の問題でもあります。私たちは、社会を統治している人々の態度を変えさせていかなければなりません。何故ならば私たちが一日中聞いた「政治はゲームだ、強権だ、堕落だ、そして誰であろうとあからさまに人間性を奪い、私たちの敵は誰なのか？」などといった風潮が今あるからです。そして、こうした問題と取り組み始めるまで、私たちは前に進むことなどできません。

したがって私は、二つの問題を極めて慎重に考慮していかねばならないと思っていますが、本来は指導者の育成という課題です。そして、指導者研修機関の設置や次世代指導者のためのセミナー実施なども不可欠です。私は、ビジネス倫理に何が起きているのかを思い起こしています。私が勉強していた頃の大学では、ビジネス倫理は考慮に値するような課題ではありませんでした。主要大学でもこの課題を扱う学部はなく、こうした問題について議論することなど皆無でした。ですが今では、ビジネス倫理は重要課題となっています。リーダーシップも然りです。私たちの議論の核心である価値観、ＯＢサミットが創設された目的である価値を再強調することが重要なのです。

バダウィ首相　私は簡潔に申し上げます。人間の安全保障と平和の構築が基準となる安定的な国際秩序の確立が重要である、と強調したいのです。重要なことは、国の中にはその国の人々すべてのための原理原則があり、他者もそれに従うことができるということです。アメリカ人もヨーロッパ人も中国人もそして日本人も、それぞれに異なる概念を持っていますが、お互いに自分たちの方法に従えなどと言うことはできません。人間の安全保障と平和の構築は基準となり得るかもしれません。「あなたも私の方法に従いなさい。」は正しくありません。

シュミット首相　私は今日の議論の本筋ではなく、副次的な所見を述べたいと思います。このセッションの質問は「二〇世紀から私たちが学ばなければならなかった課題は何か？」ということでした。ある課題について未だに触れられておりません。それは、二〇世紀がもたらした結果の中核をなすものです。今日から一一五年前の一九〇〇年、第一次世界大戦より一四年も前に遡りますが、地球の人口は一六億人でした。一一五年後の現在、七〇億人に増加しています。一時、ナイジェリアの人口は一億二〇〇〇万人だったことを覚えています。現在では一億八〇〇〇万人以上に達しているとオルセグン・オバサンジョが教えてくれましたが、まもなく二億人を超えるだろうとのことです。三五年後の地球の人口は九〇億人に上るだろうと人口統計学者から聞かされています。

これまで二カ国だけが新生児の数を制限する政策をとってきました。そのひとつが中国であり、もうひとつの国がインドです。インドは完全にその試みに失敗し、あきらめてしまいました。中国の試みは部分的に結果を出しています。一人っ子政策が全国的に適用されたことはなかったようですが、中国の人口増加に歯止めはかかりました。このグループのメンバーが取り組むべき課題は次の質問についてです。「わずか一〇〇年前には九〇億人の六分の一だった地球人口が、九〇億人以上にもなる状況下で、果たして正常な暮らしを営むことはできると考えられるのだろうか？」もしくは、私たちは中国からなんらかを学ばなければならないのでしょうか？　私は、中国の現指導層が一人っ子政策を軟化させるべきか否か、熟慮中であることを知っています。彼らは、中国が二一世紀中盤にはもはや成長を見込めないことを理解しているからです。しかし、中国のもくろみが何であろうとも、世界の他の国々は何をしているのでしょうか？

あるいは、このグループが本日話し合った移民問題です。私たちは本当にこの先、移民を抑制しようとしているのでしょうか？　そして増大している民族は誰なのでしょうか？　二一世紀中盤のアメリカの有権者は、ローゼン司祭が指摘されたように、アメリカ在住のスペイン語系の人々とその子供たちが、さらにはまだ生まれていないその孫たち、そしてアフリカ系の黒人とその子供たちが、さらにはまだ生まれてないその孫たちを合わせるとアメリカ最大の有権者となります。しかし彼らの心の中は国際的問題以外のことで占められています。世界統治や世界平和の構築ではなく、彼らの頭の中には別の達成目標があるのです。移民たちは社会保障を求め、社会主義あるいは福祉国家を求めるでしょう。ところで三五年以内には、中国人も中国を福祉国家に仕立てあげるでしょう。双方共に、世界を変えることになるでしょう。しかし私の真の疑問は、果たして私たちは九〇億もの地球人口を支えることができるのだろうかということです。そして私たちは、どの宗教を正当化できるのでしょうか？　あるいはなんらかの介入を禁ずる宗教はあるのでしょうか？　私の思考の中では、これはより多く、より深く、より厳しく考えなければならない課題なのですが、その答えを私は持っていません。私はただ側面からの所見を述べさせて頂きました。

アル・サレム博士　アフガニスタンでは宗教が利用されてきましたが、私たちはその結末を見てしまいました。宗教は極めて危険な道具です。なぜ宗教指導者が政治家と同席することが良き構想なのでしょうか？　私たちは彼らにモスクや教会から出て欲しくないし、公的な生活の場にも来てもらいたくありません。いかなる宗教を利用した政府も私たちがアフガニスタンで見てきたとおりに、極めて危険です。私たちはクリスチャンとは異なり、ゴールに到達するためには、ほかの道具を見つけます。それは基本的な方法、基本的な理解です。

メタナンド博士　バンコクは大きな洪水の被害を受けましたが、被害が小さかった地区もあり、そこにはカトリック、ムスリムそして仏教徒からなる三つの地域社会がありました。彼らは共に暮らし、二〇〇〇年以上もの間お互いに行き来をし、トラブルを敏速に克服できるような助け合いを共通の習慣としてきました。これは宗教の相違が社会に力を増強しうる一例ですし、困ったときには調和を生み、私たちが同じ人類のメンバーであるという希望とエネルギーを与えてくれます。タイでは、若者たちが道徳的決定を下せるよう教育しています。私たちはコンピューターに連動するソーシャルＩＤカードを利用して、すべての社会奉仕に点数をつけ、彼らに社会的信用を与えています。学習の他にも様々な奉仕をすることによって、彼らは奨学金受給の資格を得ることもできます。この概念の広がりと共に育っていくことで、若い世代は道徳を備えることができるのです。

グラフ博士　あまりにも多くのご意見が出されたので、何らかの結論に至るのは難しいかと思われます。まず世俗社会について話されたサイカル教授のご質問から始めたいと思います。私は世俗社会のようなものが存在するとは思っておりません。ほとんどの社会は信仰心の強い人々と軽い人々、さらには過激な無神論者が複雑に絡みあっていますす。しかしながら、もちろん世俗国家のモデルも存在します。そして私はそれぞれを区別したいと思っております。ほとんどのヨーロッパ人もしくは多くの西欧社会は、世俗国家の概念を持ち続けています。つまりそれは、国家は宗教と道徳的事柄には中立だということを意味します。道徳的な問題に対する理解は人によって様々で、中絶に賛成する人もいれば同性愛婚に反対する人もいるし、私たちはある原則さえ受け入れられればかまわないのです。それは法の支配です。社会のすべての人々が本当に法の支配に合意することが重要なのです。

私の二つ目の結論ですが、教授はカントのモデルとホッブズのモデルについて話されました。ある意味で、私たちはホッブズのモデルに追従してきました。グローバル資本主義を見てください。過当競争にあふれています。企業家の競争のみならず、社会も競争し合っています。経済においても多大な競争や争いが起きています。その一方で、世俗国家という概念を抱くと、このゲームの中にカント的原理が見られます。とりわけ法の支配とモラルの規範の相違です。カントの原理がいくつか存在しているのです。私たちは、法の支配を受け入れさえすれば、異なる規範を持つことは可能なのです。

机上に乗った三つ目のポイント、すなわちイスラムは近代化と対立することはできないという主張です。私は、それが全くの間違いだと考えています。私は、イスラエルの社会学者であるシュムエル・ノア・アイゼンシュタット氏と複層的な近代性について語り合いたいと思っております。日本は近代化社会です。アメリカも近代化されています。しかし、それらは異なる社会なのです。中東に行くと、建築物といい、飛行機といい、近代化されています。しかしもちろん、ある分野においては一九四五年以降のヨーロッパで重要となった世俗社会のモデルとは極めて異なっています。

私は、神の主権が政治の基本原則であるという概念によって、多民族社会を統治することなどできないと考えております。しかし、これはイスラムないしムスリムのみに限られたことではなく、例えば米国でも同様の状況を目にすることができます。レオ・シュトラウスの政治神学という概念に賛成する若いアメリカ人学者はかなり大勢います。ですから、リベラルなモデルではなく、神聖宗教的代替案でもって、近代化社会の統合を進めることへの新たな関心があるのです。

最後になりますが、二〇世紀からの教訓についてです。もしも二〇世紀から教訓を引き出したいのであれば、私たちそれぞれが特別な体験をしていると私は考えます。私自身の経験は、前述のとおり、国家社会主義による第二次世界大戦の陰で生まれたドイツ人であるということです。私の二〇世紀からの教訓は、特定の進展をより良く理解したいということです。ですから私は、ファシズムの台頭を理解するために、歴史学者として多大な時間を費してきました。その中心地に行き、一九二〇年代の半ばについて尋ね、ヨーロッパの諸大学にも行きました。議会制民主主義を信じていた突出したインテリはそれほど多くはいませんでした。イギリスの大学に数人いましたが、ほとんどのヨーロッパのインテリ階級は代替モデルを信じていたのです。彼らはファシズムを信じ、あるいは筋金入りの共産主義を信じていたのです。リベラルな民主主義を支持するインテリをさほど多く見つけ出すことはできなかったでしょう。

　再度申し上げますが、私は宗教の原理主義を、二〇世紀に私たちが目撃した政治的全体主義と同じ光の下で見ておりません。しかし、私たちはもう一度、なぜ原理主義者の思考にあらゆる宗教の人々が強く惹きつけられるのかを理解しなければなりません。アメリカでは、筋金入りの宗教の方が穏やかでリベラルなプロテスタントの主流教会よりもはるかに重要なのです。拡大するのは、私たちの多くが望む物ではないのです。皆さんは特定のムスリム社会においても同様の進展を目にすることができるでしょう。私たちの重要な責務は、このように強力な拘束力を持ち、固い社会的結束力を生み出すことができる宗教に、何故これほどの魅力があるのかを真剣に理解することです。そしてもちろん、それは経済と権力機構に大きく関係しています。北アフリカ社会の貧しい若者たちに目を注いでみてください。彼らが何故自分たちの問題の唯一の解決策は特定の宗教にある、と信じてしまうのか、私には理解できてしまうのです。

第三セッション
寛容の美徳

議長　オルセグン・オバサンジョ
元ナイジェリア大統領

私たちは、寛容の徳を教えることができるのだろうか？　この場合の寛容とは、しぶしぶと見せる恩着せがましさではなく、疑問の余地なき尊敬を意味する。私たち自身の宗教、文化、文明的アイデンティティは大切にしながら、同時に他の人々や民族のそれを尊重するという挑戦に応えることができるのだろうか。

第三セッションでは、三人の紹介者がこうした課題に対応した。ラビ・ジェレミー・ローゼン博士が口火を切った。ウィーンの偉大な哲学者たちに敬意を表しながら、言葉には複数の意味とニュアンスがあり、年月を経てその使われ方も変わると指摘した。「寛容」という言葉が意味するものもその一例である。過去には、あまりにも頻繁に、権力者が人々に対して与えた賜物だった。異なる宗教を尊敬していても、劣等の位置づけしかできないことは、今日私たちの理解する寛容の意味ではないのか？　悲しいことに、世界のあまりにも多くの地域で、特定の宗教がそのような優越な立場を主張してきた。それどころか、他の宗教や同じ伝統でも別の宗派への弾圧は、私たちの時代で最も深刻な問題のひとつだろう。もし「寛容」という言葉が名ばかりのものでないのならば、それは他のイデオロギーや宗教的伝統に対して、同等の立場と正真正銘の尊敬を伴わなければならない。今日、世界中でみられる憎悪と紛争の多くの原因は、宗教的にも政治的にも寛容の欠如なのだ。博士は前もって小論文も提出していた。

二番目の紹介者、アリフ・ザムハリ博士は、寛容に関するイスラム教の視点を紹介した。それは、宗教的に命じられた道徳的義務である。クルアーンは、いかなる特定の信仰においても信心とは個人の問題であるとし、他の信仰に対するいかなる侮蔑や侮辱も非難している。すべての宗教が寛容の美徳を教えていることに留意し、博士は寛容を他の人々や民族を尊敬する倫理的基礎とすべきであると主張した。残念ながら、他の信仰に関する誤解によって、多くの問題が宗教的な人々によって引き起こされてきたし、それが信徒のみならず社会全体に影響を及ぼし、国家間の紛争にまで拡大したこともある。彼は、非宗教的利害もしばしば、宗教的なものと見なされるよう装われてきたと強調した。

三番目の紹介者、ポール・M・チューレナー教授は、提出論文の他に、口頭での発表を行った。大多数の宗教が平和、正義、慈愛、慈悲を説いているのに、なぜ宗教の特定の信徒たちが暴力に走るのかを分析した。それは信仰ではなく、個人の問題であり、それが特定の宗教を暴力的にも平和的にもしがちなのだ。ヨーロッパにおける権威主義の研究を通して、博士はそれが不安に根付いていると結論づけた。倫理の真の目的は人の苦しみを軽減することであり、主要宗教は慈愛に基づいて公正かつ平和な世界のために協調できる。博士の論文は、一五～一六世紀のヨーロッパにおける平和協定とそれ以降の歴史的進展を概説している。彼は、現代ヨーロッパが世俗化ではなく複数化している、と結論づけた。

日本の福田康夫元首相は、提出論文を通して、アジアの多神論社会とその多元論的価値観は、他の価値基準や異なる信仰に対して寛大であるかもしれない、と指摘した。また、慈悲、他への文化的感受性、信頼構築が倫理の公分母であると提示した。

トーマス・アックスウォージー教授は、「寛容―宗派の時代における過小評価された美徳」と題する論文で、寛容とは、謙遜に根付く個人的態度ないし美徳であり、それは他文化を邪魔することのない選択意思を可能にする一連の慣習あるいは取り決めである、と議論した。

参加者たちは、世界の公正かつ平和のために、寛容だけでは不十分であることに合意した。自らとは異なる人々の容認、互恵主義、相互尊重も同じく不可欠である。多元主義、相互作用、理解も必要であると主張する参加者もいれば、民主主義、自由、尊厳、信頼を主張する人もいた。

悲しいことに、こうした価値が実施されることは滅多にない。宗教は失敗したのだろうか。精神性を伴わない宗教が寛容をもたらすことはできないのならば、人間が最低限望み得ることは、私たち個々の態度のなかに寛容の価値を教え込むことなのだろうか。しかし全ては、政界であろうと宗教界であろうと、あるいはコミュニティであろうと、道徳的かつ模範的指導力にかかっている。

言葉の変遷する意味

第一紹介者　ラビ・ジェレミー・ローゼン

ペルシャ・ユダヤ・コミュニティ司祭

私の知的指導者のひとりだったルートヴィッヒ・マクシミリアンが生まれた町、ウィーンでの会議に参加できるのは光栄である。ウィトゲンシュタインは、私たちに言葉の意味について考えさせた哲学者だった。彼は、私たちが言葉の特定の意味ではなく、いかにそれを使うことを学ぶべきかを例証した。言葉の意味はその使用にある。私たちは「ゲーム」という言葉をいかに使うかという包括的な定義を常に見いだすことはできない。チェス、ボクシング、ボートこぎなどはゲームだろうか？　パズルはゲームだろうか？　しかもなお、私たちは、経験と試行錯誤を通して言葉をいかに使うかを学ぶ。事実、言葉を異なる意味で使いながらも、効果的な話しあいを望むなら、同じ意味で言っているのだと保証する必要に迫られる。寛容はその完璧な例だ。それを与える者はしばしば、好意的に扱っていると思うが、それを受ける側は、往々にしてそれを恩着せがましい態度だと憤慨する。

もう一人のウィーン出身の重鎮、リヒャルト・コーブナーは、帝国主義について書き講義した。この「帝国主義」という言葉が偉大な帝国の法と秩序の統治を表す高貴だったものから、時代を経て、いかに私たちが軽蔑する言葉に変わってきたか。今日ではこの言葉は、不本意の犠牲者たちに自らを押し付ける鈍感で搾取的な統治者を意味している。

同様にヒューマニズムは、元来、神の否定に使われた。その後、人間が自らの運命をコントロールできるのだという概念になった。私たちは、それが他の人間に対する思いやり、人間味、関係を意味するものと考えたい。しかし、今日では、世俗的・社会的な関係と、それぞれが神と呼ぶ存在を通した関係と二つの異なるアプローチがあり、これらはまさに二分法である。ダニエル・C・ダネットがその著書『神の概念』で述べているように、どのようなグループであろうと彼らに神―いかなる名前を使おうと―を定義するよう聞くと、信じがたいほど多種多様な説明と定義が出てくる。

しかし、この二つの立ち位置―人文主義と神を通じる位置―が共通して持っているものは、次の合意である。つまり、最大の善は、私たちが他に対して最も優しく配慮する人間であること、そしてそれが究極―神、ブッダ、あるいは完全に世俗的な概念でも―を追求する者にとって、神の創造物として要求されていることでもある。また、例え私たちが単に進化論の産物であると考えたとしても、私たちはこの人間性をすべて共有しているのだ。この人間性を拒絶する態度をとることとは、人間として犯しうる最大の犯罪である。

かつて著名なドイツ系ユダヤ人マルティン・ブーバーが、その著書『我と汝（I and Thou）』で人称的な Thou と非人称的な Thee を区別した。英語ではもはや使われておらず you が常時使われているが、ほとんどのヨーロッパの言語でこの区別が見出される。ブーバーは、神との理想的な関係は、非人称的な「I-Thee」ではなく個人的な「I-Thou」だ、と述べている。同様に、人間同士の関係も非人称的な「Thee」ではなく個人的な相互作用を表す「Thou」であるべきなのだ。言い換えれば、人間性の中核そして宗教の中核をなすものは、発展する関係―それが神とであろうと、アッラーとであろうと、ブッダとであろうと、あるいは他の人間とであろうと―なのだ。

私たちは、劇的に変化する社会に住むことで、特権もあるが重荷も負わされている。歴史にはサイクルがあり、それは長期に及んできた。フランス革命の進行は安定するまで一〇〇年かかった。（まだである、という人もいる！）米国革命もその当初の意図から今日もまだ進展している、と主張することも可能だろう。英国の不文律の憲法は、欧州法に侵食されつつある。私たちは、多くの出来事があまりにも急激にまた劇的に起きるのを目撃しつつある。そしてどう前進すればよいのか、私たちには確信がない。

私たちは自らの人間性を政治家に譲渡しつつある。素晴らしい政治家がいることも確かであり、この部屋には大勢座っておられる。だから全ての政治家を侮蔑しないように気をつけなければならない。しかし、今朝の討論で聞いたように、世界の政治プロセスを見ると、私たちはひどく狼狽してしまう。例えば中東を見ると、私はうろたえてしまい、どこを見ようとあらゆる主義の政治家たちが混乱を招いており、それが日々ますます複雑かつ予測不能となっている。これが、私たちの今日の混乱の象徴である。

ほとんどのユダヤ人は、一九世紀には東欧に住んでいた。イスラエル・サランターというラビは、人々は宗教的ではあるがそう考えてはいない、と感じ取っていた。彼らは儀式的に要求されたことを行ってはいたが、宗教的生活の繭の中に住んでいた。彼らは繋がっておらず、他の人々に対してどういう態度を取るべきかを考えていなかった。これは今日でも、私の宗教的信仰に対する最大の挑戦であると言わざるをえない。これは神学ではない。これは本質的には、宗教指導者の態度—人間の条件ではなく決められた位置に対する固執—に関わる問題なのだ。

イスラエル・サランターは「ムサール」と呼ばれた運動を開始することにした。それは「道徳的教育」という意味だが、道徳的自己規制をも示唆している。その目的は、人間性に対する自覚とより大きな責任を宗教生活に取り戻すことだった。その初歩の教材として彼が選んだのは、一八世紀にイタリアに住んでいたモーゼス・ルサットという神秘主義者の著書だった。彼は秀才だったが、あまりにも神秘主義的だったので、ユダヤ教の権威から破門されそうになった。彼は、いかにしたら善人となれるかについて『正義の進路』と題された小冊子を書いた。その序文で「私は何も新しいことを言っているのではない。あなたがすでに知らないことを語っているのではない。しかし、毎朝一章ずつ読み、何をすべきか私たち皆が知っている簡単な教訓を繰り返さなければならない。それは、知ってはいても、実践することが私たちのほとんどにはできないからだ。」と述べている。

このセッションのテーマは寛容についてである。私たちは、すでにそれが実際に何を意味し、いかにその言葉が誤用されているかを議論した。私が望む寛容とは、現在使われている意味のものではない。「権威と権力を持つ私が、貴方にわが国に二級市民として居住する権利を与える」とか「移民として汚い仕事に従事しても良い権利は与えるが、平等は期待するな」といった類のものではない。私が望むのは、あらゆる相違に対する感謝と尊敬である。それはあらゆる人間に対する感謝であり愛である。それは「生きて生かせる」ことなのだ。

私たちは、自分が発する言葉とそれらをどう使っているのか、それで何を意味しているのかを考え、分析すべきなのだ。そしてそのことが、将来を築く基礎になるのである。ここでの議論も然りである。

提出論文

普遍的倫理―その目的と意図

ラビ・ジェレミー・ローゼン
ペルシャ・ユダヤ・コミュニティ司祭

「人類を愛する方が隣人を愛するよりも簡単だ」とよく言われている。過去三〇〇〇年の全ての偉大な宗教も人道主義的な運動も愛と理解を説いてきた。しかし、あまりにも頻繁に、その実践は理念からほど遠いものだった。おそらく、あまりにも広範囲な目標が実践への情熱を希薄にするのだろう。外部の「競い合う」他のイデオロギーに対する態度が、人類の壮大な理念の反映をしくじらせてきた。内部的にさえ、教派や宗派の分裂が対外紛争以上の流血惨事をもたらしてきた。私たちが、同意できない人々に対する偏見や暴力を回避することを阻止しているのは何なのだろうか。それは私たちの内面にある運命的な欠陥だろうか。それとも、文化的に条件付けられた結果なのだろうか。

第二次世界大戦の人道的大惨事の後、私たちは団結して「決して再び繰り返さない」と決心したはずだ。しかし、人間の相互に対する犯罪は、カンボジア、ユーゴスラビア、ルワンダと続いている。今日、内戦がイラク、レバノン、シリア、スーダン、カシミール、中央アフリカで人間の悲劇を生み出している。そして多くの紛争で、世界の大国が苦痛を長引かせる側に与しているのだ。国連は、壮大な希望の下に生まれた。しかしその約束を守れずにきた。国連は、倫理的関心ではなく政治的利害に支配されている。この状況を変えるために、私たちにできることはあるのだろうか？　これが私たちの直面する最も重要な道徳問題なのだ。私たちは陳腐な常套句や壮大な道徳的声明を起草することには秀でている。しかしそれらを実施するにはあまりにも無能だ。今回の対話では、これらの問題をとりあげるべきなのだ。

私個人の伝統には、まず「汝の神を愛せ」（申命記6-5）という原則を公式化することだった。神を見習い、神と愛し合う関係を人間の目標の最上位に掲げることに向かう努力という概念以上に壮大かつ普遍的目標などあるだろうか？　しかし、神を愛することは、他の人間を愛するよりも簡単なようだ。許すことがいかに難しいかを裏切られた夫や妻に聞いてみよ。ユダヤ教はまた「汝の隣人を愛せ」（レビ記19-18）と約二五〇〇年以上の昔に最初に命じた教えである。世界の宗教のほとんどがこの概念を採択したが、私たちは、その頃と変わらず、この目標達成から遥かかなたに取り残されているようだ。つまり私たちは、なんらかの神による介入なしにこれを達成できない、というべきなのだろうか。それとも、私たちにはその努力を続ける義務があるともいい切れるのだろうか？

その最初の記述がなされて以来行われ続けた議論では、神か人のいずれに高い優先度をつけるべきかという質問が必ず出てきた。二〇〇〇年前のタルムード（ユダヤの律法と注解の集大成本）以来、ラビたちはこうした問題と取り組んでいた。原理上は、人より神の方が偉大だったことは明白だった。しかし実際には、聖書はアブラハムが旅人の急用に対応する間、神を待たせたとも教えている（創世記18-3）。

ローマ時代には、自分たちの地域社会と人類全体のどちらに高い優先順位をおくべきかという討論がなされたことがユダヤの歴史書（Rabbah Gen 24-7）に記されている。ラビ・アキバは、隣人を愛することに優先度をおくべきであると宣言した。他方、ベン・アザイは、全ての人類は神の子であり、共通の原点から生まれてきたのだから、特定の人々よりも人類全体により大きな重要性を与えるべきである、と主張した。その討論はさらに進展した。「貴方の街の貧しい人々が優先されるべきである。」（TB BM21a）しかし「世界平和を強化するために、全ての国の貧しい人々に食事を与えなければならない。」（TB Gttin 61a）人類のより広範な必要を満たすための努力は、自らの地域社会における自然発生的な保護主義的傾向を抑えてきた。この結論はあまりにも明白なので、いかなる疑問も排除するはずだった。

私は、一九六六年当時の南ローデシアで始めた宗教間・地域社会関係における努力以来、控えめではあっても半世紀近く宗教間対話に努力してきた。この間、私の念頭で突出していたものが二点ある。一つは、私がユダヤ教の狂信的な人々よりも、他の宗教の感受性あふれる普遍的な声に共感してきたことである。もう一つは、私たち全員が願望する目標に実際に到達する関係を繋ぐ方法を未だ見出していないことである。その理由の一部は、私たちが「他にも道はある」ということを内部の狂信的な人々に説得できずにきたからだと考える。同様に、私自身を振り返ってみても、暴力や偏見が一般大衆あるいは世界の問題の解決にはならないと説得することに失敗してきた。

他の人々（対内的にも対外的にも）を攻撃する際に使われるエネルギーを、彼らを愛し癒すために、繋げることさえできたなら！　しかし、いかにしてそういうことをなし得るのだろうか？　私は、一九世紀の有名な都市ブレスラウ（ブロツワフ）のラビ・ナックマンの言葉を思い出す。「私が教師として人生を始めたとき、私は世界を変えたかった。しかし、世界を変えることはできないと分かったので、私の町を変えようと努力した。直ぐに、私には町を変えることもできないことが明らかになった。そこで、私は私の家族を変えることにした。しかしそれにも失敗した。そして、私が本当に変えられうる唯一の人間は、自分自身だということを認識したのである。」

これには慰められもするが、悲しいことである。私たちにはそれしか達成できないのだろうか。しかし、人類史を考えてみよう。たとえそのメッセージが彼らの望むような世界的な結果をもたらさなくとも、自ら善意と人間性の模範となった個人たちから、いかに多くの善行が生まれたことか。

この会議に参加する特権のある私たちにできることも、たとえ私たちの結論が単なる希望の表現であったとしても、もう少し愛を強め、世界をより良い所にする努力以外、何もできないだろう。たとえ私たちが具体的に、あるいは即座に、何の結果を見出せなくとも、偉大なるヒレルは二〇〇〇年前に次のように語っている。「この事業を完成させるのは貴方たちではない。しかし、努力を続ける義

務から自分たちを解放するわけにはいかないのだ。」(ミシュナ・アボット2-16)

世界を改善するために行使できる手段とは、どういうものだろうか? 宗教的なもの、それとも政治的、社会的、文化的なものなのだろうか? 全てにそれぞれの限界がある。しかし、これらが人間の相互行為と行動にとって存在する枠組みなのである。これらのいずれをも無視したり、避けて通るわけにはいかない。さもなければ、人間の見解の長い歴史全体がその努力から取り残されてしまうからである。

おそらく私たちには二つのアジェンダが必要なのだろう。一つは、いかに限界的であろうとも私たち全員が賛同できる知的に正当な道徳プログラムであり、これは全てのメディアに提出されるべきものだ。もう一つ同様に重要なのは、私たち全員が採択できる単純で受けの良い、しかし説得力のあるメッセージである。「汝の隣人を愛せよ」は、過去三〇〇〇年間選択されてきたスローガンである。

私の青年時代、「戦争ではなく愛」に変えようという試みがあった。私たちはおそらく、人類の平和な将来に向かう私たちの時代の掛け声として、何かより適切なものを見出すことに、自分たちのエネルギーを方向づけるべきなのだろう。

寛容の美徳—宗教からの挑戦と他民族の尊重

第二紹介者　アリフ・ザムハリ

ナードラトゥール・ウラマー指導者

本日私は、寛容の特徴、宗教からの挑戦、そして他の人々への尊重について語りたい。この地球上の各宗教の存在理由は、人間の価値と威厳を強化し、世界の平和と進歩を促進することにある。宗教は人間を啓発するためにあり、その反対ではない。しかし現実は、この地球上の多くの問題が、宗教を抱く人間から発生していることである。にもかかわらず、こうした宗教的人間が起こす諸問題が宗教そのものから発生しているわけではない。こうした問題は、真の宗教とその全体論的な教えが信徒たちに理解されておらず、全体論的に実施もされていないからだ。

宗教の教えの全体論的な理解不足は、信徒たちが教えを部分的にしか理解していないからだけでなく、宗教間の適切な関係についても完全に理解していないからである。宗教的理解における過ちは、疑いもなく宗教そのものの誤った適用に導いてしまった。宗教的伝統の誤った適用は、異なった影響を与える違った現われ方をする。もしも、ある宗教コミュニティが、自らの宗教的儀式や神学を誤って理解していると、そうした誤解が信徒たちに影響を及ぼしてしまうのみならず、社会全体を緊張させ対立まで引き起こすのだ。そうした社会的対立が、国家間の紛争にまで拡大することもある。

世界の諸宗教は、その教義においては異なるが、それでも世界の主要宗教には多くの類似点がある。倫理と社会的態度における各宗教の類似点は、どの宗教であろうと、人間間の調和創造への希望、正義、繁栄と生活水準の向上などを奨励していることである。だからこそ、宗教間の永続的な調和と共存を達成するために、類似点を対立点に歪曲すべきではなく、してはならないのである。これを尊重することによって、各宗教コミュニティの信徒たちがそれぞれの信仰に準じて生活できる宗教間の平和的共存が確保できるのである。

宗教の誤解の他に、異なる宗教の信徒たちの間で見られる社会的衝突に寄与する要因はいくつかある。非宗教的利害が宗教の教えに便乗して、非宗教的目的のための方便として宗教を利用することもある。明らかに宗教的な目的以外の、あるいは宗教に潜ませた利害とは、政治的、経済的、文化的なものが挙げられる。こうした非宗教的利害が、宗教的なものとして単に偽装される。彼らは、その動機を宗教の名において語り、宗教的テーマを参照することすらある非宗教団体から出てくることもある。宗教コミュニティの一員としての私たちの義務は、全ての信徒に彼らの信仰を真に理解させ、他の人々との間に社会的対立を引き起こす宗教的誤解を解くために、彼らに自由をもたらすことである。

さらに私たちは、宗教的であると分類される問題と、宗教問題であると歪曲・偽装される問題を識別できるよう、賢明にならなければならない。しばしば、政治権力の利害は、宗教問題であるというレッテルが貼られるが、事実はまさに異なる領域のものが多い。こうした挑戦を受けるためにも、何が本当に宗教的であるかを確定し、それを他の利益すべての上におかなければならない。そうした他の利益の上に宗教問題がおかれるのであれば、それは私たち祖先からの伝統である希望のかがり火として輝くだろう。

他方、もしも真の宗教的関心が、こうした利益の下に格下げされると、宗教コミュニティは常時不調和と対立を繰り返すこととなる。このため、信徒たちの調和は、宗教が平和の手段であり、この世界での対立を減らす目的を持っているのだと組み立てることによって、各宗教コミュニティで始められねばならない。かくして、全ての宗教が教える寛容の美徳は、他の人々や民族を尊重する倫理的基盤として活用されなければならない。

必須条件である寛容

イスラム教が、他の宗教をどう見ているかをとりわけ宗教間対話と関連して議論することは、興味深いトピックである。問題は、イスラム教が他の信仰をどう見ているかである。その議論に入る前に、他の宗教の信徒たちに対するイスラム教の寛容の原理を説明することが重要だろう。寛容の原理は、もちろん、宗教の自由という論点を含んでいる。

アラブ語では寛容をタサムーと言い、これは祝福、英知、公的善行、正義などの原理と同様に基本的な原理である。こうしたイスラム教の原理原則は、普遍的であり確定的なものであり、文化的背景とは関係なく、いつどこに住んでいようと、イスラム教徒（ムスリム）が実践しなければならないものである。換言すると、これらは、宗教的に命じられた道徳的義務なのだ。したがって、もしもこうした原理が宗教に基づく道徳的義務であると適切に理解されるのであれば、イスラム教徒はこれらを実践すべく強く促されるのみでなく、他のイスラム教徒たちにも、そして適切な場合は他の宗教の信徒たちにも教え広げるよう促されている。これらの原理があれば、イスラム教徒は他の宗教の信徒たちと平和的に共存できるはずなのである。宗教的信仰の相違が適切に理解されれば、イスラム教徒が他の宗教の信徒たちと平和的に共存することを妨げることはない。寛容、とりわけ他の宗教に対する寛容の教えは、クルアーンで強調されている。例えば、左記のように、クルアーンはどのような形であれ、他の人々の神や信仰を侮蔑や侮辱することを非難している。

「貴方がたは、彼らが**アッラー**を差し置いて祈っているものを誇ってはならない。無知のために、みだりに**アッラー**を誇らせないためである。**われ**はこのようにして、それぞれの民族（ウンマ）に、自分の行うことを立派だと思わせておいた。それから彼らは主に帰る。その時**かれ**は、彼らにその行ったことを告げ知らされる。」[6-108]

右記の韻文は、イスラム教徒は他の宗教の信仰が侮辱される時、その信徒を保護すべきであることも示唆している。

クルアーンが言及している寛容の他の形態は、自らの信仰（たとえイスラム教ではなくとも）に従う自由である。信仰とは良心的選択に基づくべきものであり、選択は強制されるものではないので、イスラム教徒は、他の人々にイスラム教に帰依すべく強制してはならない。これに沿って、もしも誰かがイスラム教に帰依するよう強制されたならば、彼・彼女のイスラム教への信仰は容認されないもの、と実際考えられている。つまり、イスラム教は、全ての人間の宗教と信仰の自由を完全に容認している。これがイスラム教の基本的原則である。特定の宗教への帰依は個人の問題であるという概念は、クルアーンで多く語られている。誤り導かれた宗教の選択肢すら与えられているものだ。人間が真実を選ぶのであれば、それは彼らにとって良いことであり、誤った選択をしたとしても、彼らはその結果を受け止めざるを得ない。こうした概念をクルアーンは以下のように表現している。

「宗教には強制があってはならない。まさに正しい道は迷誤から明らかに（分別）されている。」[2-256]

「真理は貴方がたの主から来るのである。だから誰でも望みのままに信仰させ、また（望みのままに）拒否させなさい。」[18-29]

「**われ**は、人間に正しい道を示した。感謝する者（信じる者）になるか、信じない者になるか、と」[76-3]

「もし主の御心なら、地上の凡ての者は凡て信仰に入ったであろう。あなたは人々を、強いて信者にしようとするのか。」[10-99]

イスラム教は、全ての信徒には宗教と礼拝の自由を享受する権利があるとしている。イスラム教は、全ての礼拝所（ユダヤ教であろうと、キリスト教であろうと、イスラム教であろうと）が神聖であると考える。したがって、イスラム教はその教徒たちに、全ての人の礼拝の自由という権利を守るべく指示している。イスラム教は、全ての人が安全かつ平等な宗教の自由を享受できるよう、普遍的で自由な社会の確立を勧告している。こうしてクルアーンはアッラーがもし、ある人びとを外の者により抑制されることがなかったならば、修道院も、キリスト教会も、ユダヤ教堂も、また**アッラー**の御名が常に唱念されているマスジド（イスラムの礼拝堂）も、きっと打ち壊されたであろう。「**アッラー**は、**かれ**に協力する者を助けられる。本当に**アッラー**は、強大で偉力並びなき方であられる。」［22-40］と語っている。

まとめると、クルアーンが私たちに理解を促していることは、人間の宗教性がその誠意と意識に基づくべきものであり、いかなる強制からも自由であるべきだ、ということなのだ。宗教の自由という原則は、ある特定の宗教の真理とは関係ない。クルアーンがイスラム教を正しい宗教であると考えている事実にもかかわらず、それがイスラム教徒をして他の宗教を尊重することを妨げるものではない。人間が特定の宗教を選ぶ自由を与えられていることから、この保証の結果として、他の人々の宗教的選択をも尊重するよう促されているのである。

アル・キターブに対するイスラム教の見解

クルアーンが、とりわけアル・キターブ（聖典の人々）として知られている他の宗教について語っていることには留意すべきである。クルアーンはまた、「先行した聖典を与えられた人々」という表現も使っている。アル・キターブという言葉は、クルアーンで七章に渡って三一回使われている。クルアーンはまたアブラハムの伝統を継ぎ、啓示された聖典を掲げる一神教の信徒たちをアル・キタービンと表現している。この概念は、イスラム以前のキリスト教とユダヤ教およびその聖典が真実であると考え、これら先行した聖典を信じることは、イスラム教の信仰の柱に含まれている。

さらに、クルアーンは、イエス・キリストもモーゼも他の聖書に現れた預言者たちをも信じるようにイスラム教徒たちに指示している。それは、彼らが神の慈愛の表現として人類に贈られた神のメッセンジャーだからだ。例えば、クルアーンは、モーゼの律法とイエスの福音の本質的な教えの全てのみならず、聖書の中の多くの預言者たちの人生と物語にも言及しているのである。こうして、アッラーは、クルアーンで次のように語っている。

「**われ**は真理によって、貴方がたに啓典を下した。それは以前にある啓典を確証し、守るためである。」[5-48]

「本当にかれらの物語の中には、思慮ある人びとへの教訓がある。これは作られた事柄ではなく、以前にあったもの（啓典）の確証であり、あらゆる事象の詳細な解明であり、また信仰する者への導き、慈悲ともなる。」[12-111]

クルアーン、トーラー、啓典の信徒たちがそれぞれの相違を確認してはいるものの、クルアーンはこれら啓典に従う人々は、相違点よりも類似点を多く共有すると強調し、イスラム教徒、ユダヤ教徒、キリスト教徒間の特別な絆を確認している。したがってクルアーンは、それらの人々の間で共通の演壇を設けるようイスラム教徒に命じている。その理由は、彼らの信仰が全て神の啓示に基づいており、共通の預言的伝統を共有している血族だからである。[3-64]

「言ってやるがいい。『啓典の民よ、私たちと貴方がたとの間の共通の言葉（の下）に来なさい。わたしたちは**アッラー**にだけ仕え、何ものをも**かれ**に列しない。また私たちは**アッラー**を差し置いて、外のものを主として崇ない。』それでもし、彼らが背き去るならば、言ってやるがいい。『私たちはムスリムであることを証言する。』」[3-64]

イスラム教の学者たちは、この共通の演壇の意味に異なる見解を持っている。共通の演壇が平等、正義、紛争の平和的解決、信仰に基づく殺人の拒否といった教えを含んでいると主張している。したがって多文化社会において、イスラム教は社会的に共通の演壇と合意を見出すことの重要性を強調している。

啓示的宗教間の共通点を強調する他に、クルアーンはまた、聖典を掲げる多くの人々が異なる性格を持っていることも認めている。ある人々は、イスラム教徒に対して不親切で、自らの信仰を強制しようとしたり、イスラム教徒を誤った道に導いたり、不信心に陥れようとしたりする。

「ユダヤ教徒もキリスト教徒も、貴方に納得しないであろう。貴方が彼らの宗旨に従わない限りは。言ってやるがいい。『**アッラー**の導きこそ（真の）導きである。』」「知識があなたに下っているにも拘らず、彼らの願いに従うならば、**アッラー**以外には、貴方を守る者も助ける者もないであろう。**われ**から啓典を授けられ、それを正しく読誦する者は、これ（クルアーン）を信じる。それを拒否する者どもは失敗者である。」[2-120, 121]

「啓典の民の一派は、貴方がたを迷わせようと望んでいる。だが彼らは自分自身を迷わすだけで、自らはそれに気付かない。」[3-69]

「啓典の民の多くは、貴方がたが信仰を受け入れた後でも、不信心に戻そうと望んでいる。真理が彼らに明らかにされているにも拘らず、自分自身の嫉妬心からこう望むのである。だから**アッラー**の命令が下るまで、彼らを許し、見逃がしておきなさい。本当に**アッラー**はすべてのことに全能であられる。」[2-109]

しかしながら、クルアーンは、啓典の民の全てがそのような人々ではないとも語っている。啓典の民のなかにも、神の言葉を研究し、善行に励み、善を奨励し悪を禁止するグループもいる。したがって、神はクルアーンで次のように語っている。

「彼ら（全部）が同様なのではない。啓典の民の中にも正しい一団があって、夜の間**アッラー**の啓示を読誦し、また（主の御前に）サジダ（平伏礼拝）する。」[3-113]

「彼らは**アッラー**と最後の日とを信じ、正しいことを命じ、邪悪なことを禁じ、互いに善事に競う。彼らは正しい者の類である。」[3-114]

「彼らの行う善事は、一つとして（報奨を）拒否されることはないであろう。**アッラー**は主を畏れる者を御存知であられる。」[3-115]

啓典の民たちが、とりわけイスラム教徒に対する態度においては、同一ではないことから、クルアーンは啓典の民への対処として、異なる指導をイスラム教徒に与えている。それは、彼らのイスラム教徒への態度次第である。したがってクルアーンは、イスラム教徒と戦い彼らを祖国から追い出すようなことはしない、親切で公正な啓典の民を尊敬するのみならず、同じく親切で公正に対処するよう命じている。さらにクルアーンは、社会的関わりにおいて、啓典の民たちとは平和裏に対処すべきであるとも命じている。啓典の民と議論することがあれば、イスラム教徒は最善の方途で議論しなければならない。しかし、啓典の民がイスラム教徒をその祖国から追放し、危険に陥れたりしたら、そうした啓典の民と友情を維持することを、イスラム教徒は禁じられている。

「**アッラー**は、宗教上のことで貴方がたに戦いを仕かけたり、また貴方がたを家から追放しなかった者たちに、親切を尽し公正に待遇することを禁じられない。本当に**アッラー**は公正な者を御好みになられる。」[60-8]

人々と指導者を寛容にする方策

第三紹介者　ポール・M・チューレナー
ウィーン精神神学研究所教授、カトリック神父

一九九二年以降、私は欧州の価値観調査に従事してきた。私たちは、ほとんどのヨーロッパ人が寛容について極めて高い評価をしていることを知った。しかし、彼らが実際に寛容な生き方をしているかという質問についての統計結果は極めて低かった。したがって次の質問が出てくる。「どうしてヨーロッパ人は自分が望むように寛容になれないのだろうか?」

この会議の第一の質問は、「いかにしたら人々や指導者たちをもっと寛容にさせられるのだろうか?」であるべきだ。これは、この会議で最も政治的な質問だと考える。

私は、これに関する自分の見解を簡潔に説明したい。もしも誰かが、ここに参加している全ての宗教の聖典を研究すると、ほとんどの聖典が平和、正義、慈愛、慈悲を教え

ていることを知る。これらは全ての宗教の主に正の特徴なのである。

宗教の重鎮は、戦争など促進しない。彼らは平和を支持する。例えば、アッシジの聖フランチェスコ、ガンディー、スーフィー教徒たち、仏教の多くの代表、そしてもちろんイエス・キリストである。したがって、「どうして宗教の特定教徒たちは、暴力に走りがちなのだろうか？」という質問が出てくる。その答えは、それが信仰ではなく、個人の性格に根付いているということだ。

私は、ヨーロッパにおける「権威主義」の分析調査を行ったことがある。この概念は、ドイツの有名な社会学者、テオドール・W・アドルノに由来する。彼は、前世紀にどうしてあれほど多くの人々が全体主義制度を支持したのかを研究した。彼は「上に立つ人は正しいに相違ない」という単純な概念から彼らが権力に進んで従ったのだ、ということを知った。例えばアイヒマンやヘスのような人物たちが裁判にかけられた時、彼らの自己弁護は「私たちは、義務を遂行しただけである」という言葉だった。

私自身の調査によると、権威主義的人間は、弱く不安である。さらに、弱いがために、他の人に対しては極めて暴力的である。この内面的な弱さが他の人々に対する暴力の真の理由である。そして権威主義的人間は、大多数を受け入れられない。彼らは、私たちがドイツ語で言う「大多数に対する寛容性」への能力を持ち合わせていない。他の人々とは、ユダヤ人やイスラム教徒であり、女性でさえあることもあり、ロマ（ジプシー）や他の外国人でもある。この他の人々は常に脅威として見られる。敵として見られる。したがって、権威主義的人物は、あらゆる形態の暴力で他の人々を抹殺しようと試みる。その方法は、例えば中世の頃は火あぶりであり、今日では「メディアの血祭り」やテロリズムや戦争によってである。したがって、宗教的暴力を排除し、誠意ある平和で建設的な対話を求める者は、この権威主義への傾向を抑え、その個性を変えさせなければならない。

ここで、「その方策は？」という質問が出てくる。すでに、教育、情報、あるいはグローバル倫理などが提案された。私は、倫理的要請を信用していない。何故ならば、不安に陥っている人にとって、倫理では不十分だからである。不安り、権威主義自体が一種の不安状態だからである。不安がっている人に「不安がるな」といっても意味がないのだ。

それでは、それ以外の方策は？　私は、そういう人たちを癒さなければならない、と考えている。しかし癒しの方法とは何だろうか？　私のカトリックでは、このメッセージが神秘主義的なものから道徳に変わってきた。どうしたら宗教は不安がる人々を癒せるのだろうか？　不安から解放されれば、彼らも寛容になり、連帯に動きやすい。私は、皆様に癒しに関する私見を押し付けるのではなく、この主要な質問を提示したいだけである。というのも、私の前に誰も「不安」に関して一言も言及しなかったからである。私たちは、権力と倫理規範について議論したが、現代社会における人々の不安の結末も考えざるを得ないのだ。

ここで、シュレンソグ博士の重要なスピーチに関して簡単に言及したい。ハンス・キュング博士は、黄金律に基づく世界倫理という概念を推奨されてきた。私は、他のアプローチの方がより良いのではないかと考えるのである。私は、この代替アプローチを、私の恩師、ヨハン・バプティスト・メッツから学んだ。彼は、一九九四年にヤーセル・アラファトとイツハク・ラビンがかの有名な平和協定を結んだ時の一文を覚えていた。両者は「将来は、私たちは反対側の人々の苦しみを常に思い起こす」と約束した。他の人々の苦しみを思い起こす。したがって、メッツにとっての世界的倫理は、黄金律ではなく、苦しむ人々の権威なのである。全ての倫理の真の目的は、他の人々のさらなる苦しみを阻止することである。

この態度の前提条件は、世界の主要宗教すべての中核に見出せる。それは慈愛であり、慈悲なのだ。慈愛は、最も慈悲深いアッラーの特徴である。クルアーンの全ての章がアッラーの名で始まっている。慈愛は、ユダヤ教のヤハウェの真髄である。そしてイエス・キリストの神も慈愛溢れる神である。最後に三大仏陀のうち、一人は保護、一人は英知、一人は慈愛の仏である。ダライ・ラマは慈愛仏の再現である。世界の主要宗教は、慈悲を基礎として、公正で平和な宇宙のために密接に協力し合えるだろう。私は、宗教が癒しの能力を強く備えていると考えることから、これを提案したい。これが全ての宗教の使命なのである。

提出論文

寛容と理解

福田康夫
元日本国首相

今回のこの特別会合が開催される背景には、ＯＢサミットの名誉議長であるシュミット元首相の九五歳の誕生日を祝うことがある。私の父であり、インターアクション・カウンシル創設者の一人である故福田赳夫にとって、もっとも尊敬し敬愛する友人の一人がシュミット元首相だった。日本とドイツはともに第二次世界大戦の敗戦国として、そして戦後の灰燼の中から国民の勤勉と努力によって奇跡の経済発展を成し遂げたという点においても、数多くの共通点を持っていた。

ここにおられる多くの方々同様、私もシュミット元首相の国際政治や哲学に対する深い洞察と先見性から多くを学び、それは私の幸せだった。そして今回のこの会議への呼びかけは、彼のビジョン溢れる叡智を再び証明したことになる。私たちは、この会議が実に時宜を得たものだと感謝している。

シュミット元首相から学んだ重要な教訓のひとつに、次のカントの言葉がある。「平和の維持は人間性の内部に組み込まれた本能によって体現されるものでは全くない。そうでなくて、平和は意志的に、そして誠実に、一度と言わず何度も繰り返して打ち立てられなければならないものだ。」

シュミット元首相の政治の大先輩にあたる、オットー・ビスマルク首相の言葉に「愚者は経験から学び、賢者は歴史から学ぶ」という言葉があるが、二一世紀に入った現代の私たちは、改めて歴史から何を学べるかということに思いを馳せることが必要になっていると思う。

私を含め、本日の出席者の多くのように、第二次世界大戦の時代を実際に経験している者は段々少なくなってきた。人類の多くは戦後、二〇世紀後半から二一世紀初頭にかけての世界に生きている。この約七〇年というある意味で短い―そしてある意味では長い―タイムスパンの中で考えると、世界の人々が、今回のテーマでもある国際社会における共通の善や正義、徳といったグローバルな倫理、あるいは普遍的価値を考えるきっかけになった大きな世界史的出来事が、二つあった。一つは、一九八九年の冷戦終結で、二つ目は二〇〇一年の九・一一事件だった。

冷戦終結直後の一九八九年には、日系アメリカ人であるフランシス・フクヤマ氏が『歴史の終わり』という有名な論文を著した。その内容を乱暴に要約すれば、「冷戦終了は人類のイデオロギーが進展し、行き着いた終着点であり、人間による政治の最終的な形態として、西欧の自由・民主主義が普遍化していくかもしれない。」という主張だった。

これに対し一九九三年には米国のサミュエル・ハンチントン教授が『文明の衝突』という論文を発表した。彼の主張を、論文を引用する形で紹介すれば、「世界政治において国民国家は最強の行為者であり続けるのだろうが、地球規模の政治の主たる闘争は、異なる文明の諸国や諸団体の間に起こるであろう。文明の衝突は地球規模の政治を支配することになるであろう。文明間の断層線は未来の戦線であるだろう。」というものだ。

これらの議論を踏まえて、一九九八年には国連総会において、イランのハタミー大統領が、ハンチントンが言うところの「文明の衝突」を防ぐための「文明間の対話」を呼びかけた。その結果、国連総会では二〇〇一年を「文明間の対話の年」とすることが決議された。

その「対話の年」である二〇〇一年の九月に、全米同時多発テロ事件が発生したのは皮肉といえば皮肉である。ニューヨークの世界貿易センターにアル・カイーダの乗っ取った飛行機が突っ込んだ時点で、「文明間の対話年」の議論は消し飛んでしまったのかもしれない。しかしながら、おそらくこの会議の参加者の多くが賛同する、と思うのだが、「文明間の対話」の重要性は今でも変わらないどころか一層増しているのだ。

二一世紀に入ってすでに十年以上たったが、国際社会においては依然数多くの紛争と緊張が続いており、世界の平和と安定は乱されたままである。グローバリゼーションの進展などにより国際社会の経済的繁栄は一見進んでいるように見えるものの、それにより裨益している人々はほんの一握りで、世界における格差や不平等、貧困や不幸は広がるばかりである。

当然のことながら、というべきか、フクヤマ氏の言ったように、自由民主主義の旗の下に国際社会が融合していることはない。だが、だからといって、ハンチントン氏の主張したような「文明の断層線」が世界に明らかに現れているわけでない。国際社会において、人間を束ねる単位として、国家は依然重要な役割を果たしているが、国対国といった単純な図式を超えて、世界各地における固有の文化、民族、宗教、地域コミュニティ、また、主張や目的を同じくしたNGOのような集まりが、ダイナミックに活動し、より大きな役割を果たすようになっている。さらにはインフォメーション・テクノロジーの飛躍的発展により、フェイスブックやツイッター等によって地理的な、国境を越えた個人間のつながりが急速に拡大し、国際政治や、国際社会に大きな影響を与えるようになってきた。要するに、世界はフクヤマ氏やハンチントン氏が考えていたものよりも、複雑で可変的なものになりつつあるのではないかと思う。

しかしながら残念なことに、二〇〇一年の「文明間の対話年」以降、この重要な問題について国際社会における議論が深まってきたとは思えない。特に最近は、世界のリーダー達の多くが、目の前の紛争にどう対処するか、直面する経済危機をどう乗り切るか、あるいは自国の影響力をどう拡大させるか、といったことばかりに自らの知性とエネルギーをすり減らしているような気がする。さらに言えば、これらリーダー達は、IT等の発達により市民が情報過多となり、その結果として、彼らは気まぐれで移り気になる一方の中で、如何に世論の機嫌を取り結び、国民からの支持を得続けることができるか、といったことばかりに汲々としている。このような中で、世界のリーダーや知識人達の間で、グローバルな倫理や文明間の対話の必要性に十分な思いを寄せる余裕がなくなっているように見受けられる。

今回の特別会合では、世界を代表する宗教界の指導者が数多く出席されている。混乱したままの二一世紀国際社会。その背景にある、多様化・流動化し、拡散しつつある世界の人々の価値観。こういった現状に対して、宗教はどのような位置づけと意味を持ちうるのだろうか？　今回の会合の大きな課題の一つである。

二〇〇一年の九・一一事件は、宗教と国際政治のあり方に大きな一石を投じた。イスラム主義の過激派といわれるアル・カイーダの犯行により、イスラム教自身に対する国際世論の批判が高まった。そのような中で、イスラム教にとどまらず、キリスト教、あるいはユダヤ教といった一神教の世界、あるいは一神教的価値観が世界を覆っていることが、「文明の衝突」や「文明の断絶」を生む遠因になっている、という主張も一部でなされるようになった。私がここで問題提起したいのは、このような見方に一部の真実はあるのか、あるいは全くの間違いなのか、ということである。裏返して言えば、日本をはじめとする多くのアジア諸国のような多神教的社会が、その多元的価値観、多元的倫理観により、一神教的社会に対してなんらかの示唆を与えることができるのか、ということになる。

この問題提起に対する私なりの答えは、半分「イエス」であり、半分「ノー」である。

日本は、多神教の国だと言われている。古代インドから中国を経て伝わった仏教を信じている国民は多いが、同時に、古くからの日本独自の宗教である神道も国民の間に深く根付いている。さらには、特に神道の教えを背景として、すべての生き物や、生き物どころか石や滝といった無生物の「モノ」にも精霊や命が宿るというアニミズム的な宗教観もある。日本人の宗教観の独特なところは、これら仏教、神道、アニミズム的宗教観といったものが個々の人によって別々に分かれ、持たれているのではなく、一人ひとりの日本人の精神の中に融合されていることである。日本には「ヤオヨロズ」といって八百万の神々がおられると言われている。

日本人の多くが、毎年一月一日のお正月には神社にお参りに行き、一二月にはクリスマスを祝い、結婚式はキリスト教の教会で挙げ、葬式は仏式にお寺で行うことに何の違和感も持ってはいない。ここで一日本人として私が強調したいのは、このような日本人の宗教感覚をもって、日本人を無宗教だと思ったり、宗教心が薄い、と誤解しないで欲しいことだ。日本人全体の宗教観をあえて乱暴に最大公約数的に説明すれば、私たちの多くは人間の知恵や経験を超えたところに、私たちの知ることができない超越的な存在があることを感じている。しかし、神と呼ぶにせよ、仏と呼ぶにせよ、天と呼ぶにせよ、その超越的な存在を感じて信じるための道はいくつも開けている、すなわち、仏教を通じても、神道を通じても、そして、例えば自分の周りにある草花や自然を通じても到達可能である、と考えているのではないかと思う。

聖書やクルアーンなど、啓典の書によって導かれている一神教社会の人々にはなかなか理解しがたいことかもしれないが、私たち日本人はこのような複層的、柔軟、そしてファジーな宗教観を自然に受け入れている。そしてこのような宗教観を持つ社会の特徴は、他の価値観や異なる宗教を比較的抵抗なく受け入れることが可能になることである。何故なら、それは超越的な存在に到達するための「道行き」の違いだけだからであろう。

したがって日本社会を理解するキーワードの一つは、他者や異なる価値観に対する「寛容」ということになる。「寛容」とは、他者に対する「思いやり」と言うこともできる。「思いやり」という言葉をさらに行動に即して言うと、日本人が得意とする「おもてなし」という言葉になる。日本が持つ多元的宗教観は多元的価値観につながり、自らと異なる価値観を持つ人々を受け入れることを比較的容易にする。このような「寛容」の精神から、一神教社会の人々が学ばれることはいくらかあるとは思う。かかる意味で、冒頭の私の問題提起に対する答えは「イエス」とも言える。

しかしながら同時に、私は「日本のような多神教的社会が一神教的社会よりも寛容であり、世界から紛争をなくし平和と安定を追求するためには、一神教的社会は多神教的社会から学ぶべきだ。」という一方的主張に強い違和感も覚える。その理由は三つある。

第一は、多神教的価値観はともすれば相対主義に陥り、「文明間の対話」が単なる「文明間のすれ違い」や「異なる文明の羅列」に終わる可能性があることだ。真の意味での「文明間の対話」は、この会議のテーマでもある、グローバルな倫理、言い換えれば共通の価値観を探す作業であるとも言える。そのような真の相互理解のためには、異なる宗教と価値観を持った世界の人々の間で時には火花が散るような切磋琢磨の議論が必要となるだろう。しかしながら、そのようなぎりぎりとした知性と知性のぶつかり合いに対して、多神教的社会は後ろ向きである。「寛容」という言葉は一見美しく聞こえるが、裏返せば、自分と異なる相手の価値観や倫理を本当に「理解」しようとせず、摩擦を避けたいが故に深く考えたり、理解しようとしないで形だけ受け入れた「ふり」をすることにもつながりかねない。かかる意味で、私たち多神教社会の人間が「寛容」という言葉を使うときには、よほど自らの身を引き締めて厳しい意味と姿勢で使わねばならないと思う。

第二には、多神教的価値観を持つ人々は、「一神教的価値観は偏狭であり多神教的価値観の方が寛容である」という考え方を、一方的に押しつけようとする傾向があることだ。「多元的価値観の一方的押しつけ」、という行為自身すでに一元的な発想であり、トートロジーであるとともにそこで思考が停止してしまっている。「一神教的社会や一神教的価値観が文明の対話を妨げ、世界の文化的断絶を助長している」という一方的な主張は、「国際社会の不安定要因は過激派のイスラム教徒だ」という主張と同様で、私は、議論の知的レベルの浅さをどうしても感じてしまう。

第三は、多神教的社会が本当に「寛容」を普遍的理念として受け入れているのであれば、なぜ、多神教的社会の代表とも言える日本が、必ずしも世界に開かれた社会となっていないのか、ということだ。例えば、日本は世界の主要先進国の中で、外国人労働者の受け入れに最も厳しい国の一つである。日本人は寛容の精神を持っており、他者に対する理解については寛容だが、だからといって、自らの行動原理として、価値観の異なる外国人や他者を、ある程度の摩擦や困難を乗り越えてまで、自らの社会やサークルに受け入れようとするほどには寛容にはなっていない、ということではないかと思う。

以上の論点を総括して考えるに、私は多神教的、あるいは多文化主義的社会の価値観・倫理観は、「寛容」という言葉に代表されるように、文明間の対話を促進し、グローバルな倫理、価値観を追求していく上での入り口、あるいは姿勢としては大変重要であり人類すべてにとって参考になるとは思う。しかし突き詰めて考えると、文明間の対話、グローバルな共通倫理の追求を行っていくためには、「寛容」だけでは不十分だと思うのだ。そこからさらに率直な議論を煮詰めた上で真の意味での「理解」と、さらにはその共通理解の上で、異なる文化や習慣を乗り越えてお互いが社会生活を共にするという実際の「行動」までを伴って、初めて私たちの求めている共通の倫理を求めていけるのだと思う。

シュミット元首相、ジスカール・デスタン元大統領、フレーザー元首相をはじめとして、今回の会合には国際政治の最前線に立ってきた大政治家が参加されている。政治とは、それぞれ異なる関心や価値観を持つ人々の意見を聞き、調整を行い、方向性を提示し、人々の支持と支援を得て、それを実際の社会全体の行動に結びつけていく営みの繰り返しである。今回のテーマである"Global Ethics in Decision-Making"とは、広い意味でのこのような政治の意思決定のガイドラインとなる最大公約数的倫理を、グローバルなレベルで探していく作業に他ならない。私は政治の世界に生きてきた者として、その作業を進めていく上での「手がかり」として次の三つをあげたいと思う。

第一は、他者に対する思いやり(Compassion)である。思いやりや共感がないところに、異なる文明間の相互理解や、グローバルな共通の倫理規範探しはありえない。私の父親である福田赳夫は一九七七年に当時の日本国首相として東南アジアを歴訪した際に、「福田ドクトリン」という名前で有名になった、日本とASEANの間の協力三原則を示した。それは(一)東南アジアを含めた世界の平和と安全への貢献、(二)真の友人として東南アジアと心と心のふれあう相互信頼関係の構築、(三)「対等な協力者」の立場に立って関係強化を図る、の三原則だった。この三原則の中でも一番ユニークで話題になった言葉が、心と心のふれあい、「heart to heart」という言葉だった。当時、日本は高度成長期真っ盛りで、東南アジア諸国でも、日本企業の攻撃的ともいえる経済進出が反感を招いて、貿易摩擦が大問題となっていた。そんな中でその東南アジアに乗り込んでいった日本国首相が「heart to heart」という言葉を日本外交の大原則として使ったことから、「外交用語としてはあまりにも情緒的ではないか」という一部批判も受けた。しかし、外交用語やお役所言葉ではない率直でわかりやすいこの言葉は、多くの東南アジアの人々の心を打ったと聞いている。私は、「heart to heart」とは、まさに相手への思いやり、コンパッションを意味するのではないかと今でも思っている。

第二は、異なる他の文化に対するセンシティビティ(Cultural Sensitivity)である。私たちはどんなに学問を究め知恵を磨いたと思っても、自らがどっぷりとつかっている、生まれ育った文明や文化の水から自由になることはできない。そして自分たちと異なる文化的背景を持つ他者を見るときには、どうしても自らの価値観や自分のはぐくまれてきた文化の色眼鏡で相手を見てしまう。ある国や文化圏の人々が、自らと異なる他の国や文化圏の人を嫌ったり、非難するとき、多くの場合、実は批判していると思っている相手の姿が、相手という鏡に映っている自分の醜い姿に他ならないことが多いことに、私たちは気がつくべきなのだ。文化の違いやニュアンスに対する鋭敏な感受性をもって、他者を理解しようとすることは、文明間の対話を進め、グローバルな倫理を追究していく上で決定的に重要な能力と言える。そのためにも、人々が子供、あるいは若いうちから異なる文化の人々と交わり、経験を積み、相手を知ることがきわめて重要だと考える。

第三に、相手との信頼感（Confidence）の構築である。異なる利益や価値観をもつ国家間、あるいはそれ以外の人や組織の間で利害や価値を調整していくにあたり、政治のリーダー達は、相手との交渉をまとめ、さらに国内を説得してそれを認めさせるために一定のリスクをとることが必要となる。そもそもリスクをとる必要のない交渉であれば、極端に言えば計算機かコンピューターを使えば解決できてしまうはずであるから、外交や交渉、調整といったものには必然的にリスクが伴うことになる。それでは、交渉当事者がどのように、そしてどの程度リスクをとれるかというと、それは突き詰めれば交渉相手との信頼関係がどこまで築き上げられるのか、ということにつきる。グローバルな倫理を探す議論を進めていくためには、きわめて泥臭い、私たち個人間の信頼関係構築がまず前提条件となる。そのような意味においても、今回のこのＯＢサミット会議における出会いと率直な議論は、二一世紀に生きる私たちの社会にとってきわめて重要な意味を持つものだと思う。

冒頭ご紹介したとおり、ドイツと同じく日本は第二次世界大戦の敗戦国である。戦後、米軍等による占領期間を経て、一九五一年のサンフランシスコ講和条約により国際社会に復帰した。当時、日本はまだ敗戦の余塵から復興することなく、日本国民の多くは飢えと日々の生活をどう生き抜くかに苦しんでいた。他方、大戦における侵略国、そして敗戦国である日本に対する国際社会の目は極めて厳しく、また冷たく、日本が二度と大国として立ち直れないように、日本国や日本国民を厳しく罰し、掣肘すべしという意見が多数だった。そんな中で行われたサンフランシスコ講和会議において、スリランカのジャヤワルダナ大蔵大臣―後の大統領―は、この会議に出席して次のような言葉を明らかにした。

「憎しみは憎しみによって止まず、愛を以って止む」

これは仏教の創始者ブッダの言葉とされている。この言葉をこの小論文の締めくくりとしたい。

提出論文
寛容―宗派の時代における過小評価される美徳

トーマス・アックスウォージー
インターアクション・カウンシル事務局長

私たちは、宗派の時代に生きている。宗教、宗派あるいはグループの教義に対する過剰な信心は私たちの時代の現象であり、国家内外の平和と秩序を脅かしている。最近の新聞の見出しをざっと読んでも、ミャンマーで鉈をもった仏教徒の集団がイスラム教徒を襲い、四〇人以上を殺害し一万三〇〇〇人以上を居住・勤務地区から追い出している。

ナイジェリア北部のイスラム教分派、ボコ・ハラム（「西洋教育は禁止」という意味）は、キリスト教会にほぼ毎週爆弾を仕掛け、二〇一二年だけでも九〇〇人以上が殺害された。リビアでは、十字架が過激派にとってあまりにも不快なので、英連邦軍の墓地が荒らされ、汚されてきた。イラクでは、サダム・フセインを追放するための米軍侵略に賛成した著名なアナリスト、カナン・マキヤが「アラブの春はいまやアラブの冬になりつつある」と嘆いた。フセインは、基盤が弱いときは国内の政敵に対して宗派主義と愛国主義をかざして弾圧した。今日では、イラクのシーア派が、もっと残酷である。彼らは、宗派を基盤として自らの統治を正当化している。

そして問題は、ムスリム対クリスチャン、あるいはイスラム教内のシーア派対スンニ派だけにとどまらない。イスラム教過激派内でも、分裂は大きく明らかだ。例えば、エジプトではムバラク政権崩壊後、サラフィー派が軍隊の最高会議で同胞スンニ派を背教者として弾劾し、サラフィー派のアル・ヌール党は、ムハンマド・ムルシー大統領のムスリム同胞団政権から離脱し、二〇一三年七月の彼の追放を支持した。エジプトでは、明らかに世俗的なエジプト人とイスラミストの間に大きな亀裂がある。しかし、イスラミスト運動の中ですら、ほぼ合意など見られない。

だが、こうした宗派主義の現在の側面は、ヨーロッパ史に前例があった。今日のナイジェリアやミャンマーと同様に、啓蒙時代前のスペインでは、大衆がしばしば他の宗教の信徒たちを攻撃した。（一三九一年、約三分の一のユダヤ人が殺害された特に残酷なユダヤ人虐殺があった。）今日のシリア同様、一五～一六世紀には、統治者たちが宗派カードを喜んで使った。例えば、スペインのフェルナンド国王とイザベラ女王は、膨大な規模の民族浄化を実施し、一四九二年には七万人から一〇万人におよぶユダヤ人を強制改宗や国外追放においやった。一六〇九年には三〇万人のムスリムにも同じ運命を強いた。

墓地の冒涜が今日のリビアで発生しているが、宗教改革の時代にはさらに心ない破壊行為が見られた。例えば、サイモン・シャーマはテレビ・シリーズ「英国史」という番組で「カトリックの英国に一体何が起きたのだ」と嘆いている。熱狂的な新教徒たちが、ステンドグラス、礼拝台、彫像、聖体礼拝のテーブルすらを破壊した。一六四七年、清教徒の議会は、クリスマスを祝うことすら禁止した。

シーア派とスンニ派間の暴力？　一五七二年のサン・バルテルミの虐殺では、カトリックの大衆によって五〇〇〇人の新教徒が殺害され、切り裂かれ、冒涜された。これをベンジャミン・カプランは、「初期近代の最も悪名高き挿話」と説明している。サラフィスト・スンニ派とムスリム同胞団の対立？　英国の宗教戦争では、英国教会の信徒たちを国教反対者だった清教徒たちと戦わせた。新教の宗派も、ローマ・カトリックに対してと同じように、他の新教徒たちには偏見を抱いていた。一六四八年、プレスビタリアンが多数を占めていた英国議会は、「不敬な異教徒処罰法令」を公布し、一六六二年時点ですら四〇〇〇人のクエーカー教徒が収監されていた。歴史家C・V・ウェッジウッドは、このクエーカー教徒の迫害挿話を書きながら、「非暴力の信条は、常に暴力的人間を憤激させる」と語っている。

しかし、一六～一七世紀のヨーロッパが今日よりもはるかに大規模に宗教差別、不寛容、暴力などを見せたとしても、常に個人的な勇敢、理解、愛を示す行動もあり、徐々に、極めて徐々にではあるが、寛容という観念が育っていった。ヨーロッパの宗派的時代は、啓蒙時代にとって代わられ、啓蒙の柱の一本は、かつて軽蔑された寛容の美徳だった。ユルゲン・ハーバーマスによると、ようやくたどりついた宗教的寛容の受容は、一般的な「文化的権利の主導要因」となったのである。

アンドリュー・マーフィーは、寛容を「矛盾したように思える見解の正当性の可能性を認める意思あるいは態度」と定義している。それは、ヴォルテールが『哲学辞典』に「不一致は人類の大病であり、それに対する唯一の治療は寛容である」と書いたように、認識に基づく美徳である。ジェイ・ニューマンにとっては、「寛容は人間が寛容な時に現れ、信教の自由は人間が寛容を見せる時に現れる」と語った。信教の自由は、一連の慣行なのだ。それは「世間的な規範から外れる者に対し処罰的制裁を課すことを自制する」ことを意味する。

宗教的自由は、平和的共存を可能とする一連の慣行あるいは取り決めであり、それは、そうした取り決めに関わった人々の態度や動機とは分析的には別の概念である。その区別が重要なのだ。つまり、寛容とは、謙虚さに根ざす個人的態度なのである（私たちは全て過ちを犯す）。その反対が狂信主義であり、ジョン・モアリーはそれを余裕もなく妥協も許さない、腹立たしい偏見と説明している。したがって、無知、迷信、誤解、怠惰、優越感など個人的寛容には多くの障害がある。

非寛容は、冗談や、中傷、暴言、差別、暴力などに見られる。例えば、スコットランドでは、サッカーの試合のときなどに明らかな、カトリックとプロテスタント間の敵意と対処するために、宗派諮問グループを最近設立した。

もし寛容が、教育、個人的説得、相互理解などを条件とする個人的態度あるいは美徳であるならば、宗教的寛容は、他の人の行為に干渉しないことを意図的に選ぶ一連の実践である。ヨーロッパが宗教戦争の時代から啓蒙時代に移った際、法的に確立された教会や社会的に多数の信仰における反対を許す多様な動きがあった。しかし、進展の遅い宗教的寛容の体制が、個人的寛容の大きな前進を必ずしも意味しない。

ウェッジウッドは、一七世紀のヨーロッパの指導者たちがキリスト教の異なる宗派という現実に対応せざるを得なくなった時ですら、彼ら全ての目標は普遍的教会（もちろん彼ら自身の）だったのであり、宗教的自由は依然として「節度のある者をすら狼狽させた」と書いている。宗教的自由の体制は、したがって、平和的共存を達成するための実践的な適用なのである。これは、寛容の前進とはあまり関係はないのかもしれない。宗派主義と闘うにあたって、個人的態度を変えることや制度的適用が働くことが必要なのである。

討論

オバサンジョ議長　言葉の変わる意味、今日高潔であっても明日は高潔ではない言葉、今日高潔でなくとも明日は高潔になる言葉。私たちの状況があるいは宗教がどうあれ、私たちには特権が与えられ、その特権により重荷を背負わされている。これらは、ジェレミー・ローゼンのプレゼンテーションの一部です。彼は、共通の人間性が私たちに寛容であることを命じている、という概念で締め括りました。さて、問題は、このように共通の人間性が寛容を私たちに命じさせる要因とは、何なのでしょうか？　私たちは政治的・経済的要因については議論しましたが、共通の人間性に対するこうした影響も考えなければなりません。

私の国では、あたかもムスリムとクリスチャンが戦争しているかのようにボコ・ハラムに関する議論が横行しています。しかしそれは真実ではありません。三年ほど前、私はボコ・ハラムの中枢があるわが国北部に行って見ました。私は次のことを知りたかったからです。「ボコ・ハラムという組織は存在するのか？　存在するのならば、誰なのか？　指導者はいるのか？　それは誰なのか？　彼らには話し合いに応じる用意があるのか？　彼らの目的は？　彼らの不満は？　外部との関わりはあるのか？　もしあるならば、どの程度なのか？」

私が見出したことは、彼らが基本的には悪い人々ではないことでした。最大の要因は貧困と失業であり、その他多くの問題がそれに付随したのです。麻薬取引、銃の密輸、復讐、原理主義の影響等々。これらの社会的諸問題があるので、私は彼らの目的を聞きだしました。彼らは「シャリーア（イスラム法）」と応えたのです。彼らは共通の人間性を理解しています。しかし、それを寛容に結びつけさせることに、多くの要因が邪魔をしているのです。

ラヴィ・シャンカール師　フランツ・ケーニッヒ氏の発言に補足したいと思います。紛争を引き起こすものは、人間のなかにある不安と不幸です。幸せな人は、誰とも何の問題も起こしません。人間が不幸であり、焦燥感やストレスで悩んでいる時、宗教が紛争や戦いの糸口の言い訳にされてしまいます。私にとって受け入れられないものは、ストレス要因、不安要因、連帯感の欠如、相互作用の欠如、他人に対する理解の欠如です。これらが様々なグループや社会に見られる多くの紛争の主な原因なのです。これらは社会で日常的に見られます。人々が幸福に生きている所では、宗教もカーストもコミュニティも人種も邪魔にはならないのです。

ムクティ博士　この複雑でダイナミックな世界では、寛容だけでは十分ではありません。寛容を超えなければならないと思うのです。何故ならば、寛容とは、多くの現実的問題も含んでおり、時には他者への無知も入っているからです。そこで実際的に必要となってくるのは、まず、多元的共存でしょう。私は、多元的共存とは他に対する世界観であり、公共的に宗教を表現できることと理解しています。そしてある程度、私たちは、「人間の信仰」とでも呼べる誰かの世界観にかかわる内面的なものから発生する姿勢よりも、観察可能な態度から来る非寛容性を見る方を好むようです。二番目には、もちろん、多元的共存について語るとき、対話が重要になってきます。対話を寛容と多元的共存への段階あるいはステップとしか見られないことがあります。それは、対話には相互傾聴や相互理解、相互尊重があるからです。しかし、実際的に重要なことは、私たちとは異なる人々を受け入れることであり、他人に対する適応能力であり、さらに他人への協力とパートナーシップだと思います。

宗教には相違はあっても、類似点も共通点もあります。私たちがより平和で一層寛容な社会を発展させるためには、この共通点を活用することでしょう。寛容は常に容易なものではありません。何故ならば、寛容のために邪魔になりうる価値観が関わってくるからです。

この点に関して、私はイスラム教と他の宗教との相違にもかかわらず、良き模範を見てきました。昨年私は、オランダのハーグで開催された宗教間対話に出席しました。イスラム教徒とユダヤ教徒がクルアーンと聖書を囲んでそれぞれの信仰を研究していました。相違にもかかわらず、共通点と共有する責任に対する理解を通じて尊敬と相互理解が見られました。私たちが相手の宗教を完全な威厳と誠意をもって尊重する態度です。

張教授　寛容の美徳とその欠如に関しては、先のセッションで議論した「指導者が果たし得る重要な役割」と結びつけることができます。私は、個人的によく知っている二つの例を考えていました。一つは、おそらく皆様がよくご存知のことです。中国人は、通常隣人や同僚との調和を大切にし、宗教や人種、言語の差にもかかわらず分断などなかったのですが、文化大革命の最中は、皆が皆の敵になってしまいました。信頼の裏切りが横行していました。激烈な敵意は理解を超えていました。数億人という人々が関わっていたのです。小さな村で誰か指導者が「この家を襲撃せよ」と扇動したわけではないのです。そこで私は、人間性とは何なのか、指導者の呼びかけと大衆の動きとの関係はどういうものかについて、より深い考察をしなければならないと思うのです。

第二の例は、キルギスタンで目撃したことです。私は、キルギスタンには二回行きました。大統領選挙前と後です。キルギス人とウズベク人が共存するオスチ市を特別に選んで行ったのですが、宗教的信仰は彼らにとっても識別できません。たしかにある人々はスーフィーのある宗派に属し、ある人は他の宗派に属していましたが、それは、民族的な違いとは何の関係もありませんでした。しかし選挙中は、家々を焼いたり、殺人を犯したりという残虐行為が発生したのです。言語的には相違はあっても、キルギス人も、同胞をウズベク人から識別できません。民族的違いとは、関係なかったのです。その事件は、深く掘り下げると、宗教、民族、指導者による洗脳などと関連していたのでしょう。でも、その事件は突然起こったのです。それは宗教の相違ではなく、指導者の失敗だったのではないかと思いました。

ハバシ教授　寛容とは極めて価値の高いものだと思いいま

す。しかし、わが国シリアの経験に言及させてください。それは、寛容だけでは不十分だということです。かつてある有名なヨーロッパの哲学者は、誰もが二つの祖国を持っている、と語りました。というのも、シリアでは、預言者たちの歴史、宗教史、文化史などが見られるからです。私たちは良い状況にありました。シリアにはキリスト教徒も、ムスリムもユダヤ教徒も住んでいます。そしてイスラム社会内には、多様な宗派が存在しますが、皆が問題なく暮らしていたのです。総じて調和がとれていました。イスラム教、キリスト教、ユダヤ教の指導者たちが日常的に会合を持っていました。

　しかし、それでは十分ではないのです。民主主義と自由、尊厳と相互信頼、宗派間の理解がなければ、ポジティブな目標など達成できません。そこで、宗教指導者だけが責任を負っているわけではないと申したいのです。今の状況は、政治指導者の責任です。寛容と調和を訴える責任は、宗教指導者と等しく政治指導者にもあるのです。オバサンジョ大統領が言ったように、多くの問題がイスラム教徒の中に見られます。これらは宗教指導者、政治指導者双方の責任です。民主主義、尊厳、自由、信頼がなければ、どこでもシリアのような状況にいつでも陥る可能性はあるのです。

オバサンジョ議長　アリフ・ザムハリの発言のある点に私は注目しました。それは宗教が失敗しているという指摘です。宗教の数は増えたが精神性は弱体化したということをよく耳にします。精神性のない宗教は、私たちが議論している寛容など達成できないのです。宗教家であろうと政治家であろうと、指導者とはどの程度模範的でしょうか。彼らは教師であり、伝道者なのでしょうか？　しかし、彼らはその実践や実例で何も見せるものはないのです。

　このセッションではすでに、寛容だけでは不十分だと議論されました。寛容から受容へ、そして受容から相互主義に移ったとしても不十分です。状況は常に変わりつつあります。シリアでは劇的な変化がありましたが、それはシリアに留まるものではありません。したがって、どういう状況にあろうと、それを当然と思ってはならないのです。いかなる状況であろうと、調和や寛容があろうと、それは愛のように優しくマッサージしてあげなければならないのです。さもなければ、当然だと思ってはなりません。今日あったものが明日は消えるのです。三人の紹介者が発言した点をとりあげると人間性が問題なのでしょう。

アックスウォージー教授　私たちは、こうした概念をめぐる言語について正確であるべきだという議論から始めました。私の見解では、信教の自由という体制は、賦課への忍耐です。強制はあってはならないのです。それは、私たちが達成し得る最低線です。先ほど紹介されたように、これがヨーロッパで行われた重要な試みでした。人々が「私たちは生き、生かすのだ」と言ったときのことです。他の人々の宗教や思想を嫌ったかも知れませんが、それに従い、自らの信条を具現化するために、暴力に訴えることをしなくなったのです。ところで、現代でもこのことは依然として重要性を失ってはいないのです。

かつて、誰かが「寛容とは他の権利や人間社会の進展にとってのペース・メーカーだ」と言っていました。宗教指導者、政治家、教育者が集合する場で、少なくとも寛容を保証する作業は、極めて実践的な目標です。チューレナー教授が指摘されましたが、私たちが理論的に寛容について何を語ろうと、そうした最低の価値にすら背をそむける多くの人が存在するからです。多くの人々が寛容を拒否しています。ですから、寛容の徳に関する教育なしに、人権に飛びついても失敗するだけです。これが私たち自身に大きな問題を生じさせるのです。したがって、何がなされるべきかを良く考えることとは、まず自らに寛容の価値を教え込み、そして実際的な対応を見つめることだと思うのです。

クレティエン首相は、一九八二年に憲章の権利を交渉しましたが、それが初めて提出されたのは一九五〇年でした。三〇年かかったのです。この会議には、ＥＵ統合に大変貢献されたシュミット首相とジスカール・デスタン大統領がご出席ですが、ジャン・モネが統一欧州を考えていたのは一九二〇年代でした。あの概念を実施するのに三〇～四〇年もかかったのです。ＯＢサミットも異なる宗教と倫理基準の間を繋ぐ人間の責任を訴えた「人間の責任に関する世界宣言」を打ち出しましたが、それも着手したばかりです。一九九六―九七年に始め、確かに人権擁護者や国連からは受け入れられていません。しかし、それを継続して訴えない理由はないのです。あれは強力な概念ですし、強力な概念とは達成するまで数十年はかかるものなのです。OBサミットのために主張しますが、私たちはあの努力を始めたばかりであり、なすべきことが山のようにあります。でも悲観することはありません。私たちは正しい軌道に立っています。

サイカル教授　私は「寛容」という言葉を極めて不愉快に感じます。特定の状況下では、良いのかもしれません。しかし大体は、他に対する賦課なのです。私は相互適応の推進を好みます。この方がより適切でしょう。もうひとつ、ラヴィ・シャンカール師が、焦燥と自由の剥奪について発言されました。そうした状態が人間を暴力行為に走らせるのだと。でも、他にも理由はあります。社会の中で生命と自由が脅かされ、あるいは外部者から暴行された場合も、人は暴力行為に走るのです。ここで質問を呈したいのですが、それは「正当化されうる暴力などあるのでしょうか?」ということです。

ナイフォン大主教　皆様の論文を読み、議論を傾聴していて、私はあることを自問しました。それはどなたも「愛」という言葉を寛容と同義語であるとして使ってないことです。どうしてでしょう? 愛のなかに受容を見ませんか? 愛のなかに連帯を見ませんか? 愛のなかに尊厳を見ませんか? 愛の中に自由を見ませんか? 愛のなかに相互支援を見ませんか? この言葉を使おうではないですか。

フレーザー首相　私が一番良く知っている例を持ち出しますが、第二次世界大戦の初期まで、私たちの社会は「良きオーストラリア人でありたければ、アングロ・サクソン・ケルト系でなければならない」というものでした。そうでなければ、そのふりをしたほうが良いといわれていたのです。一九世紀にはアフガニスタンや中国、その他の国々からの大勢の移民がいたにもかかわらずでした。しかし戦後は、二百数カ国という世界中から移民が来ました。私たちの社会では、寛容とは、あるいは良きオーストラリア人であるために、自らの宗教、歴史、祭日、文化の日などを忘れなくても良いということになりました。そうした故郷の慣習を続けても良いと。それが良きオーストラリア人であることとは拮抗しないのです。したがって、寛容、受容は、新しい移民たちが「故郷を忘れる必要なくしてオーストラリア人になれる」ことを保証する意図的な努力を意味しました。これはジャン・クレティエンが先ほど説明していたことと同じです。寛容が最小公分母であるか、寛容という言葉についてより広範に解釈されるものかは、寛容という言葉について、またはそれぞれの経験をどう定義するかによって左右されるものでしょう。私は、ほとんどの人がそれを広範に解釈していると思います。

張教授　私の言葉の理解からすると、愛はより崇高でしょう。社会的混乱を阻止し、理解を促進し、社会的静穏を奨励するには、寛容が必要です。しかしそれを超えていけば、受容や相互主義（私の言葉では積極的尊重ですが）があり、それが愛に近づくというのでしょう。そこで、寛容とはこの時点では最小の出発点だと思います。

ラヴィ・シャンカール師　暴力がどこまで受け入れられ、正当かという点ですが、戦争が最悪だと申し上げたい。戦争を始める人には、誰でも理由があります。まさにコミュニケーションが崩壊してしまったのです。人間同士のコミュニケーションにおける思いやり、その手腕がなくなってしまったのです。暴力はいかなる代償を払っても正当化し得るものではありません。

メタナンド博士　私は「寛容」という言葉は、倫理においては正義に続く二番目の原則であると理解しております。何でも正当化できるのであれば、目の前で幼い子供が虐待されていても正当化できるのでしょうか？　その状況に関して寛容でいるなどとは言えないでしょう？　もしそうであるならば、その人は、自分勝手であり、無責任です。正義感もありません。暴力は全くいけないとは言えない状況だってあると思います。何が正しく何が過ちか、特定の状況の裏にある理由は何かなどを判断する際、正義を主たる原則とすべきであると思います。

自分を防御できない子供が目の前で暴行されていたら、その子を助ける方法は、即反応して止めることです。「寛容だからこれを止めない」などと言えないのです。それは無責任であり、他の人の存在する権利、生命への権利を否定することです。したがって、寛容は正義に続く第二の原則なのです。他の人の権利と尊厳に関して、正義の原則を正しく行使したならば、目の前の状況が公正、公平であると知れば、容認はできるのです。そうでなければ、寛容を全てに適用することはできません。

オバサンジョ議長　寛容だけでは十分ではないと思います。私たちは、変わりつつある状況にも気を留めなければなりません。しかし、何をしようと、私にとって相互性が極めて重要なのです。共通の人間性、共通の価値観、共通の安全、「貴方が自分の安全を求めるのならば、私は私の安全を考えなければならない」、共通の繁栄、共通の愛、共通の受容、共通の尊敬、共通の容認、そしてもちろん分かち合う社会です。すなわち、共通性と調和なのです。これらの全てが優れた模範的リーダーシップにかかっているのです。それが政治面であろうと宗教面であろうと、あるいはコミュニティ関連であろうとなのです。私は、これがあれば、私たちが新しい社会に向かうことができると考えています。

第四セッション
ジハードと西側の見方

議長　アンドリース・ファン・アフト
元オランダ首相

「ジハード」とは、世界的にも知られ、議論されている数少ないイスラムの言葉である。第四セッションでは、この言葉が本当は何を意味しており、その名の下で行われる暴力をいかに阻止できるかが議論された。

第一紹介者、アブダル・ムクティ博士は、クルアーンが示唆するジハードの倫理的側面とそれが今日の文脈によっていかに解釈され得るかに焦点を当てた。ジハードは元来、信仰を強化するものであり、他に追随を強制するものではなかった。クルアーンの概念は、宗教的な自己改善から自己の信仰を守るための方法まで、広範なものだった。ジハードとは神の道を求めるものだった、と博士は説明した。

第二紹介者のアミン・サイカル博士は、イスラムにおける二つの競合するビジョンを説明した。一方は、変遷する時と条件に応じて、イスラムを個人と地域社会の生活に適応させ得るのだと信じる改革派ムスリム（イジュティハーディ）で、もう一方は、イスラム政府とシャリーア法を主張する戦闘的ムスリム（ジハーディ）である。これらから四分類されるムスリム・グループが出てきた。脅威にさらされる以外は、いかなる形の暴力をも否定するイジュティハーディ、イスラム原理主義を信奉する過激派ムスリム、イスラムの厳格な文字通りの解釈に執着し、変革のためだけでなく統治の道具としても暴力を使うネオ原理主義者、そして基本的なイスラムの知識しか持たず、歩兵として動員されやすい一般大衆である。テロとの戦いが、極端な少数派だった暴力的過激派ムスリムとネオ原理主義者を増強させてしまった。博士は、西側が少数派の行動でムスリムの大多数を判断することをやめ、改革派教徒の権能強化を支援できる政策行動を取るべきだ、と主張した。

ゴラマリ・コシュロー博士は、提出論文で、三種類の関連しあう暴力形態を分析した。それは、物理的暴力、構造的暴力、自由に反対するものとしての暴力である。彼は、それに対する代替肢として、対話、正義、自由を主張した。

一般討論では、中東出身のムスリム参加者たちが、クルアーンには非信徒への対応として一七段階の方途が指示されてあると説明し、その一七番目がそれ以前の全てを取り消してしまう「あらゆる非ムスリムと戦う」明確な指図であると主張した。彼らはまたクルアーンに厳格に従う必要性も指摘した。穏健派のムスリムとキリスト教徒たちは、聖典は大切ではあるが、変わりつつある時代と条件の文脈に適応させる必要性を訴えた。シーア派教徒は、過激派と暴力から脱却する方法は、宗教を否定することではなく、民主主義の原則にコミットすることだと主張した。自己分析、自己に対して正直であるため、そして真実を追究するための努力の重要性を指摘した参加者もいた。これが他の見解を理解すること、他の立場に自らをおくことに繋がり、愛と配慮を示すことで、人間は、他の説話に耳を傾け、認識できるようになるのだと。ジャン・クレティエン首相は、西側が達成したように、ムスリム世界でも宗教と政治を分離させる方策を見出すことが不可欠だと主張した。

倫理的概念としてのジハード

第一紹介者　アブダル・ムクティ
ムハンマディヤ本部事務局長

この数十年、ジハードはムスリム内外の世界で最も有名で論議を呼んだイスラムの言葉となった。それが本当は何を意味し、あるいは何を意味しないかに関して多くの議論が重ねられてきた。ムスリムであろうと非ムスリムであろうと、自己の都合に合わせて、「ハイジャック」された、「悪用された」あるいは「歪曲された」と考えられているこの言葉の意味を明確にし、取り戻す多くの努力が払われてきた。しかし武装した「聖戦」に一層関わるよう、自分たちの解釈を宣伝する一派もいる。

ここでは、私はジハードが暴力的であるという誤解への反論に焦点を当てるつもりはない。それは多くのムスリム、非ムスリムの学者や宗教指導者が行ってきたからである。むしろ、私は、ジハードが持つ倫理的メッセージを指摘することに重きをおきたい。その際、クルアーンの韻文が示唆するジハードの道徳面とそれが今日の私たちの生活の文脈において、いかに解釈可能となるかに焦点を当てる。イスラムの第一義の教えであるクルアーンに集中するが、それはクルアーン外の的外れな概念をジハードの理解に持ち込みたくないからでもある。それが不幸にも一般的になされてきたのだ。

クルアーンにおけるジハードの意味

クルアーンの諸韻文は相互を解釈していると考えられている。したがって、どの解釈でも正当であるためには、議論中のテーマに対応している全ての関連韻文を見なければならない。他のどの方法論を採ろうと、その前には誤った結論を避けクルアーンを最高の指針とするためにも、クルアーン研究者は、クルアーンの異なる部分も注意深く読まなければならないと主張されてきた。それ故、クルアーンの言葉の最初の意図とジハードに関するクルアーンの元来の真理の意図を理解するために、ジハードを議論することは全ての関連する韻文の研究を必要とする。

クルアーンそのものを参照しながら、それを解釈するということは、クルアーン全体を背景としてそれぞれの表現や概念を読み、解釈することをも意味する。これは、ジハードに関するクルアーン的概念を議論したいのであれば、正義、平和、人命の保護、神への服従など、他の教えについても考慮しなければならないことを意味している。私の主論点ではないが、他の概念に関するクルアーンの見解と矛盾するようであれば、ジハードの解釈が正当ではないことを指摘する必要もある。

他方、クルアーンは、ひとつの言葉または小詞を、全く同じ意味を持つ他のものでは代替できないような微妙な文体で溢れている。例えば、ジハードという言葉は、それに近い意味を持つジュフド（能力、力の発揮、勤勉）、ヤムイアハダ（精力的な努力、闘い）、あるいは関連する言葉であるキタール（争い）、ダワ（説教）、インファク（善行のための支出）などで代替できない。こうした文体の微妙さはまた、クルアーンの特定の個所で言及される言葉には、他の個所で表現されている同じ言葉あるいは同義語とは微妙に異なる特別な含意がある可能性も示唆する。

この仮説に同意するとすれば、クルアーンの異なる個所で表現されているジハードという言葉にも繊細に異なる含意があるのだろう。それに沿って、クルアーン全体の文脈で理解する他に、特定の文体の脈略で理解すべきなのだ。しかし、こうした文体の微妙な点を見出すことは、学者たちの協力的関与を必要とする学術的挑戦でもある。この点、クルアーンにおけるジハードに関する私の議論が包括的ではないことを断っておきたい。

ジハードは、時には戦争と密接に関連づけられている。これは「聖戦」「正義の戦争」あるいは「防衛的戦争」と同等視されているが、それはある程度不正確である。私は、ジハードと戦争は、ある場合は関連していても、二つの全く異なるテーマであることを強調したい。私が議論するのはイスラムにおけるジハードであり、イスラムにおける戦争ではない。抑圧と攻撃に対して戦う責任、殉死、戦争における倫理規範に関するイスラムの教えは、分けて対応すべきだろう。したがって、本論文を通して、ジハードと戦争や暴力との関連は最小限である。

クルアーンでは、ジハードに関連する根源三子音（j-h-d）が四一回見られ、そのほとんどが動詞として二七回出てくる。その根源は疲れなき努力、抗争、懸命の努力、真剣さ、能力、勢力、闘いなどを暗示している。クルアーンにおけるジハードの言及のほとんどは、ムスリムに対する戦争ないし戦いの呼びかけではない。

ジハードという言葉を含むいくつかの韻文は、信徒のコミュニティと異教徒間で戦争がなかったメッカ時代にすでに啓示されていた。そのひとつは次のように書かれている。「信仰のために奮闘努力する者は、自分自身のために奮闘努力しているのである。アッラーは、すべてのものに、何一つ求めない。」[29-6] クルアーンのある注釈者たちが主張するように、ここで言う努力とは、信仰を維持しつつ困難や迷惑と対処するための努力だろう。「人びとは、『わたしたちは信じます。』と言いさえすれば、試されることはなく、放って置かれると考えるのか。」[29-2] もある。信徒たちは、どの信者が本物の信者で誰がそうでないかを、また誰が努力し誰がしていないかを神によって試されているのだ。[29-3, 9-16, 47-31] 私たちの信仰を防御することは、しばしば大変な努力と忍耐を必要とし、それがメッカにおける預言者の信徒たちに発生したような状況下では、特にそうであったろう。
現代のシーア派の評釈に優れている al-Ṭabāṭabāʾ は、この韻文におけるジハードとは、信仰を保存し、全てのニュアンスにおいて執拗であるべきことを意味すると示唆している。同様に、現代のスンニ派の学者 Ibn ʿĀshūr は、ここでのジハードの最初の意味が、ムスリムになった結果直面する困難や苦痛に対する忍耐である可能性があるとしている。もう一人の現代学者 al-Qāsimī は、試練に直面した際の忍耐および苦痛のなかでも一貫して真実であることへの努力だと理解している。

ジハード、信仰、忍耐という三つの概念の意味の類似性に関し、実際にクルアーンでは、これらの言葉と並んでジハードが言及されている。一〇個所で信仰がジハードに先行し、三個所で忍耐がそれに続いている。ジハードとは、真の信者の証しであると示唆されている。[49-15, 8-74] ジハードと頻繁に関連付けられているもうひとつの概念は、やはり真の信者の証しであるヒーラ（一般的に堕落した状態からの離脱という意味）だが、これも七個所でジハードに先行している。クルアーンの中のジハードは、しばしばキタール（戦闘）として理解されているが、この二つの言葉がクルアーンで一緒に書かれている個所も、隣接して書かれている場合もない。

ある有名な口承の伝統に基づいて、キタール自体（時には「剣によるジハード」と呼ばれることもある）が往々にして「重要性の低いジハード」と理解されることもある。これに対してジハードは、自らの欲望に対する闘いとして「より重要なジハード」であり、それは正しく精神的な生活を営むための内面的努力である。クルアーン自体が「偉大なジハード」として言及されていることは、不信者に対するクルアーンを持っての闘いであるとしている。「だから不信者に従ってはならない。彼らに対しこのクルアーンを持って大いに奮闘努力しなさい。」[25-52] al-Ṭabāṭabāʾ によると、不信者に対するクルアーンを持っての闘いとは、彼らにクルアーンを読み聞かせ、全ての内容を説明し、彼らに対しての議論を完璧にすることを意味している。

同様の解釈は、他にも見られる。Al-Alūsī はそれを拡大し、「最大のジハード」は、クルアーンを通じた信仰と敵に対抗するウラマー（イスラム律法学者）によるジハードであるとしている。したがって、この韻文は、真実が開示される時点まで合理的議論によって不信者と対決する精力的な努力である、と示唆している。韻文の最初の部分が示唆しているように、このジハードの文脈は、信者に対する不信者による服従を強制する試みである。これがクルアーンがジハードに言及している唯一の韻文であるが、多くのジハードの韻文は、富と生命によるジハードにも触れている。これは、真剣かつ誠実な努力としてのジハードを強調するものだ。私たちが富やおそらく生命までを失い得る時点まで最善を尽くすべきだということである。しかし、イスラムは富と生命を無視する宗教ではない。事実、シャリーアの目的には、富と生命の保護がある。それでは、どのような文脈で私たちの富や生命を犠牲にすることが正当化されるのだろうか。

クルアーンでは一一個所でジハードという言葉に「神の道」という表現が続く。ジハードと神の道の関連は、ジハードが宗教のためになされるべきであると示唆しているようだ。神の道とは、「神の名において」や「神のために」と同じではない。クルアーンでは、この表現はまた一三個所でキタール（戦闘）にも続いて表現されている。これは、キタールがジハードと類似語と解釈させるかもしれないが、この表現は「金銭の支出」の後に七個所、「悪い状況から抜け出す」の後に四個所続いている。「神の道」自体が、神の道から信者を動かそうとする不信者の努力という文脈で二三個所で、神の道からそれた人々の状況という文脈では一一個所で表現されている。これは、微妙な差異はあっても、神の道を「彼の宗教」（あるいは「真っ直ぐな道程」）として理解するのが最善であることを示唆している。

「神の道」はまた、ジハードを私たちの信仰の存在を脅かす不信者による迫害、抑圧、攻撃、侵略への厳しい対応という意味を強調しているのかもしれない。これらの行為は、私たちに戦争（キタール）で戦うことを要請する。この戦いの文脈では、好むと好まざるに関わらず、肉体的、金銭的、精神的、知的エネルギーの全てを用いるべきであり、それがジハードなのである。この文脈外でも、ハディス（ムスリムに定められた生活様式）が示唆するように、ジハードは必要とされ得る。それは「最も優れたジハードは、圧制者の面前で真実の言葉を発することである」と書かれている。神の道は、ジハードが必要とされる文脈のひとつとすると理解しやすい。この迫害・抑圧、キタール・ジハードの連接は、例えばクルアーンの［2-216-218］に明確に見られる。

これらの韻文では、ジハードとは世俗的な目的を守ったり、他人の宗教を破壊することではなく、明らかに自らの信仰を守ることである。ジハードの目的は、自らの信仰を他人に強制することではない。何故ならば、もしも自分の宗教が完璧であると信じるならば、それに従うよう他人に強制する必要はないからである。強制は、自らの宗教が不完全であると無意識に信じる時に発生しがちだ。クルアーンが明確に言及しているように「宗教には強制はない」のだ。他人に強制する代わりに、ジハードは、不信者が私たちと戦う時、私たちが自らの宗教に背を向けることを回避するためのものだ。この文脈で他と戦うことは沈黙を守るより良い、とクルアーンは明確に述べている。［4-95］

「努力する人々」と言う韻文の方が好まれている理由のひとつが、たとえ嫌であっても信仰に指図されることを行う勇気である。自ら所有する貴重なものを犠牲にしてでも闘う疲れなき努力である。これは［9-41, 44, 81］などのジハード関連の韻文が示唆している。キタール関連では、この勇気はもちろん大いに必要とされている。［2-216］キタールの文脈におけるジハードの意味には、クルアーンが指示する適切な範囲内での戦いも含み得る（例えば［2-190-193］）。これらの韻文では、神が信者たちに対して、彼らと戦う者たちと戦うことだけを許しており、彼らは戦争の適切な限界を逸脱してはならないと指示している。さらに、戦争における唯一の正当な標的は、抑圧するものたちであり、それが止まれば、戦いもやめなければならない。

今日の世界におけるジハードの文脈化

クルアーンにおけるジハードの概念には広範な意味があり、多様な文脈があり、左記の基本的な側面を含んでいると結論づけられよう。

（一）誠意ある勤勉と疲れなき努力
（二）信仰と真実の防衛（内外両面での妨害に対して）
（三）ジハード開始後の全ての困難と不便への忍耐
（四）現存する抑圧・不正義と戦うために自らと所有物を危険にさらす勇気

（五）全ての方策—知的、肉体的、金融等—の最大限活用
（六）信仰の規律に従う良き意図と行動

ジハードの意味を戦争における自国防衛のみに限定し、参加者を戦闘員のみに限ることには正当性が少ないが、私たちが行うことが上記の要素を含んでいるのであれば、事実私たちの専門分野と私たち自身の環境内で、私たち自身のジハードに従事できるのである。私たち自身のジハードを、教育者、行動家、著述家、ジャーナリスト、科学者、専門家などとして行えるのである。私たちの技能、声、知識、財産、行動、投票を通じて、自らのジハードを闘える。教育の向上、人権保護、環境保護、貧困緩和、平和構築、男女平等への努力等々の文脈でジハードを闘えるのだ。

しかし、ジハードは良き意図の下で展開されるべきで、自分がしたこと、あるいはすると決めたことを宣言するのではなく、神の慈愛と褒賞を希望しつつ自らの人生でそれを生きることが大切なのである。クルアーンに記述されているように、私たちはジハードに従事する意思があろうとなかろうと、神に試されているのだ。したがって、私たちの中で誰が真のジハードを行っているかは、神が一番ご存知なのである。私たちには、自らをジハード実行者だと宣言する権威などない。私たちは、ジハードの精神を持たなければならないが、ジハードの実行者などと公的に宣言することは、不誠実な証しである。口承の伝統に基づき、他人からジハード実行者と認められたがる者は、今後失望を余儀なくされる。

さらに、自らジハード実行者である、あるいは聖戦を戦っていると主張する人々は、ジハードの意味を戦争、聖戦に限定したがるが、これには疑問を呈すべきである。ジハードとキタールが二つの異なる言葉であること、クルアーンにはジハードが聖戦であるなどと書かれていないことを忘れてはならない。しばしば議論されるように、聖戦の概念は、歴史的にムスリムのものですらなかった。ジハードを聖戦と関連付けたのは、完全に現代になってからである。ジハードとは、神の道を求めることであり、自称の「聖戦を戦う」ことはある種の権威主義でしかない。

参考文献

al-Alūsī, al-Sayyid Maḥmūd. *Rūḥ al-Maʿānī fī Tafsīr al-*

Qur'ān al-'Aẓīm wa al-Sab' al-Mathānī. Beirut: Idārat al-Ṭibā'ah al-Munīrīyah, n.d.

Bonney, Richard. *Jihād: From the Qur'ān to bin Lāden*. New York: Palgrave Macmillan, 2004.

El-Fadl, Khalid M. Abou. *The Great Theft: Wrestling Islam from the Extremists*. HarperOne, 2007.

Ibn 'Āshūr, al-Ṭāhir. *Tafsīr al-Taḥrīr wa al-Tanwīr*. *Tūnis: Dār al-Tūnisiyā*, 1984.

al-Qaradāwī, Yūsuf. *Fiqh al-Jihād*. Maktabah Wahbah, 2009.

Rahman, Fazlur. *Major Themes of the Qur'an*.

al-Shawkānī, Muḥammad. Fatḥ al-Qadīr. Beirut: Dār al-Fikr, n.d.

al-Ṭabāṭabā'ī, Muhammad Ḥusayn. *al-Mīzān fī Tafsīr al-Qur'ān* Beirut: Mu assasat al-A'lamī li al-Maṭbū'āt, 1997.

ジハーディ、イジュティハーディそして西側の認識

第二紹介者　アミン・サイカル
オーストラリア国立大学教授

イスラムに関する西側の認識は、明確化するよりも誤解を招いてしまう驚くべき多様な表現や呼称によって色づけられている。本論文は、歴史的視点からこうした表現や呼称を検証し、多様で異種の現象を分析するために整合性を与え得る枠組みを模索する。ムスリム世界内でのイスラムの役割に関する現代の議論と意見の相違は、二つの競合するイスラムのビジョンに由来しているのだろう。多くの宗派をかかえる双方とも、預言者ムハンマドの死後まもなくムスリム社会に出現した。

最初の見解は、イスラム政府とは、そして単一のイスラム指導者の下でのムスリム統一とは正確には何で構成されているのかに関する言及や国家論は存在しない、という信仰に特徴づけられている。これには、クルアーンの暗示と戒律文書に祭られた一連の道徳的・倫理的指令に基づく極めて豊かで精巧な遺産を、預言者が残したことが前提と

なっている。そしてこれらは、時代の変化と歴史的条件にしたがって、ムスリムがイスラムを個々の生活と社会の在りように適応させることを可能にしている。すなわち、イスラムを「凍った時間内」ではなく「時間の空間」で適用することを唱道している。このように改革者たちは、学識あるムスリムがイスラムの創造的解釈を適用することは許されていると考えている。それは、独自の人間的合理性に基づき、有徳で相互関連するイスラム社会を建設し、その内部で生きる最善の方法としての更新と改革に専念することである。この見解は、イジュティハーディあるいは改革派ムスリムと説明され得る。

二つ目の見解は、イスラムが宗教と政治を必然的に分離しておらず、それらは同じコインの裏表であると主張している。そこで、イスラムが確立された枠組みの中でそれを文字通り理解し適用させることを提唱している。こちらの見解の主導者たちは、ムスリムが大多数の国家で最善の役割を果たし得るのはイスラム政府の確立だという前提に立っている。国境なきイスラム・コミュニティという概念の神聖さを認めはするものの、独立した政治・領土を国家の正当性として認める人たちもいる。これは特にオスマン帝国が第一次世界大戦後に崩壊した後、イスラムの団体と機関に統治されることを条件として出てきた。彼らは、神の単一性と統治権という概念に従うようムスリムを促し、クルアーン、スーナ（預言者ムハンマドの言動）、預言者の指導スタイル、彼が確立した当初の敬虔かつ輝くコミュニティなどが、イスラム政府と現世の神の王国設立にとって明確なモデルであると主張する。そしてムスリムは大多数の地域でシャリーアの下で暮らすべきであると提唱している。「パン・イスラミスト」と一般的に分類される人々は、国境の正当性を拒否し、単独の指導者下のウンマの復活を主張している。一般的にジハーディとして知られる戦闘的イスラムは、この見解から出てきたのである。

この二つの見解は、一般的には非ムスリム世界、とりわけ西側に対して異なる展望を持つ四つのムスリムの範疇を台頭させた。彼らはイジュティハーディ、ジハーディ、新原理主義者と草の根グループである。それぞれのイデオロギー的傾向と実際的な行動から、これらを見てみよう。

最初の範疇は、イスラムを政治的・社会的変革のダイナミックな源泉であり、国内では独裁政権に対抗するイデオロギーである、と見なす穏健な改革派ムスリムである。しかし彼らは、個人的にも社会的にも自分たちの宗教、生命、自由が深刻に脅かされるか、土地を侵略されない限り、それらの目的を達成するためのいかなる暴力も拒否している。この範疇には、多くの異なる区分が存在するが、全体としてこの穏健派は「イスラム的リベラリズム」「イスラム的多様性」を支持し、クルアーンが述べる宗教には強制がないという原則を守っている。彼らは主として、ゆるい組織内、非公式の小グループあるいは個人レベルで動いている。この範疇に属している著名なグループにはモハンマド・ハターミー大統領率いるイランのイスラム改革派、インドネシアの故ワヒド大統領が引率したナフダトゥール・ウラマー（現在は部分的に政党ケバンキットに統合されている）、一九九〇年代にネジメッティン・エルバカンが指導したトルコのもはや現存しない福祉党、二〇〇二年以降その後継グループであるレジェップ・タイイップ首相率いる公正発展党などが含まれる。

多くのムスリムのインテリたちはこの範疇に分類される。彼らは二〇〇一年九月一一日の米国攻撃やイスラムの名の下に犯されるあらゆるテロリズムを拒否している。彼らはオサマ・ビン・ラディンとアル・カイーダがそれらを指揮していたことを知って苦しんだ。彼らはイスラムを過激派と切り離し、国内外で無垢の生命をイスラムの名の下で奪い、それによりムスリムをいずこでも包囲作戦の標的にしてしまった人々に嫌悪を感じている。

彼らは、アフガニスタンであろうとパキスタンであろうと、統治できる所でムスリムにつけ込む過激派を拒否している。彼らの思考は、次のようにまとめられ得る。過激派ムスリムが犯した九・一一やそれに続くテロ行為は危険な誘引をもたらし、西側をより高い道徳的地位からムスリム世界を包囲させ、政治的に傲慢なイスラムを以前よりもさらに軽んじさせる口実を米国とその同盟諸国に与えてしまったのだと。彼らは、いかなる根拠があろうと、ビン・ラディンとその信奉者たちは、一九九〇年に世俗のサダム・フセインがクウェートを侵略したときと同様、国内改革、外国の干渉からの独立、国際舞台における発言権を獲得しようとしたムスリムの努力を数十年も押し戻してしまった、と主張している。彼らは、平和的、発展的な変化を強調し、構造改革を実現するために既存の国家・国際機関内で努力することを求めている。彼らは近代化に賛成で、進歩の必然性を信じ、宗教間対話にも積極的であり、西側の知識と成果を活用することで、グローバル化した世界において彼らの社会も裨益することに反対しない。

同時に、理解し得ることだが、多くの改革派は米国とその同盟国に対して、イスラムの信仰と規範、価値観、慣行に対するより良き理解を促進し、一方的に搾取する関係ではなく、相互を利する関係のために強固な理解の架け橋を築くことに必要な努力を払っていない、と批判的である。彼らは、パレスチナ人の苦境を無視し、一般的にムスリムのイメージを汚したいときに、イスラム過激派を好都合にハイライトするとして、最も厳しい批判を米国の政策と行動に向けている。彼らの米国とその西側同盟諸国に対する態度には、愛と嫌悪が混在している。一方では、改革派は西側の教育と技術、市場からの裨益に熱心で、移民や訪問者として西側諸国へのアクセスを確保したがっている。他方、彼らは、ムスリム世界に対する西側の政策態度と西側の優越性を主張する傲慢さについて深い懸念を表明している。イスラム世界では、穏健改革派をイジュティハーディと呼んでいる。

二つ目の範疇は、急進派ムスリムと呼べよう。彼らもイデオロギー上の傾向と実行方法において多様である。急進派ムスリムは、いくつかの特徴を、とりわけイスラムの原則への信奉において、穏健派と共有している。しかし、彼らの清教徒的傾向と自らが伝統的な政治・社会運営と見なすものの重視において改革派とは異なる。さらに、国家運営の基盤としてシャリーアを制定したいという願望でも異なる。皮肉にも、国家はその概念と実施においては近代的なものである。彼らは政治的・社会的強制と暴力の行使が特定の状況下では正当化され得ると考える。それは、宗教の解釈と宗教的・文化的本性を守って主張する時や、彼らがイスラム的と見なす政治形態を創造する時である。彼らは必ずしも反近代化ではないが、現代性とその全ての兆候が彼らの理解するイスラム的価値観や慣行に適合する確証を欲している。

彼らは、ムスリム社会に外部が歴史的にもたらし、現在も続く不正と自ら考える諸問題を正すために、急進的な行動を取りがちである。しかし、ムスリムがムスリムあるいは非ムスリムに対して犯す不正は必ずしもその分類に入っていない。彼らは非ムスリムあるいは真のイスラムと見なさない外部勢力の正当性に抗争する。そして、これら勢力に影響され支配されている、もしくはムスリム世界が直面する内外の諸問題に効果的に対処できない自国政府を弾劾している。彼らは、西側、とりわけ米国が世界のムスリム社会の政治的、社会的、経済的困窮と文化的退廃の原因であるとしている。さらに、ムスリム世界に対するヨーロッパの植民地化と一九四五年以降の米国の覇権的影響力が彼らに打撃を被らせたと考える。同時に、西側に対するイスラムの従属の真の原因は、ムスリム社会がイスラムの法律と道徳から離脱したことにあり、したがって、真のイスラムの復活が西側のグローバルな覇権を打ち破るために必要である、としばしば主張してきた。彼らは、往々にして、国家の独裁権力としてよりも、反対派としての方がより成功裏に機能してきた。

ムスリム世界の多くのグループがこの特徴を持っている。一九七八―七九年のイラン革命指導者アーヤトッラー・ホメイニに追随した保守派（彼らは人気以上の多大な権力を獲得した）からエジプトのムスリム同胞団からスーダン国家イスラム前線までと広範に及ぶ。黙示的で過激な行動にも関わらず、アル・カイーダの指導者や戦士の多く、そしてより穏健だがパレスチナのハマスやレバノンのヒズボラ（双方ともイスラエルの占領の直接的結果）もこの範疇に入るだろう。これらグループの多くのメンバーたちが、米国やその同盟諸国に対するムスリムの暴力的行動は、米国の態度に対する正当な対応であると考えているからだ。彼らは、米国が、米国を彼らの最も危険な敵であると見ている。それは米国が、パレスチナ人の土地（最も重要な東イスラエルも含む）を占領したイスラエルを無条件に支援しているのみならず、多くのムスリム諸国において邪悪な独裁政権を樹立するからである。彼らはこれが、ムスリム世界の発展を遅らせ、世界政治における自国の覇権を確実にしたい米国の戦術である、と主張している。

イスラム過激派は、九・一一以降の国際危機、とりわけイスラム世界における混乱は、冷戦時代の徹底した現実主義者、新保守主義者（ネオコン）、キリスト教原理主義者たちの意図的な戦略であると考えている。彼らは、ブッシュ(父)大統領政権の頃支配的地位にあったこれらのグループが、ソ連の代わりにイスラムを敵と見なしたがっていた、と主張する。イスラム過激派は、しばしば、ブッシュ(息子)傘下のネオコンと皮肉にも同盟関係にあるユダヤ人シオニストたちを敵意をもってマークしている。彼らの一部は、米国とその文明をイスラムとイスラム的生活習慣にとって屈辱的であり嫌悪を催すものだとしている。イスラム的解釈では、彼らの社会再建と外交政策へのアプローチは、イスラム改革派よりも好戦的に映る。

三つ目の範疇は、特定のイスラム学者に由来する学派に基づいてイスラムを厳格かつ文字通りに解釈するイスラム・ネオ原理主義者とも呼べよう。彼らにとって最も重要なものは文脈ではなく原典なのである。彼らは多様性を理解せず、全般的にイスラム過激派よりもそのアプローチにおいてははるかに厳格、宗派的、独善的、単一思考、差別的、排他的、強制的である。彼らが好む政治体制は、単一の指導者あるいはグループが絶対的権力を行使し、国内的に育とうと海外から刺激されようと、いかなる多元的共存にも門戸を閉ざしたものである。彼らは変革をもたらすためだけではなく、統治のためにも暴力を行使する。この意味で、彼らは近代史におけるマルクス・レーニン全体主義グループと大差ない。彼らが理解する宗教は単純なものだが、特定の宗教的環境では、教育を受けていなくとも社交性がある。往々にして、彼らは過激派あるいは超正統派伝統主義者と説明されているが、ネオ原理主義イデオロギーが古典的イスラム思考と大きくかけ離れていることを考慮すると、後者は特に誤解を生む。

タリバンの民兵、パキスタン拠点のムスリム同胞団、デオバンド派などがこの範疇では著名なグループと言えよう。ネオ原理主義者とイスラムの過激派の思想が重複していることから、双方の間でしばしば有機的、組織的な連携が持たれ、後者が前者をテロ活動も含む人的資源、保護目的、貧困者救済活動として活用している。これは、まさしくアル・カイーダとタリバンの関係だった。アル・カイーダが資金とアラブ人兵士を提供し、その代わりタリバンが多国籍軍としてのアル・カイーダを匿い助けた。これがアラブ主導と非アラブ主導の稀有な有機的協力となり、彼らの重複する側面が目的達成のために相互強化と支援に繋がったのだった。

四つ目の範疇は、イスラムの知識が一般的に初歩的で、村落やマドラサ・レベルの草の根ネットワークから発生している。彼らは本質的にはイスラムに帰依しているが、自分たちの信仰と生活習慣が悪意ある敵に脅かされていると感じるか否かで、政治的にも非政治的にもなり得る。彼らの多くは潜在的なイスラム兵士であり、イスラム過激派とネオ原理主義者に搾取されやすい脆弱性を抱えている。この脆弱性は、これらの村落には綿密なニュースや分析、外部情報が届かないことに起因している。その結果彼らは、彼らに影響を及ぼす主要な政治問題や出来事に関して、独立した確かな見解を持ち得ない。彼らは、往々にしてより多くの情報を持ってはいるが、政治的には偏見のあるムスリムたちが持ち込む偏った情報に依存している。

このグループは、とりわけ貧しい国で、放ってさえおけば自分たちの日常生活で忙殺されてしまう普通のムスリムの大半である。しかし、エジプトやパキスタンの都市に住もうと田舎に住もうと、彼らはイスラム過激派とネオ原理主義者たちによって扇動され、動員されやすい。これは例えば、現地状況と生活習慣が、軍事介入、政治的干渉、制裁、あるいは文化的・経済的勢力の拡大などを通じて、西側（あるいは非西側）勢力の政策から直接的、間接的に影響を被っていると見られる所でとりわけ発生しやすい。「外国人」の手によるムスリムたちの苦境は、しばしば非政治的グループを政治的行動に走らせてきたのだ。

タリバンは、多くの兵士をこのような人々から募ってきた。その多くは、ソ連のアフガニスタン侵攻の直接的結果としての強制退去者、孤児、困窮化した人々である。このグループの九・一一およびその後の展開に関する見解は、現地の説教者や過激派・ネオ原理主義の活動家たちからの耳学問で形作られた。後者には、そうした教育を与える資金も動機もある。しかしながら、このカテゴリーの見解は、米国に対する憎悪から無関心までと幅広い。

西側のイスラムとムスリムに対する多様な態度、そして西側、とりわけ米国に対するムスリムの多様な態度は、双方で強い混乱と誤解の原因となっている。九・一一の悲劇的事件以降顕著になったが、これらの態度は多くの歴史的、現代的な諸問題に根付いている。これらの問題―ムスリム世界でのヨーロッパ植民地支配の遺産から社会的不自由や国家に対する米国の覇権主義的干渉に至るまで―に関する明確な理解なしに、一九七〇年代以降過激派ムスリムがどう台頭したかが議論から見落とされてしまう。そして西側とイスラム世界の関係をいかに客観的、建設的に改善し得るかという困難な質問も未解決のまま残ってしまうのだ。

ブッシュ大統領が開始し、オバマ大統領が軽視した「テロとの戦い」は、この状況を改善するのに何の役にも立たなかった。むしろ、それはムスリム世界では極小でしかない暴力的イスラム過激派とネオ原理主義グループの立場を強化し、穏健派の声を掻き消してしまった。西側そしてその他の大国は、少数派の行動によって大多数のムスリムを判断することをやめるべき時がきた。そして、ほとんどのムスリムの立場を代表する穏健派ムスリムを強化する政策行動に着手すべきだ。それにより、彼らはムスリム社会の改革により大きな役割を担え、西側との関係改善を促進できる。それで、対話とより良き理解を通じてジハード教徒たちとの対抗に勇気ある姿勢を保つことが穏健派ムスリムたちの義務となってくる。その姿勢とは、スンニ側ではインドネシアの故アブドゥルラフマン・ワヒド大統領が、シーア側ではモハンマド・ハターミー元イラン大統領が訴え続けたものだ。この学者兼政治指導者たちは、二人ともイスラムが民主主義及び国際人権宣言と両立し得ると主張した。例外が死刑である。

提出論文
宗教と暴力

ゴラマリ・コシュロー
国連大使（イラン）

グローバルな脅威がはびこり、相互に依存し連携しあう私たちのこの世界で、安全保障が皆の最も重要な懸念事項となっている。暴力やテロ、安全保障への挑戦から自由な国も大陸も事実上ない。軍拡競争、政治的同盟、軍事支出は、世界に平和と繁栄をもたらすことはできなかった。事実、安全保障関連への多大な支出によって、私たちは世界をより不安定にしている。人間の歴史は、多くの戦争が恐怖と脅威から戦われてきたことを、目撃してきた。

したがって私たちは、新たな視点を採択しなければならない。ユネスコ憲章は戦争が人間の心から始まり、平和の防衛も人間の心に打ち立てられなければならない、と謳っている。政府の政治的・経済的取り決めに依存するだけでは、永続的な平和に結びつかない。したがって、失敗しない平和は、人間の知的・道徳的連帯の上に築かれなければならないのだ。

このグローバルな傾向は、一方では知識と科学の発展、情報技術へのアクセス、世界市場へのアクセス、経済成長の促進といった機会を、他方では文化的アイデンティティの喪失、持続可能な開発の無視、貧富の拡大する格差、広域な暴力行使の増大可能性などの挑戦をもたらした。これには、大量殺戮兵器の増幅からテロ・ネットワークまで入り、組織的な監視や秘密裏に行われる人々への威嚇も含まれる。世界の政治的構造は、過激派と暴力、軍拡競争と覇権的単独主義からの挑戦に対応できていない。

グローバル化の時代における暴力は、多面的な現象であり、それには異なる含意と適用がある。以下は、現代の暴力の相互に関連しあう側面と適用である。

（一）肉体的暴力は、相手を傷つけたり、虐待する肉体的力の行使である。この意味で、公私で相手に害と圧力を加えることだ。国家レベルでもグローバルにも暴力は蔓延しており、安全保障への挑戦も政治的・社会的紛争も武力行使で解決されている。

（二）構造的暴力は、グローバルに見られる社会・経済的な不平等に由来する。それは予測可能であり、阻止可能な害を制度的に与えることである。構造的暴力には、国際的にも国内的にも見られる不平等の劇的な増大と社会の制度的な無用化から来る苦痛を伴う貧困も含まれる。

（三）自由に対する暴力は、個人が競争し、新たなグループを形成できることを阻止することで発生する。ハンナ・アーレントにとって、暴政とは最も弱く最も暴力的な政府だった。暴政は、個人から力を築く可能性を奪う。

上記の暴力それぞれに対し、私たちは平和な選択肢と改善策を模索すべきである。私は、対話、正義、自由が、暴力から解放された世界にとっての選択肢である、と考えている。

一．対話

安全保障と平和は、意味のある対話に従事することとなしにあり得ないし、対話は道徳的・精神的価値への強固なコミットなしには、そして短期的な自己利益を超越しなければ成功しない。今日、中東および世界における政治的・文化的傾向とプロセスは、文化間・宗教間の対話が道徳的に推奨し得るだけのものでなく、道徳的な必須条件であることを明確に見せつけている。

「対話」は意味を理解し、言語・論理・共感を通じて現実を発見する英知と洞察力の活用と等しい。対話中、共通の基盤と共有する着想は、存在する差異への注目と同等の重要性を持つ。今日の複層的な世界では、多様な文化的アイデンティティを受け入れることで、他の文化は認められるのである。文化的・宗教的な所属意識は、私たちのアイデンティティを促進する。これは、人間の生活を豊かにするために、他人にも開放的であるべきことを要請する。人間の生活には相違と多様性とが入り混じっている。誰も一人ではこの世で健康で成功する人生を歩めない。事実、各人の幸福は、他の人々の幸せに依存しているのだ。

二．正義

正義は普遍的に世界中で共有される要求であり熱望である。正義への追求は、私たちの集団的なグローバル意識の中核である。社会的・経済的不平等、そして世界的に蔓延する欲求不満への西側民主主義も含む政治システムの対応不足への反対は、グローバルな不満に対して、集団的に対応すべき緊急性を強調している。この集団的対応は、集団的英知を必要としており、したがって多くの伝統、文化、政治体制からの貢献が要請されている。それは、条件の多様性と是正策の地方色を抑えることなく、正義の一般的定義とそれへの要求に到達するためである。独占はなく、いかなる普遍的処方箋も全ての人に効果があるわけではない。

経済的な安定の他に、人間は文化と精神性と倫理規範を必要としている。倫理的拘束のない経済活動は、人間にとって健康な環境の破壊をもたらし、それは満足感を高めるよりも、欲深い消費主義と世代間の資源破壊に繋がっていくのである。

三．宗教と民主主義

グローバル化の時代、宗教的連帯感が、社会的連帯感を育て得る伝統的な繋がりと社会組織の衰退によってできた空間を埋めている。宗教は、意義と地域社会を創設する分野で卓越した実際の機能を果たしている。宗教には、信じることと属することという重要な二側面がある。最も慈愛深きアッラーを信じることは、人々を密接に近づけさせる。

この数十年間、極めて影響力のある政治的要因としてのイスラムの信仰復興運動が、イスラム世界と西側の関係において多大な役割を担ってきた。グローバルな趨勢としてこのように広範に根付く社会運動は、世界の社会・経済的進展には敏感である。イスラム世界と西側の建設的対話のために、対話の良きパートナーとして世俗のムスリムを選ぶことは薦められない。そのようなアプローチは、逆効果を招き、ギャップを拡大し、不信感を強めるだけである。ムスリム社会と対処する実際的で適切な方途は、尊厳という民主主義の原則を推進し、イスラム世界における穏健な趨勢を尊重することだ。同時に、イスラム世界では、狂信的グループや過激派が真実への唯一のアクセスを主張し、聖典に対し暗く表面的な読み方をしている。彼らは、ムスリムであろうと非ムスリムであろうと、彼ら以外のグループを不信心者と考えており、天国を約束しているのに、人生を地獄化している。他宗教の信徒との衝突や紛争、そして同じ宗教内での宗派的暴力と殺戮は、こうした性向のおぞましい結果なのだ。

イマーム・アリー（シーア派の最初の宗教的元首）の教えでは、全ての人間は二つのグループに分類され得る。それは、宗教における兄弟と創造における同胞、の二種類である。この文書は、神の慈愛と慈悲を合わせ、啓蒙的姿勢で読まれるべきなのだ。神聖な預言者や偉大な哲学者、道徳的思想家たちは、人類の歴史を通して利己主義、攻撃性、暴君を撲滅する努力を払ってきた。それらの努力にもかかわらず、権力と短期的利益に対する人間の欲望は、人類史で破壊と戦争の原因となり続けてきたのだ。

原理主義と世俗主義の対立的な二分法を越えて、イスラム世界における宗教的民主主義を促進すべきである。イスラム復興運動の封じ込めに基づく政策や政治目的達成のために過激派が採る手法は、暴力と過激派を焚きつけるのみだ。この傾向は、安全保障と安定を危険にさらし、社会の道徳的基盤を衰退させる。

四．暴力と過激主義に対する世界

この不穏な趨勢に留意して、国連総会は、暴力と過激主義に対する世界（ＷＡＶＥ）を呼びかけたイランのロウーハニー大統領の提案に基づいた決議案を採択した。この決議案は、暴君の文化、独裁主義、過激主義（領土や国家の政治的独立も含む）などから発生するあらゆる措置を非難している。また民族、人種、宗教的憎悪からくる扇動も咎めている。

結論として、暴力から解放された世界への道程は、対話、倫理、正義、開発と自由を経由する。全ての民族国家は、経済・社会発展のための平等な機会を与えられるべきなのだ。平和な国際社会のためには、どの国も経済的自由と自らの政治的宿命の決定権を持つことが必要である。事実、いかなる形態の経済制裁や軍事脅威も、平和と安全保障を促進せずに、人間性の危機をもたらし、紛争と逸脱を悪化させるばかりである。

したがって、嫌疑感や不信感を除去し、相互尊重と平等で建設的な対話を促進することが、平和と安定の確立のために必要なのである。精神界の思想家や宗教指導者たちは、人類を対話、友情、平和、正義、自由、相互支援に導く神聖な義務を負っている。

討　論

ハバシ博士　クルアーンの中のジハードに関するムクティ博士のプレゼンテーションに付け加えたいのですが、他宗派の信徒に対する扱いについては一七のレベルがあります。旧約聖書でも新約聖書でも他の聖典でも同様の英知が見られますが、クルアーンには「不信者たちを許し、愛さなければならない」と書かれてあります。これはイエスが「敵を愛しなさい」と語った新約聖書と同じです。第二レベルは「不信者たちを許し、親切にし、攻撃してはならない。貴方には貴方の宗教があり、私には私の宗教がある」です。その後「もしも誰かが貴方を攻撃するのであれば、その人を攻撃しても良い」がきます。その次、敵に対して自らを防衛する許可があります。その後、もしも不信者が攻撃してきたら、反撃しなければなりません。そして最後に、不信者と完璧に戦わなければなりません。この最初から最後までのレベルの相違は、何を意味するのでしょうか？

私たちは、侵略者に対して信徒たちが反撃するよう、熱心に勧める戦争に関する韻文をほとんどの聖典にも見出します。旧約聖書には沢山あり、神がモーゼにどことどこの町を襲って焼けと頼んでいます。新約聖書の中ですら「私は平和を与えるためにきたのではない。剣を与えるためにきたのだ」と書かれてあります。これらの韻文の主な標的が何であるのかを理解しなければなりません。この韻文には二つの説明が成り立ちます。イスラム世界の全てを攻撃することを決めた十字軍の解釈は、聖戦思考だったでしょうが、他の解釈もあります。率直に言わせてください。イスラムの全ての指導者たちは、ジハードの韻文が戦争中にだけ、自らが危険に晒されたときだけに適用され得ると信じています。大勢が自分を殺そうとしている時は、自らを防御する権利があるのです。

ファン・アフト議長　平和時と戦時では生活も態度も変えるというはっきりした線引きでした。ここで質問があるのですが、戦時でも、「赤十字協定」と呼ばれる一連の条約があり、そのほとんどが国際人道主義的な法律です。この法律は、戦争をいかに戦い、戦時ではどのように動き、他国を占領した時にはいかなる態度をとるべきかを規定しています。戦時でたとえ敵がそれらを無視したとしても、全てが許されるわけではありません。

ハバシ博士　私は全ての戦争に反対です。私は正当化される戦争にすら反対です。全ての戦争が何らかの不正義だからです。イスラムにおける戦争法と闘い方は国際法における闘い方と同じです。首切り、喉きり、村落への放火などはどの宗教にも属しません。イスラムの法律によると、これらは不法です。ムハンマドは、兵士をメディナに送りこんだとき、「婦人を殺してはならない。子供を殺してはならない。僧侶を殺してはならない。戦士が貴方を襲ったときだけ、彼らに反撃する権利がある。」と言いました。

アル・サレム博士　キリスト教にもイスラムにも聖戦があることは、誰でも知っています。歴史的には、クリスチャンの方がムスリムよりもはるかに残虐でした。しかし、彼らは政教分離以降変わり、宗教を戦争の方法として使ったり、キリストの名の下で戦いませんでした。私たちムスリムは、全ての非ムスリムと戦うべきという明確な命令をクルアーンから受けています。これがクルアーンにおける一七レベルの最後の段階です。イスラムには、三段階あります。メディナでは戦わず、メッカでは自己防衛のために戦い、最後には全ての非信徒と戦うように命令されています。したがって、最後の命令がその前の全ての命令を打ち消していることをムスリムなら誰でも知っています。問題を解決するためには、正直に話合わなければなりません。皆が知っている問題を隠すわけにはいきません。

サイカル教授　アル・サレム博士には全く同意できません。イスラムは、他の神学同様、広い解釈に門戸を開けています。どの解釈に教えられたかで変わるのです。クルアーンが七世紀の人々の考え方に対応していたことを忘れてはなりません。状態は大きく変わったのです。原典は重要です。しかし、変遷する時代と状況の文脈内で、聖句を適用しなければならないのです。こうしてイスラムは今日まで極めてダイナミックな宗教として存続し続けたのです。イスラムの極めて狭い解釈と適用を採択する貴方のアプローチは、ムスリム世界の一派と西側との緊張と紛争のみならず、ムスリム同士の戦いの重要な源泉となっているのです。私たちは、本当にそれから離脱しなければなりません。

オバサンジョ大統領　ここにいる私たちのうち数人は、単なる傍観者ではいられません。大きな影響を受けているからです。私はほぼ半分がクリスチャン、半分がムスリムの国からきました。彼らがこの問題を自ら解決することが極めて重要なのです。わが国のように、大勢のクリスチャンがムスリム社会に住み、大勢のムスリムがクリスチャン社会に住んでいる国では、大勢が多大な被害を被っています。両方で話し合いが可能となることは絶対的に重要なのです。クルアーンが「不信者と戦わなければならない」と命じているというならば、クリスチャンである私は、ムスリムにとって不信者です。昨日も言いましたが、血縁上の兄弟がいて、ひとりはクリスチャン、ひとりがムスリムです。兄弟とは血縁ではなく宗教に基づいている、というのがムスリム側の言い分だと私は理解しています。したがって、ムスリム側の一人がクリスチャンの兄弟に聖戦を挑むことができるのだと。これは、とりわけ多くのアフリカ諸国で大問題ですから、解決されなければならないのです。

メタナンド博士　少数派と多数派の関係についてムクティ博士とサイカル教授に質問したいのです。チベットで僧侶や尼僧たちが正義のために中国と戦っていたとき，焼身自殺という方法を選びました。自らを傷つけたのです。これは少数派の仏教徒たちが，多数派で力のある中国と戦っていた時でした。しかし，ビルマで仏教徒が多数派の場合，彼らは攻撃的になり，ムスリムを殺すことまでしました。どうしてでしょう？　これは異なる宗教が異なる価値観を持っているからでしょうか？

コシュロー博士　このグローバル化の時代，宗教は社会的連帯を与えるために社会に戻ってきたのです。そして社会に意味を持たせる機能を担っています。二つの感覚，つまり信心と帰属意識です。問題は，西側とイスラムの関係です。イスラムと西側の相互に建設的な影響を与える行動は，ムスリム社会が世俗的であるべきだ，とは主張していないのです。それは逆効果だからです。むしろより実際的で適切な方法は，イスラム世界で民主主義の原則を促進することです。

ジハード的見解に関して，私たちは他の信徒を不信者として扱う狂信的なグループには失望しています。彼らは，改革派に門戸を閉じ，時代と状況を無視した極めて恐ろしく表面的な聖典の解釈に従事しています。これは聖典の解釈だけに止まりません。彼らは他のムスリムや非ムスリムを不信者と見なし，天国を約束しているのに人間の生活を地獄に陥れています。宗派間の暴力や殺戮は，こうした思考のおぞましい結果です。そしてその思考が私たちの地域に蔓延しているのです。多くの人々が宗派や宗教を理由に殺し合っているのです。これはあまりにも危険です。

聖典の読み方は，啓蒙された姿勢で，神の慈悲と慈愛を持ってなされるべきなのです。換言すれば，宗教が政治目的のために誤用されてきたのです。しかし，宗教は宗教間あるいは宗派間の対話と平和のために建設的な役割を担い得るのです。友情と相互尊重を促進するための対話は，私たちの宗教では共通点です。過激派と暴力からの離脱は，宗教そのものを拒否するのではなく，民主主義への公的コミットメントなのです。

ラビ・ローゼン博士　ジハードとその全体的概念が何を意味するかについての議論を聞くのは，大変勉強になりました。この席で圧倒的に人数では劣る唯一のユダヤ人として，自己分析の重要な原則，すなわち自らに対して正直であり真実を見出す努力を行うこと、を思い起こしました。全ての宗教は異なるアプローチを持っています。キリスト教内には伝道の概念があります。伝道とは、自分のメッセージを他の宗教や人々に伝えなければならないという概念です。しかし、伝道という概念の均衡をとっているのは、証言という概念です。それは、「思いやりを持って、人道的に、神のような行動をとります」という誓いであって、それが人々に影響を及ぼす道だということです。このように異なるモデルがあるのです。常に神秘的なアプローチと合理的アプローチがあったように、こうした異なるモデルは常に存在していました。そしてもちろん、政治も役割を担っているのだという政治的アプローチもありました。異なる見解を聞いていて思ったことは、自己分析としてのジハードを正真正銘追求する唯一の方法は、自らを相手の立場において見る努力でしょう。

実際、昨日ナイフォン大主教が「これらの議論のどこに愛という概念があるのですか」と指摘されました。聖書のなかには「隣人を自らと同じように愛しなさい」という概念があります。新約聖書ではこれに「貴方の敵を愛しなさい」を追加しました。愛することを命じるなど不可能です。誰かに愛せよなどと命令できません。愛するように奨励することはできます。そして私は、皆が愛するようになることを望んでいます。事実、ヘブライ語の原文では「隣人を自らと同じように愛しなさい」とは言っていません。「隣人に愛を見せなさい。なぜならば彼・彼女はあなた自身ですから」と言っています。私たち皆がひとつの源の子供なのです。ここの議論から聞こえてくることは、私たちの世界のあまりにも多くの所で、正真正銘の自己分析が欠落しているということです。相手の見解を理解できないことです。

例えば、ここで物議をかもすかもしれませんが、私は、中東紛争とイスラエル・パレスチナ紛争で個人的に深く苦しんでいます。深く傷つきながら、私は左派に属し、譲歩と平和を望む側に立っています。しかし、いかなる物語も白・黒だけではないのです。中東問題は単にホロコーストの産物ではありません。中東は、「ムスリムの前には誰がいたのか？　そこには何色があったのか？」という質問の産物なのです。したがって、「私は侵略者から自らを守らなければならない」と単純に言えるのでしょうか。おそらくその侵略者は最初の侵略者ではなかったのです。

私たちは、お互いに戦い、殺し合うように運命づけられているように見えます。しかし物事を白・黒で見るこの傾向とは闘わなければなりません。そしてその方法が愛を見せ、思いやりを見せることとです。私が会話を交わしたこの会議参加者の中に、愛せない人は一人もいないと正直に申せます。何故ならば、彼らも正しい道、解決方法を見出す大変な努力をされているからです。それを達成したいのであれば、その方法はナイフォン大主教が指摘されたように、愛を見せることを通してなのです。その努力において、私たちは他の主張も存在することを認識しなければなりません。そして可能なかぎり、お互いに緊密になれる方法を見出さなければならないのです。

クレティエン首相　一つだけ問題提起があります。この議論を聞いていて思ったことは、誰一人として政教分離の必要性を主張しませんでした。私は、一〇〇年前は宗教が政治を支配していた国からきています。現在では、わが国では宗教と国家の分離は絶対的です。皆さんの議論を伺っていると、宗教が社会であるかのような印象を受けます。政治プロセスに対する宗教の影響は支配的なようです。私の見解では、それは乱用を生みます。個人のスピリチュアリティは極めて私的なものなのです。それは創造主と向き合う個人の信念なのです。それは重要ですが、信仰を政治の場に持ち込むと多くの対立が生じます。今朝私は、宗教と国家の分離を耳にしませんでした。そしてどこであろうと、強く分断されている国は極めて困難です。これが、宗教が政治を支配しているナイジェリアの大統領の問題でしょう？　どうして宗教団体は、国家の運営は彼らの信仰とは分離したものだという原理を理解しないのでしょうか？

張教授　世界倫理を宗教的信仰から独立させることは、私たちの努力において基本的なことです。しかし、今朝の議論は、今日の世界のスナップ写真を撮り、異なる解釈を与えたようなものでした。今日の世界がいかにして出現したかを見るためにも、少しは歴史を省みることも有用だと思います。その文脈で、ジハードとその関連問題と彼らがどう理解されているか、いかに利用、誤用、悪用されているかを知ることも有用でしょう。

今私たちはウィーンにいるので、オスマン帝国軍隊がウィーンから敗退した一五三〇年を取り上げてみたいと思います。その頃、オスマンのスルタンたちはジハードという言葉は使わず、ガディスという言葉を使いました。ガディスとはイスラムの前線を拡大するために戦った人たちのことです。貴方たちの定義では、イスラムの前線拡大が目的ではなかったでしょう。しかしガディスはスルタンたちには便利な道具でした。今日新疆関連のニュースが多く見られますが、新疆は一一世紀のジハードでイスラム化しました。今日のウズベキスタンやトルキスタンが東を襲ったのです。同人種の人々が仏教、土着の信仰、キリスト教などを信仰していました。しかし一一世紀から一五世紀にかけてのジハードが新疆の圧倒的多数をムスリムにしたのです。したがって、ある国がどういう風に運営されているかは、宗教的信仰と同様に歴史に負うことも大きいと思います。

オバサンジョ議長　宗教とは、政治的、宗派的、社会的な所属が何であろうと、人間同士でいかに生きるかを教えるのみならず、その宗教が規定することに従わせることで信徒を是認します。キリスト教にも、イスラムにも、ユダヤ教にも死後の命があり、この世をいかに生きるかで審判が下されます。ヒンドゥー教や仏教といった他の宗教でも、この世をいかに生きたかで、生まれ変わるときに現在よりも高い地位あるいは低い地位で戻ってくるのでしょう。それも、宗教の教えに従って生きることで是認されることだと思います。従わなければ、罰せられるのです。私は、これは受け入れますし、ここの他の参加者たちのほとんども同じだと思います。

しかし、他の宗教の人たちが私を不信者と見なし、終わりまで不信者と戦うべきという最後のレベルの命令のために、私と戦うのだという主張は、私の出身地、出身国、出身地域では大きな問題です。これは世界的規模でも私の心配の種です。それが問題なのです。事実、これらであろうと、一緒になろうと、預言者ムハンマドがこれらのことを言った時とは、状況が変わったのです。リベラルな解釈を侮辱する気は毛頭ありませんが、預言者ムハンマドがもし今日の世界にいらしたら、彼の教えは変わっていたと私は確信します。

私がキリスト教の兄弟たちに言うように、もしもキリストが今生きていらしたら、彼はエルサレムにロバに乗って行かなかったでしょう。おそらくヘリコプターを使われたことでしょう。私たちはこの点に留意しなければならないのです。私の心配は、もしもクルアーンの韻文が不信者に対してはジハードを戦わなければならない、というのであれば、アフリカ、特に西アフリカのほとんどの国での生活は不可能になるということです。そうであるならば、平和は決してあり得ません。そして、私のような者に双方を真剣な対話に導く役割などない、などと私たちを欺かないでください。貴方たちは、私たちを助けることができるのです。

アル・サレム博士　第一に、クルアーンとスンナの穏健な理解は、実際に宗教指導者たちを中世から現代に移行させており、彼らはクルアーンとスンナを近代的に理解しています。もしも新たな理解があるのならば、どうして宗教指導者が必要でしょう。新しい生活、全てが新しい中で、経済学者や技術者たちの方が宗教家よりも理解力はあります。誤解の問題ですが、私たちには、全ての信徒が従えるような教会とか僧侶といった照会先がないのです。イスラムでは、誰もが宗教指導者になれるのです。これが私たちの問題なのです。私たちには一四〇〇年の歴史があり、それも変わりつつあります。文脈的な理解を始めるならば、誰もが自分の望むことに従って宗教を作りあげてしまいます。各軍隊が文脈内での理解に従って戦います。すると規則など無くなってしまうのです。だからこそ、私たちは原典に戻らなければならないのです。

サイカル教授　誰もが七世紀の状況に即して、七世紀に書かれた聖典に従うべきだ、とおっしゃっているのですか？　私たちは、変わりつつある時代と状況に従ってイスラムを適用させるという文脈を考慮に入れるべきなのです。預言者は、凍りついた時間ではなく、変遷する時間と状況に合わせてイスラムを適用するよう、信徒に任せられたのです。

第五セッション

倫理の再発見と意思決定における役割

議長　ジョージ・ヴァシリュー
元キプロス大統領

グローバルな倫理規範が世界の主要宗教には共通に見られるという概念は、ＯＢサミットがそれを促進し始めた一九八七年には、急進的な考え方だった。だが、今日では一般的に受け入れられている。問題は、それを政治・経済の政策・意思決定において実際的に活用することの困難さである。

最初の紹介者、カーク・ハンソン教授は、普遍的倫理基準が政治的・経済的決定を左右すべきか否かが、いかに複雑で困難な問であるかを概説した。ビジネス界では、利益と倫理の苦闘は終わっていない。企業が倫理規範を適用するとき障害となる主な問題には、競争上の不利、金融市場からの圧力、福祉志向の決定に法的権威が欠如していることなどがあげられる。政府では、人道的関心、国家の利益、指導者の自己利益という三事項の間に軋轢が常に存在する。ハンソン教授は、グローバル倫理を政治と経済にいかに適用すべきかの決定的な答えは、いつまでも出てこないのではと危惧している。

マノ・メタナンド博士は、上座仏教が実行している良い縁起という古代の概念であるマリガラスッタ（瑞祥の格言）を説明することで、道徳連邦という概念を紹介した。タイ人は、これを通して社会開発に積極的に参加し、ダイナミックな社会という認識を作り出した。博士は、タイ政府に対して、市民のＩＤカードにこの概念を導入することを提案した。それは、青少年の倫理的ボランティア活動に対して、電子的に点数を与えることで、高等教育への進学や職業訓練の機会獲得を優位にすることだ。

シーク・アブドゥルアジィズ・アルクライシ氏は、金融倫理に関する見解を述べた。近年の世界金融危機は、金融業界全体における倫理的行動の完全な崩壊と最終顧客に対する信用責任の欠如に由来した。欲望が、他人を尊重すべき人間としてではなく、搾取すべき対象として扱うよう私たちを導いてしまった。主要宗教は、金融部門を助けることができる。倫理規範は必要不可欠であり、基本的な倫理基準は、家庭と学校で教えられるべきである。規則と規定は個人的な高潔さを代替できるわけがないからだ。彼は、道徳的価値観を支持することが、増大する退廃と文化的無政府状態が蔓延する社会にとって、唯一の解決策であると強調した。

ハムザ・アル・サレム博士は、イスラム教の倫理規範の解放とイスラム政府指導者による政策決定過程にそれを導入することを提案した。彼は、イスラム教の倫理が特定の制約と制限下にあり、暴力と流血を捨てるにあたって、一般的な倫理規範とは調和しないと主張した。数世紀かけて法学者たちが導入し、宗教に組み込んだものを除去することで、イスラム教の倫理をこうした規制から自由にすることが可能なのだ。これが過激派を動機づけてきた宗教構造を除去することにもなる。彼は、ワッハーブ派（クルアーンの教義を厳守している）の呼びかけこそが、ムスリム世界に見られる現在の欠陥を是正するには最適である、と主張した。

一般討論では、多くの参加者が倫理的でありたいという願望と実際の行動の間の明らかな矛盾を指摘した。政治指導者たちは、人間が常に人間であり続け誘惑も多いので、倫理規範だけでは不十分で、法的規則や規制が確実に必要であると主張した。政治家たちは常に圧力を受けている。贈賄側が処罰されない賄賂に関する議論にも時間が費やされた。政府によっては、例えば金融業の規制には決して賛成しないだろう。それは自国の主要産業を痛めつけることになるからだ。指導者たちがより倫理的な行動をとるよう圧力をかけるか否かも議論された。正直でなおかつ成功している模範者が必要とされ、それには教育が不可欠である。また、倫理規範は、メディア、議会、科学も含むすべてにおいて不可欠であり、企業も政治家も一般大衆の審査に晒されるべきである。透明性の重要性も強調された。

全般に悲観的な見解の中で、楽観的意見も述べられた。すなわち、過去の主な改善のいくつかは、一人の個人ないし小さな機関が着手したもので、彼らのコミットメントがそれらを社会的な優先事項にしあげ、それが一歩一歩と政治的アジェンダにも影響を及ぼしたことで成就した。これが意識構築である。したがって、倫理的テーマに関するこのグループの声を上げ続けることが必要なのだと指摘された。

グローバル倫理から政府とビジネスの倫理的政策決定へ

第一紹介者　カーク・O・ハンソン
サンタ・クララ大学教授

序

本論文は、倫理的政策決定に焦点を当てるセッションを紹介するもので、ビジネス・組織倫理学の教授でローマ・カトリック信者である私の経験からまとめたものだ。以下、通常受け入れられているグローバル倫理ですら、政治・経済の政策決定に取り入れることの困難さを概説する。

グローバル倫理を促進するうえで、OBサミットのリーダーシップには極めて影響力があった。それは会議での討論のみならず、国連やその他の機関での議論においても、全ての宗教、事実全ての人類に共通した道徳的アジェンダを見出し、それに賛成すること以上に重要な協議事項はないということが了解されているからだ。共通の道徳的アジェンダが存在するという概念は、OBサミットがそれを促進し始めた一九八七年には、急進的だったかもしれない。しかし、この概念は広範囲に受け入れられ、支持を獲得してきた。

私は、この仕事が安易だなどと示唆するつもりなどない。各宗教、各民族文化には、道徳規範の定式化についてそれぞれの伝統がある。そして私のローマ・カトリックを含むいくつかの宗教には、時には不幸にして階級の異なる人々—奴隷であろうと他の宗教の信徒であろうと—の権利と価値を差別化してきた時期もあった。幸い、カトリックとキリスト教全体で、二〇世紀に全ての人間に対する普遍的倫理と倫理的掟、宗教的自由を保証するという重要な転換を見せた。

今日、他の宗教の神学的・倫理的信仰の相違を理解するために、異なる宗教家たちが対話するという多くの模範的プロジェクトが実施されている。このような環境の下、OBサミットのアドバイザー、ハンス・キュング博士が起草した「人間の責任に関する世界宣言」は、善意の人々が達成し得るものの象徴として生き続けている。各宗教の指導者たちを招請した今回の会議は、そのビジョンの力を証明している。

倫理的原則から倫理的決定への移行の一般的問題

グローバル倫理の共有から、その倫理がいかに政治的・経済的決定を先導すべきかについての理解の共有へと移ることは複雑である。政治的・経済的状況での倫理的選択は、その状況、資金的有無、そしてその政治的・経済的構造の成熟度に関わる。政治・経済の政策決定と行動において、単純な倫理規範を達成することは、不可能でないとしても非常に困難である。

最も挑戦的な問題は状況である。道徳的選択は、特定の複雑な状況において「善」がいかに達成され得るかにかかっている。例えば、ある国による自国民に対する人権蹂躙への対応は、どのような介入がその状況を改善し得るかにかかっている。ある状況では、倫理的介入が各国連合の軍事介入ということもあり得るし、制裁の強制、あるいは単なる非難の表明に留まることもある。同様に、経済の下降局面におけるビジネスの対応としては、解雇もあれば、従業員の保持もあり、賜暇の場合もある。下降局面が短期の場合もあれば、特定の産業や企業にとっては再雇用が絶望的な場合もある。

二番目の挑戦的問題は、当事者の能力と資金力である。地球の裏側での、あるいは複数の同時進行中の紛争における軍事介入は不可能だろう。企業によっては、景気後退期に全ての従業員を雇用し続け、再訓練する資金力はないだろう。

三番目の挑戦は、発展の段階そのものである。労働者に金融支援と再訓練を提供できるほど豊かな社会は、歴史的発展段階の遅れている社会よりも、そうする道徳的義務感がおそらく大きいだろう。企業にも同じ原則が適用され得ると主張する実業家がいる。すなわち、倫理的な決定と利害関係者に対するより良き配慮は、企業がそれを賄えるほど成熟し安定している時だけそうする義務があると。この挑戦を受けることは、いかなる発展段階にあろうとも、政府と企業を拘束する道徳的規範と基準を備えていくことが必要となる。しかし、他のいくつかの基準は、発展段階がより成熟した時点でのみ拘束力があると言えよう。

倫理的意思決定に対応するローマ・カトリック教会の試み

ローマ・カトリックでは、教皇（法王）と各国の司教や教会指導者たちが、一連の教皇の社会回勅や全国宗教声明を通して、政策、政治、経済に道徳的伝統に関する適切な適用の説明を試みてきた。教皇レオ一三世による一八九一年の回勅は、こうした近代的社会回勅の始まりと見なされている。二〇〇九年の教皇ベネディクト一六世による回勅が、最新のものである。教皇フランシスコ一世は二〇一三年一一月二四日、多くの政治的、政策的、経済的問題に関してローマ教皇勧告を発表した。ローマ教会の道徳的伝統では、勧告には回勅ほど権威はないと考えられている。米国では、全国司教会が一九八〇年代に私たちのこの会議にも関連するテーマに対応する二通の著名な宗教的書簡を発行した。ひとつは核兵器拡散と平和の問題、もうひとつは、経済的公正に関してであった。しかしヴァチカンは、カトリック教会内の中央集権化と分権化に関する議論の展開によって、米国や他の国の全国司教会によるそうした宣言書発行の継続を抑えつけた。

一連の教皇の社会回勅は、いくつかの重要なテーマを確立した。その中には、人間の生命と尊厳、家族の重要性、コミュニティと全員の参加、人権と責任、貧者と弱者に対する特別な義務、仕事の尊厳と労働者の権利、世界の全ての人々との連帯、環境保護と尊重が含まれている。これらの文書の根本的な原則は「二次的重要性」と呼ばれ、それは、決定やその実施は、地方の最も妥当なレベルでなされるべきという主張だ。

直近の社会回勅で教皇ベネディクト一六世は、他の多くのテーマの中でも、市場は「それ自身のために」存在することはできず、全ての人類に奉仕しなければならないと特筆した。貧富の大きな格差に関して特別な懸念を表明したベネディクト教皇は、実業界の指導者たちに全ての「ステークホルダー」に奉仕する決定を下すべく勧告した。それは経済構造が全ての人類に奉仕するために存在する、という原則を採択することである。教皇フランシスコ一世は、二〇一三年の勧告において、貧困層の関心を政策決定に反映する必要性をさらに前進させ「排除の経済とマネーの新たな偶像崇拝」を嘆いた。

倫理的原則を経済上の意思決定に適用する問題点

私は生涯、ビジネスの倫理学者として、ビジネス上の意思決定において倫理的原則を盛り込む作業を研究してきた。多くの学者が、資本主義の論理と利益の最大化優先、それに対する倫理価値観との間に存在する緊張について書いてきた。この緊張は現実であり、双方を和解させる注目すべき多くの試みにも関わらず、今日も存在し続けている。

倫理規範と資本主義を和解させる最も注目すべき試みは、特定の商業態度に対してNGOや企業が採択した無数の「グローバル規範」である。その中には、従業員と環境対応の供給チェーン基準、水利用と汚染に関するグローバルな環境基準、「紛争鉱物」の取引、汚職との闘いなどがある。これらのグローバル規則や他の同類の規則は、グローバル・ビジネスが直面する三つの基本的問題を解決するだろうという希望を与えている。

第一は、競争力の問題である。倫理的で啓蒙的な事業展開に関しては、それが協力的、広範囲に適用される場合だけ、責任ある行動を取っても競争面で不利にならない、として企業は安堵できる。現実は、いかなる「自発的」グローバル規範も完全にこの問題を解決しないことだ。マネーのためには常に、そうした規範や基準を無視する企業は多い。そして常に、法的基準が緩やかで、企業が安価に運営できる国も存在する。

第二の問題は、四半期毎に不断の利益を出すよう、ますます企業に要求を強めている金融市場からの強い圧力である。倫理的な意思決定が、通常は長期的利益にプラスであると信じている多くの実業家たちも、人類に奉仕する決定を回避し、短期的業績を高水準に維持するために「ビジネスにはより良い」決定を下すという制約を受けている。これはもちろん、その利益を無視された株主にとっても、経済そのものにとっても良くない。

第三の問題は、プロの経営者たちが広範囲な人間の福祉を優先させる決定を下すには、法的権威が国によっては欠如していることだ。米国や他の国々での会社設立許可書は、役員会と経営者に株主のみの利益に奉仕すべく特定している。ビジネス判断や倫理的決定にはある程度の余裕は与えられているものの、それらは株主の長期的利益にも明らかに関連している、と説得力のあるものでなければならない。

多くの企業が挙げる第四の問題は、グローバル倫理あるいはグローバル倫理に関する合意など全く存在せず、対立する倫理的期待を異なる国々の文化から寄せられているることだ。ビジネスマンによっては、この時点で全ての責任を放棄し、彼らの営業管轄内の法的基準を満たすのみと語る。事実、そのような「応諾哲学」は、全てではないとしても、多くのグローバル企業の支配的な営業慣習となっている。

グローバル倫理に合致した政策決定への進歩

私は本論文の初頭で、商業行為に関する自発的規則が数十あるいは数百あることに留意した。これらの規則は競争の場を平等にし、そうした規則に準じることは、株主の長期的利益を保護し増大させる、と主張できる正統性を経営者に対して与え得る。

グローバル倫理をめぐる合意をグローバル倫理による政策決定に変える勢力は政治的にも経済的にも存在しない。しかし、これらの自発的規則や他の特定の進展がその移行に貢献できるのだ。

人権、環境汚染、汚職、消費者権利に関して、グローバルな規範を実施する特定の分野の法律や規則を合理化する世界的な動きはある。国連、ＯＥＣＤ、地域経済機関が、これらの運動を奨励している。こうした自発的規則への努力の中で最も重要なものが、国連グローバル契約である。これは発足以来一〇年を経たが、企業態度に関して十原則を打ち上げ、それに署名参加している企業は数千に及んでいる。この動きは、特定の分野ではかなり進歩している。例えば、ほぼ全ての先進国では反汚職法令が採択された。ただ、心配されたように、法律が強制力を備えるまで年月もかかり、一貫性も欠けている。

企業が、既存の法律や規則を遵守することは、より良き態度をもたらし、人間の福祉への打撃も軽減させた。「企業の応諾」への大きな動きが、米国や他の諸国で進展している。（これは時には「企業倫理の動き」と呼ばれているが、それは誤解を生む。）企業の応諾—活動に関する企業規則の採択、教育の努力、調査と規律上の手続き—に向かう努力は、ほとんどの大企業で広範に議論され、実施されている。しかし、そのような応諾努力にもかかわらず、企業の「悪行」は近年ますます一般的となっている、という指摘もある。

米国や他の国で、役員会や経営陣の能力に対する法的制約が、代替統治法を確立する新たな動きを刺激してきた。それは、社会的利益のために特に組織され認可される「B企業」を認可するという動きである。米国五〇州のほぼ半分が、「B企業」法を施行しているが、こうした法律下で組織化される企業の数も規模も小さい。

最後に、宗教グループが政治や経済上の政策決定という現実世界にも対処する努力をますます強めている。私のカトリック教会では、現実的な意思決定にも教会が対処しなければならない、という認識が増大している。しかしその作業のためには、カトリック教会やその他の宗教の世俗信徒を動員しなければならない。政治・経済上の意思決定に関わった経験のある教会指導者は少なく、教会にはそれらの問題について権威を持って語る専門性もない。ヴァチカンとカトリック教会は、ベネディクト教皇による経済的な意思決定に関わる多くのコメントを発行した。教皇の「責任あるビジネス―というビジョンを拡大するため、ビジネス実践者たちの会合を複数招請した。そのひとつが正義・平和のための法王庁センターが出版した『ビジネス指導者の使命』と題された教材だった。この文書は、グローバル倫理をいかに倫理的経済の意思決定に移行させるか、という重要な対話を促進している。

本論文が概説した任務には二つの次元がある。ひとつは、私たちがグローバル倫理の共通認識を複雑な政治・経済の世界に適用するよう、そして本当にその共通倫理に基づいた決定に達するよう、要求しなければならないことだ。第二に、私たちは、巨大で官僚的そして時には抵抗的組織において、倫理的決定を下す誓約を実施できる方法を見つけなければならない。この任務は両方とも重責であり、終わりもない。政治・経済の文脈は、常時変化しており、いかにグローバル倫理が今日この瞬間適用されるかについての洞察力と討議を必要とする。異なる文脈において、明日はどのように適用され得るのかについては、さらなる洞察を必要としよう。私たちの組織の性格は常に変わり、一貫した倫理的選択を動機づけるためにも、これらの組織内でそれぞれの構造とインセンティブをどのように活用すべきか、についても継続的な思考が必要である。

こうした現実は、政治・経済の世界において、グローバル倫理をいかに適用すべきかに関する決定的かつ永続的な答えなど決してあり得ないことを示唆している。多くの異なるタイプとレベルの組織による継続的洞察が必要であり、政治・経済の指導者たちは、この継続的プロセスに対してオープンでなければならない。

本論文は、経済組織における倫理的意思決定に焦点を当ててきた。政治・政策形成に特化している組織においてもこうした洞察が平行してなされている。例えば、人道的介入がいつなされるべきかを決定する唯一の原則などない。全ての関係者の権利を尊重し、各関係者が持つ責任に影響する意思決定は、継続的対話と洞察を伴って、個々のケースと変遷する文脈の特定性に対応していくのである。倫理と利益間の対立が終わることのないビジネスにおいてと同様に、政府においても三つの懸念事項の間で軋轢がある。それは人間的関心、国家利益、そして指導者の自己利益であり、これらは常に緊張関係であり続けるのだ。

個人的道徳感の連邦としての社会
—仏教の規則正しい解釈

第二紹介者　マノ・メタナンド・ラオハヴァニッチ
タンマサート大学講師

仏教には内面的平和と自己開発の修行について多くの教えがあるが、ブッダ（釈迦）は行政の理想的制度やユートピア的概念に関して言及されたことはなかった。ブッダご自身が精神面の探求のために王子の地位を捨てられた。そして二〇〇〇年以上の伝統的な解釈においても、仏教は社会的あるいはグローバルな問題には、あまり関心がない。上座仏教の僧侶たちは、社会問題や非宗教的紛争には関心を示さない傾向にある。

しかし私は、原始仏教の経典のひとつである瑞祥の格言（マリガラスッタ）が、仏教を解釈するもうひとつの道であると考える。そしてそれがまた平和で公正な社会を築き上げることにも直接関わっていると信じる。上座仏教では、最も幸先の良い儀式や祭りには僧侶や尼僧が伝統的にこの経典を唱えてきたのだ。この経典は、ブッダと瑞祥の本質を聞きにきた神の間の神話的対話であり、瑞祥は天地における永遠の時間をかけて議論する課題だった。ブッダは、市民社会の基盤である仏教社会倫理を私たちが理解できるよう、全体論的アプローチを提供する三八の吉兆を解説されたと言われている。

瑞祥の格言（マリガラスッタ）

マリガラスッタは、サンスクリットとパーリ語で、何か重要な出来事の発生前にその兆候が見られる、という伝統社会の信仰を指している。これは上座仏教の世界では、現代でも一般的な信仰であり、それぞれの地域伝統がこれを独特に解釈している。例えば、ある社会では、衣服の色、体の部分の特徴、あるいは家の位置や外観がその人の将来に影響を及ぼすと信じられている。

マリガラスッタには一二の韻文があり、「馬鹿者とは付き合わない」から始まり、「賢者と付き合う」、「価値ある者を崇拝する」が続く。最後を除いて、全ての韻文が「これが最高の吉兆である」で終わっている。マリガラスッタは、仏教の規則正しい解釈である。それは、精神的発展のための仏教の教訓と実践の一貫性を示しており、ブッダがこの仏典に応じて生き、自らの教えを実施されたことも示唆している

マリガラスッタの一二の韻文は、仏教への全体論的アプローチを提供している。瑞祥が恣意的に並べられているわけではない。それぞれが規則正しく相互関連しているのだ。最も外部的・肉体的なものから始まり、徐々に良き人間として生きるための倫理的原理や指針を紹介し、最高質の精神（悲しみと穢れとは無関係な安穏精神）へと上がっていく。瑞祥の概念は、将来の繁栄と直接的に関連する。この格言は、僧侶と尼僧がインド文化に積極的に従事していた原始コミュニティで進化したインドの迷信が倫理化されたのだ、という説もある。

この経典はまた、仏教のある原理と他の原理の間の実際的な関係も示している。これが精神的な進展の全過程を理解することを可能にしてくれる。また、ひとつの格言を実施するとその上の格言に導かれる。さらに格言は、両親、子供、伴侶、友人、親族に対する責任といった社会的倫理をも関連付けている。したがって、社会の各メンバー同士

の関連性も見えてくるのだ。

瑞祥が将来と関連する兆候であるので、それは社会がダイナミックであるという見方を生み出す。その進歩も失敗も、社会の全メンバーにとっての共通の目標に依存している。すなわち、社会とは道徳的な個人たちの連邦なのだ。ある人が達成した善行は、社会を良い方向に維持し動員させる。この経典のレンズを通すと、社会における悪徳は悪い兆候である。それは社会を堕落させ、退廃へのらせん下降に導いてしまう。悪い兆候を逆転させるべく行動をとることは、社会のメンバーである個々の責任なのである。

この解釈は、縁起のモデルに基づいてもいる。私たちの人生は外部に条件づけられており、私たちの成功も失敗も私たちの道徳的行動と関連した条件から来るのである。ある格言が一度実施されると、それが次の格言の到来を条件付ける。そして全ての格言が実施されると、人生における幸福と成功は保証される。したがって、この格言は仏教における社会倫理の規則正しい教えであり、人生の幸福と成功が個人の道徳性に関わっているという社会的側面をも備えている。社会の集団的善行は、全員の幸福と成功を保証する。

世界を変容させる力としてのマリガラスッタ

マリガラスッタのレンズを通したブッダは、理想的人物に見える。彼は、その人生で全てのマリガラスッタを完成させた。事実、彼は世界で最初の瑞祥だった。仏教の伝説によると、彼は前世で膨大な徳を積んだ菩薩だった。王子としての生活を放棄するという彼の決断は天恵であり、それが彼のスピリチュアルな探求を完成させた。ブッダの生涯は、彼が三八の瑞祥を実施されたことを語っている。彼の道徳的決断は、その次の天恵をもたらし、それらが共に社会変革を促進させた。

仏教コミュニティは、人類に精神性の高い文明を奨励するためにブッダの教えを広めるべく創設された。シッダッタ（シッダールタ）王子が悟り追求のために実生活を放棄したことは、ある人々からは良き父、良き夫ではなかったと批判されているが、天恵とも見られている。家族には目的を達成してから戻った。この意味でも、パーリ語の正典における格言に啓示された天恵を満たしたのである。マリガラスッタの教えから判断すると、ブッダは自ら信じることを実施し、それ以外の態度は取らなかった。彼は誠実なスピリチュアル指導者であり、彼の生涯は、彼の教えを具現化したものだった。

マリガラスッタと民主主義の発展

仏教の正典には、ブッダが社会を定義した、あるいは理想的社会がどのようなものかを語ったかは記されていない。しかし社会のメンバーが瑞祥の格言を実施することが、社会開発への積極的な参加であることは明らかである。ブッダの教えは、ただ単に悟りを開くためではなく、世界の人々の集団的な善の助けとなっている。人々が苦悩を軽減するために活動することで、社会が改善されるからである。

さらに、三八のマリガラスッタは、男女や社会的地位を問わない。集団的に社会の全ての構成員に適用される。世俗の人々のためのマリガラスッタは、僧侶たちにも良い。男性のためのマリガラスッタは、女性にも良いし、その逆も然りである。

マリガラスッタのレンズを通すと、社会は単に分断された人々の集合体ではない。人々はすべて相互関連し、環境とも関連している。市民社会は法と秩序を尊重し、その構成員は仲良くしつつ、教育、芸術、科学、文学、哲学、宗教などで活動しているのである。彼らはまた、相互にそして環境と社会福祉に対しても責任を負っている。

吉兆に関するこの経典は、仏教の全体論的かつ規則正しい解釈を仏教徒に対して行っている。その下では、スピリチュアルな生活とは単独ではできず、相互に依存しているからである。この格言はまた、宗教間対話を仏教徒のスピリチュアルな発展にとって任意のものではなく、仏教の真の実践にとって必然としている。すなわち、他の宗教を知ることで、自らの信仰をより良く理解できるのである。私は、仏教世界がこの古代の教えを再発見する時がきたと信じている。

マリガラスッタの教えによると、宗教指導者は、人間の尊厳を支持する最強の教訓を提供するために、協働すべきである。どの信仰、どの宗教が最善であるかなどと議論することはもはや無用だ。最強のものが人類に対して最大の善行をなしうる最善の立場にあることを認識することが必要なのである。そして全ての信仰も宗教も、それぞれの役割を担うことで、平和で公正な世界のために働くという共通の目的に貢献できることを認識すべきである。

戦略的計画に対する実践的指針の提案

インターネットとコンピューター技術の恩恵で、これらの技術を社会的動員と人的資源の開発に適用することが妥当となった。霊感心理学の権威であるアブラハム・マスローの研究に基づき、マリガラスッタもマスローが概説したニーズの枠組み内に適用され得る。

タイでは、市民のＩＤカードが政府のコンピューター・ネットワークにリンクされている。そこでは各登録市民の功績が全国得点制度といったものに組み込まれ得る。七歳以上の市民一人ひとりにスマート・カードが無料で配布されている。このネットワークは、全てのタイ市民のプロフィールを有している。だが、データベースは政府官僚にのみアクセス可能で、市民は入れない。しかし、法律は各市民の権利を保証しているのだ。

社会的クレジット用のもうひとつのプロフィールが、オンラインで設置可能であるが、それは一般市民にもアクセス可能とされるべきだ。それに登録した市民は個人のプロフィールを、公共プロジェクトに関わる各々の社会的貢献を測定するクレジット・サイトに開設できる。これは、善行と社会の全てが道徳連邦である仏教のマリガラスッタ哲学に基づいて作れるのだ。この原理によると、全ての市民は、社会の他の人々が行う善悪両方に責任を負っている。

この歴史的文献に基づいた社会クレジット制度は、道徳感の育成と人材開発のために、タイや他の上座仏教諸国の人々に受け入れられやすい。しかし、この制度は、公共の承認と各市民に対する職業訓練を必要とする。それは、ボランティア活動と人的資源開発で新たな領域を導入できる。例えば、医科大学は、病院や自治体の保健センターのボランティア作業の総就業時間を入学試験の採点に追加できる。この社会クレジット制度で、青少年はより良き将来を夢み、刺激され得る。さらに、人的資源開発にも役立つ。より多くの人々が政治、宗教、人道、環境関連の活動に参加するようにもなる。宗教間対立のような急を要する問題では、政府が宗教間の平和な対話を促進する特別訓練事業に、青少年グループの参加を奨励する制度も考えられる。仏教とマスローの研究を共にＩＴとスマート・カード制度に適用することで、人的資源開発と多くの社会的ボランティア奉仕が盛んになるだろう。

結論

タイ政府は、市民がボランティアに従事するよう刺激することで、持続可能な開発を奨励しうる新たな社会技術を助長すべきである。そのひとつの選択肢が、インターネットと市民IDカードの使用を通じて、ボランティア活動を得点制度にリンクさせ、一般市民に公開することである。その得点制度の公平性は保証される。IDカードが七歳以上の全てのタイ国民に発行されているので、この道徳奨励プログラムは、七歳以上の全ての子供たち向けの得点制度から始められる。

子供たちが参加できる分野には、植樹、公共奉仕、その他公共のための活動がある。インターネットは、こうした活動の結果を即座に反映できる。もちろん、活動を是認する審査制度も必要である。この社会クレジット制度は、民主主義、人権、人間の尊厳、宗教間の調和などにとって大きな原動力となるだろう。さらに、相互支援とケアにおいて各市民の参加を奨励しているコミュニティの保健サービスにとってもモデルとなり得よう。この制度は財政にとっても支出削減に繋がるのみならず、地方自治体の保健ケアにとっても強力な支援となるだろう。

提出論文
金融における倫理規範

シーク・アブドゥルアジィズ・アルクライシ
元サウジアラビア中央銀行総裁

この度の宗教間対話に際し、行政府と実業界で長い経歴を持つ私が、OBサミットの非政治家メンバーとして皆様に提示したい問題は、ビジネス、とりわけ金融における倫理規範に関してである。二〇〇七年の金融バブル崩壊の主要因は、倫理的価値観の欠如であり、これに端を発した世界的な金融恐慌は、未だに完全な回復を見せていない。金融以外の業界では、顧客が実際に精査できる商品やサービスを企業が生産するため、倫理的価値観はさほど主要ではない。例えば、車の購入を予定している場合、何台かの車を試乗してから最も購入条件に合った一台を選ぶことができる。粗悪な車を製造する企業は、市場では生き残ることはできない。しかし金融は、信用に大きく依存することから別である。

金融倫理

銀行家は、ビジネスを維持するには倫理的な評判が重要な役割を果たすことを常に理解してきた。では、何故ビジネス倫理観、特に金融倫理観がこれほどまでに崩壊してしまったのだろうか？　簡単に言えば、私はそれが短期主義とボーナス文化によるものだと考えている。ビジネスおよび金融に倫理規範を取り戻すには、何ができるだろうか。次の二つの明らかな点から始めたい。

（一）積極的誠実さと消極的誠実さとの相違
（二）リーダーシップの重要性

消極的誠実さとは、単に不正直な行為を慎むことである。悲しいことに、多くの人々の誠実さは消極的誠実さであって、積極的誠実さではない（後者は倫理規範を維持するために積極的な行為を伴う）のが現実だ。消極的誠実さは警察や法律により強制され、ビジネスの現場ではコンプライアンス担当役員によって実施される。しかし、積極的誠実さとは、一人ひとりの内面で発生し、それぞれが学んできた価値観を基盤とする。積極的誠実さは、手本となる人々から学んでいくものである。すなわち、社会では両親、教師、尊敬する人物であり、ビジネスでは上司、とりわけ人生における最初の上司である。私たちは、単に法律や規制による法制化だけで倫理的なビジネス手法に立ち返ることはできない。これらの基準も同様に内面から生まれてこなければならないのだ。

近年の世界的な金融危機は、本質的には銀行家たちの社会的・倫理的資本が崩壊していった結果である。この危機は、不十分なリスク管理、そしてバブル状態にあった住宅市場に対する大量のローンと無関心さとに結びつけられている。しかし根本的な要因は、金融業界全体における倫理的態度の完全なる崩壊と、最終顧客に対する信用責任の欠如だった。例えば、あのサブプライム住宅ローン危機では、ビジネスの質ではなく量に関係するインセンティブが採択されたので、借り手の返済能力に関わらず、住宅ローン仲介業者には可能な限り多額の住宅ローン貸付が奨励されていた。銀行はローンを承認して顧客に貸し出し、証書を証券化して抵当資金プールに売り出し、それらが回りまわって投資家に売られていった。引受け基準も下がった。（つまり、返済能力のない人々に住宅ローンを貸し付けた。）その結果として、この見苦しく、欲深いゲームの中で、末端の投資家たちは銀行のいかさま商法の犠牲者となってしまったのである。

さらに、銀行と格付け機関の間の「共生関係」さえ疑われるまで、格付け機関の役割は利益相反で充満していた。格付け機関に格上げされた複合商品は、あたかもリスクは低くリターンの高い商品に見えた。このように、格付けに対する過度な依存と誤解があったのである。

サブプライム住宅ローン危機から推測できることは、欲深い世界においてビジネスの倫理観や企業の価値観が挑戦を受けていることだ。これは、銀行の運営方法および監視体制の構造的な欠陥と関係がある。銀行業界の再規制は、非倫理的商法に対抗する手段である。最近では倫理的な銀行業務が話題になっており、誠実と倫理観は自発的に内部から生まれるというのが要点である。道徳的価値観は、銀行では社員研修の一部として育まれるべきである。

信仰と倫理観の結び付き

信仰と倫理観の結び付きでは、すべての宗教が道徳と倫理を説き勧めていることが挙げられる。主要宗教は、この点において私たちに手を差し伸べてくれる。例えば、イスラムは法的保護のみでなく、非常に効果的な道徳のシステムを提供している。宗教に深くコミットしている地域社会では犯罪率が低いことは、周知の事実である。それは宗教が、他人のことを自分自身のこととして考え、相手に対して正しく接することを教えているからである。事実、私たちの全体的健全さにとって、道徳的価値観は極めて重要なのである。概して、すべての信仰に共通する五つの基本的な倫理原則がある。

- 他人に害を与えてはいけない
- 物事をより良くする
- 他人を尊敬する
- 公明正大に
- 愛情深く

これらの価値観はどの社会でも適用され得るし、家庭や学校で教えられるべきである。

周知のように、倫理と道徳は宗教と関連付けられることが多いが、学校でも倫理にかなった考え方や行動について重要な授業を行うことができる。大学を含めた学校現場で若い人々は、本当の意味で役立つ倫理規範について十分に教えられてはいない。現状は、彼らは「貪欲なことは良いことだ」などを消費文化から学んでいる。しかし貪欲は、実際には人生のかなり悪い指針である。平凡な市民が資産バブルの崩壊によって貯蓄をすべて失ってしまったように、貪欲は実体のない将来の利益のために今ある恩恵を犠牲にさせてしまう。あるいは、一瞬の刹那的快楽のために将来の安心を台無しにしてしまう。

貪欲は、大事な目標を持つ私たちと同格の人間として他人を見るのではなく、搾取する対象物として扱うよう、教えているのだ。

包括的な生き方としてのイスラム教は、道徳体系を完全に網羅している。これは、宇宙を創造され維持される唯一の神を信じるという最も重要な教義に起因している。

中東および北アフリカ地域における企業統治

企業統治は、中東および北アフリカ（ＭＥＮＡ）地域においては比較的新しい考え方である。この地域では初期の段階にも関わらず、企業統治は重要な進歩を見せている。同地域は正しい方向に向かっているものの、挑戦課題もある。サウジアラビアでは、企業統治の基本（透明性の確保、定期報告書の作成、外部機関による監査）が厳しく実施されている。事実、本格的な企業統治は、重要な公共政策目標の役割を果たしている。優れた企業統治は金融危機に対する脆弱性を軽減し、統治が弱体化すれば投資家の信頼も下がってしまう。企業統治の実施は、すべての関係者（監視官、ビジネスリーダー、改革論者など）に、円滑な進展を確認する責任を負わせることになる。

結論

結論として、規則は意図的に無視されると万能策ではなくなる。規則や規定は個人の誠意の代わりはできず、人々に消極的誠実さを強制できるだけである。積極的誠実さは、子供の頃や最初の仕事で教えられた倫理規範から出るものでなければならない。変化は心の内側から生まれて来るもので、企業の世界には力強い道徳の羅針盤を持ったリーダーが必要である。ビジネスリーダーや政治家は、自分たちが倫理的な人間であることを自らの生き方で示さなければならない。つまり、リーダーシップとはその地位ではなく、実際の行動で示されるべきものなのだ。貪欲は、価値のある人生を送るための良き指針にはならず、ビジネスを成功させるための指針にもなることはない。

最終的には、学校で倫理について教えることが道徳教育への新鮮なアプローチとなる。倫理に基づいた道徳が、思考傾向にどのような影響を与えるか、生徒たちが自分自身で考え正しい道徳的判断を下すことを奨励する、と立証している。自由主義者はこれを反動的な動きであると言うかもしれないが、実際には正しいアプローチであると思われる。道徳的な価値を守ることは、現代社会における道徳観の劣化と文化的混乱に対する唯一の解決策である。また出資者は、購買や投資を決定する際に企業ビジネス倫理規範を考慮することにより、倫理的に不正な商法に対して企業社会に責任を負わせるという意味で、重要な役割を果たすことができる。

討論

ヴァシリュー議長　ここにいるほぼ全ての人は、倫理的態度の規範とはどういうものかを知っています。ある程度の相違はあるでしょうが、質問は単純です。人々が自らの善意に基づいて行動することを期待して良いのでしょうか、それとも、何をすべきかを司祭、牧師、僧侶に聞くべきなのでしょうか。そして、ビジネスと政治指導者たちに、もっと倫理的に行動すべく圧力をかけ得る条件を私たちの社会に作りたいのでしょうか？　私自身は、もしも人々の自由意志に期待するとなると、チャンスは極めて小さいと思います。ガンディーやマンデラが世界を変えたのは別格です。でもそれではまだ十分ではないのです。そこで私は、もっと道徳的に行動するよう、社会が指導者たちに圧力をかけられるのかを議論して頂きたいのです。

企業が利潤を上げていない理由が倫理的態度にあると聞いた株主は、文句を言うでしょうし、株価が上がっていると聞けば喜んで何も質問しないでしょう。教育、開発などのために必要なことは理解していますが、残念ながら私たちは皆人間ですし、弱点を持っていますし、より一層のコントロールを必要としているのです。

フラニツキー元首相　少なくとも先進諸国では、過去二〇〇～三〇〇年間に多大な進歩が見られ、それも倫理の原則と全ての人が平等であるという原理に基づいたものでした。そこで私たちの国では連帯が発展しました。福祉国家の良きモデルである社会保障も築きました。私たちはモンテスキューの「権力の分立」の世界に暮らしています。とはいえ、多くの発言を聞いていますと、それぞれが興味深く価値もありますが、ここで誰かの発言を引用します。それは「倫理とその原則はコインの片面で、その人生における意味合いは同じコインの別面だ」というものでした。今日も言及されていましたが、政治家やその他の政策決定者たちに対して、意思決定の際に倫理を考慮すべきだと圧力をかけるべきなのでしょうか？　おそらく答えは「イエス」でしょうが、そうした圧力はどうやって組織すべきなのでしょうか？

これが次の民主制度と民主主義に関する基本的な質問に繋がります。例えば、ヨーロッパや北米では、政策決定者に対する大いなる不満が、一般国民からのみならず、政治的組織からも聞こえてきます。ヨーロッパでは、「代表民主主義制度ではなく、もっと直接民主主義を実施すべきではないか」という質問が呈されています。代表民主主義のもと多様な議会で国民を代表する議員たちは、圧力の対象となるべきなのでしょうか。「見せかけの倫理」を語った参加者もいます。ほとんど全ての西側議会では、倫理委員会があり、政治家の態度をチェックしています。これが一面です。その反面、多くを達成したにも関わらず、人間の平等、男女間の平等をもたらすことについては成功したとは言えません。多くの国では、長年そこに住む人々に対しても平等ではありません。その国で生まれてなく、他国から移民してきた上に、人種的にも異なる人々です。

そこで、私の質問は、「意思決定における倫理」は興味深く挑戦的な主題ではありますが、私たちの民主主義を再考するにあたって、この主題の意味合いをどう考えるべきかです。米国ではティー・パーティがホワイト・ハウスと議会に対する不満の顕著な例です。ヨーロッパでは、多くの動きや組織が、直接民主主義の方が国民の意思である、という主張を隠しません。東欧では、こうした議論が街路でなされています。これらといかに対処すべきなのでしょうか？　欲望と倫理の間の明らかな矛盾と、政策決定者たちに対する必要な圧力が組織化できないという現状。しかもこれが私たちの制度に安定感を加えてもいるのです。政策決定においては倫理の確かな基盤があるべきだ、とただ単に合意するだけではなく、私たちがこの会議から何を学び、何を持ち帰るかに関して、なんらかの示唆あるいは答えをこのセッションで打ち出していただきたいのです。

オバサンジョ大統領　政治家には、圧力が加えられています。ほとんどの政治家が有権者から強い圧力を受けています。もしも政治家に倫理基準を遵守するよう奨励するのであれば、なんらかのインセンティブが必要でしょう。そうしたインセンティブがどう考案されるべきか分かりませんが、なんらかの制裁もまた必要です。それが倫理基準と倫理的原則を守るよう、政治家に圧力を加えられる唯一の方法だからです。これは国内的な話です。

　対外面でも私が観察したことがあるのです。ヨーロッパや他の国では改善されたとは言われていますが、いまだ不十分です。何年か前、ピーター・アイゲンと一緒に、私は“Transparency International”という組織を作りました。ＯＥＣＤ諸国の企業は自国内ではなく、取引先の国内で支払った賄賂を税金から控除できるのです。これには対処しなければなりません。そしてもちろん、ＯＥＣＤはこの問題に関する協定を作成しました。にもかかわらず、自国の企業が他国で汚職を働くことを奨励する国もあるのです。これを完全に止めさせるために、倫理規範や基準をいかに課せばよいのでしょうか？

ヴァシリュー議長　キプロスでは、贈賄側も罰する法律が成立したことをお知らせしたい。誰が悪いのでしょうか。ギリシャでは、前防衛大臣たちが収監されました。ドイツからの輸入で高額な対価を受け取ったからです。彼らは収監されましたが、贈賄側は利益を出しただけです。ですから、私たちが本当により良き世界に移行したいのであれば、こうした場合の収賄側のみならず、贈賄側の処罰も考えなければなりません。

オバサンジョ大統領　汚職は双方通行です。片方だけの処罰では汚職はなくなりません。

クレティエン首相　カナダでは、収賄も贈賄も犯罪であるという法律があります。これはカナダの内外共通に適用されます。そこで、オバサンジョ大統領は正しいのですが、ヨーロッパでは長年海外ビジネスには賄賂が必要であると考えられ、それが経費として税金から控除されていたのです。私は、これを知ったとき、本当にショックを受けました。彼らはその慣習を変えましたが、カナダでも時には問題となっています。企業がナイジェリアその他の国で贈賄したことで起訴されたからです。大きな問題です。規制が企業にとって重荷になると指摘されましたが、それでも実際的な解決策とはなるのです。私は、この一〇年間はオブザーバーですが、四〇年間政界に身を置いてきましたので分かるのです。

　アルクライシ氏が二〇〇八年の金融危機の問題に言及されましたが、当時の問題のひとつが、金融規制を行うトップです。昔、とりわけ米国では、銀行家は銀行業務を行っていました。保険会社なら保険業務です。ブローカーなら幹旋を、そして商業金融家もいました。それぞれの業務が分離されていたのです。今日の問題は、これら全てが混在していることです。銀行家が保険を売ることもできます。昔はカナダでは不可能でしたが、今では始まっています。私はそれには反対でしたが、私の後継者が許可しました。今日銀行に行って、お金を借りたいと言うと、「融資を受けるなら、まず生命保険を買うことが条件です」とか「お金は貸しませんが、株式発行はどうですか」という答えが返ってきます。融資への金融よりも、株式配当の方が銀行も儲かるからです。

　かつては四つの柱と呼んで、全て分離していたのですが、自由という名の下に、それを放棄してしまいました。私は、これが恒常的に利益相反を生み出したのだと思います。そして私たちの経験を語るにあたって、今では国民はカナダの銀行家はさして優れていないと言っています。私が首相だった頃は、銀行の合併など許可しませんでした。カナダでは、資産の八〇パーセント以上の貸付けはありません。でも米国で起きたことは、資産価値の一五〇パーセントまで貸し付けていたのです。というのも、一〇年二〇年後にその価値が上がるだろうと期待していたからです。そして皆、保険屋もブローカーもそのゲームに参加し、常に利益相反の状態を作り出していました。そして全てが短期の勝負でした。もしも誰かが五年間銀行の頭取だとすると、彼は、銀行の株価を急速に上げなければなりません。それで五年間にオプションを行使して、フロリダに大邸宅を買うのです。したがって、倫理も支援が必要なのです。銀行の頭取は利益で判断されますし、株主は、頭取が何をして儲けたかなど全く関心がありません。どういう手法であれ、配当さえ入ってくればそれでよいのです。

それでも私たちはビジネスの処方に関する規制でも進歩しました。おそらく、世界のほとんどの国で、贈賄を犯罪としていることでしょう。二〇年前は違いましたが、今日ではほとんどの国で贈賄は税の控除にはならないと理解しています。したがって、倫理は規制に沿ったものでなければなりません。そこで、賄賂がもはやビジネス経費ではないという法律が成立したのです。そして贈賄者は、収賄者同様に犯罪者となるのです。これは私の見解ですが、世界中で倫理は規制を必要としているのです。何故ならば、人間とは常に人間であり続けるからですし、誘惑は常にあるのですから。

フラニツキー首相　世界は回り巡っているようです。一九三〇年代の世界大恐慌で、米国議会は、グラス・スティーガル法を成立させ、投資銀行と商業銀行を完全に分離させました。それは極めて賢明な決定でした。数十年後に、米国の銀行は、クリントン大統領に「この商業銀行と投資銀行の分離は、グローバル化の世界では米国の銀行の競争力を削いでいます」と嘆願し、この分離を一歩ずつ廃止したのです。これでほとんどの米国の銀行は、ニューヨークに留まらず、ロンドンや東京、シンガポールに移りました。

同時に、英国では産業国としてのナンバーワンの地位を失っていました。インフラは劣化し、自動車生産は縮小し、機械生産も落ち込みました。そして英国で最も利益を生み出す所は、産業センターではなく、金融センターとしてのロンドンとなったのです。これが金融規制を語るとき、私が皆さんの意見に同意する理由なのです。いかなる規制であろうと、国際金融センターとしてのロンドンを傷つけるので、英国政府は規制を課しません。これが私の主張したかったことの第一点です。

第二点は、ディジタル革命が金融市場をはるかに効率的にし、より高速化させました。私たちがここで座って倫理を議論している間に、銀行家の友人はボタンを押して数千億ドルないしユーロをウィーンからフランクフルト、シンガポール、東京に送り、また息をつく間も無く、それがウィーンに戻されるでしょう。これで破産した人たちもいます。

第三点は、このグローバル化した世界で、賃金や給料レベルで膨大な差が生まれていることです。そこで、産業界の経営者たちは、欧米の高賃金諸国から第三世界に生産拠点を移しています。そして政府は、こうした第三世界への拡大を、税制面での優遇という形で処遇しているのです。税制面で優遇されているのは、賄賂ではありません。投資です。賃金が低い国へ投資するのはより簡単です。そしてそれを自国と被投資国双方の納税額から控除されるのであれば、全く納税しない企業だって出てくるのです。

この三点により、何故政治家が圧力を受けているかを説明できます。税の優遇措置を受けろと勧めるのは、企業の経営陣のみならず、組合もまたそうなのです。注文が増えれば、組合にとっても、完全雇用にとっても良いからです。それで私たちは倫理を議論する。まあ「グッド・ラック」と申し上げたいです。

バンディオン・オルトナー　私は前裁判官―経済犯罪専門の裁判官―として申し上げたいのですが、より多くの倫理と道徳感がビジネス、とりわけ金融制度にあったのであれば、このような世界的な犯罪は起きなかったでしょう。問題は、それぞれの不品行が、罰せられる犯罪ではないことです。時には、道徳の問題なのであり、道徳はその時は、さしたることではないと考えられるのです。これが問題なのですが、人々もメディアもこの点を理解しません。フラニツキー首相が言われたことが本当に問題ですので、ここで賛同します。

ラヴィ・シャンカール師　二〇一〇年、私たちはインドで反汚職の闘いを始めました。汚職があまりにも目に余っていたからです。死亡証明を書いてもらうにも賄賂が要求されたほどです。出生証明もそうでした。そこでこの「反汚職インド」運動を開始し、一五年間宙吊り状態にあった法律を成立させるよう政府にも圧力をかけました。インドには倫理に反する行為に従事する人々への厳しい処罰を決めた法律があるのですが、実施はされていません。

人々を教育し、彼らに模範的人間をつけなければなりません。自分の良心を見つめなければなりません。人格形成、人々の教育、法と規制の遵守、倫理の遵守などが最も重要だと思います。法律とは、犯罪が起きたときのみに介入し処罰するのです。しかし犯罪を阻止することが大事で、そのためには、ポジティブな倫理、ポジティブな正直さが不可欠なのです。そこで私たちはあることをしたのです。インド中で大会議を開き、そこに官僚たちを呼んで賄賂を取らないことを誓わせたのです。これは実際に有効でした。

昔、マハトマ・ガンディーが模範を築いた「質素に生きること」もインドから消えてしまいました。私たちは、これをもう一度取り戻さなければなりません。人々に模範的存在を作り出すのです。人々の記憶とは短いのです。米国やインドの金融界で、スキャンダルに続くスキャンダルを見ている人々には、「短期に儲けようとすると監獄入りもある」ということを教えるべきです。しかし、それよりも正直でありながら成功した人を模範として提供することの方がもっと重要なのです。不幸にして、若い企業家たちは、大儲けすることは非倫理的進路を選ぶことだと考えています。若い人々のこうした考え方を是正しなければなりません。そして、良き模範者を通してそのような誤った考えを正すことができるのです。したがって、ビジネス倫理にとって、模範者を作り出すことは不可欠です。良き事業を行って利益を上げた会社は、その成功物語を提示することで模範的企業として社会の人々を鼓舞できるでしょう。

ヴァシリュー議長　教えることは良いのですが、それだけでは十分ではありません。インドで、市民に強姦してはいけないとは言えますが、それにはマネージメントが必要なのです。

ラヴィ・シャンカール師　絶対です。法律と教育の両方が必要です。

ハバシ博士　私たちの学校で倫理も教えるべきだと主張されたシーク・アブドゥルアジィズ・アルクライシ氏の発表に付け加えたいのです。教育の分野で何かすることは極めて大切です。しかし、倫理に対する共通の基盤がなければ、十分なことはできません。私たちは倫理を議論しているのですが、「これは倫理的である、倫理的ではない。道徳的である、道徳的ではない。」と最後に言える人とは誰なのでしょう? そこに到達するために、私たちは何かより高度な参照の判断を求めているのです。努力しなければなりませんし、特別な会合も要るでしょう。この会議では意思決定に関する普遍的な倫理について最終結論は無理かもしれません。

倫理を学校で教えるにあたり、新たな共通認識、新たなグローバルな理解を生み出すためには、専門家たちが集まり、一行一行、一言一言、議論しなければならないでしょう。宗教でこれを見つけるのは簡単です。私は、このドラフトを起草し、キリスト教徒、仏教徒、ヒンドゥー教徒、ユダヤ教徒に手渡しました。人類の究極の参照に到達するために、かなり働かなければなりません。全ての民族、国家、全ての宗教が最終的に発言できるのです。この分野における真剣な活動なしでも、宗教家や哲学者として世界中どこでも倫理を語れるのです。しかし「これは道徳的問題、これは非道徳的問題」と決め付けられません。全ての人類は神の子であり、私たちは神の下でのひとつの家族を見ているのです。すべての家族が同じ父に属しているからです。しかし勤勉さは要求されています。

ヴァシリュー議長　私たちは一生懸命努力しますが、私たちの人生でこれが完成することはないのです。私たちの孫たちの生涯ですら、あるいはその孫たちの生涯ですら無理でしょう。

マジャーリ首相　「意思決定における倫理」につき、主として金融界・実業界の話を聞きました。世界で最も影響力のある人々はメディアにいます。そしてメディアにおける倫理規範は、政策決定に多大な影響力を及ぼしています。そこで、倫理に関して何を発信しようと、メディアも含まれるべきです。第二の要点は、議会です。議会は法律を作る所です。もしも倫理を反映した法律を制定するならば、議員たちも効果を発揮できます。第三点は科学です。不幸にして、これまで科学には倫理規範によるコントロールはありませんでした。特に人間の命に関わることに対する発明などです。ですから、科学における倫理についても何か言及すべきでしょう。

シュレンソグ博士　これまでの議論を聞いていて、この課題についてあまり悲観的である必要はないのだと皆様に申し上げたい。何故ならば、過去四〇～五〇年を振り返ってみても、いくつかの大きな疑問についても大きな進展が見られたからです。例えば、生態系や西側世界の社会における女性の役割です。武器の分野では、十分な進展はかつてありませんでしたが、これら他の分野でのこの半世紀に、どうして私たちは成功し得たのでしょうか？　それは、こうした問題を一人の個人ないしは小さな機関が持ち出して世界的アジェンダのトップに持ち上げたからなのです。それが一歩一歩、政治的アジェンダとして公的議論にも浸透して行き、政治家たちもこれらの問題を政治的アジェンダとして発見して行ったのです。私たちは、これを意識構築と呼んでいます。一歩一歩です。そしてこれは、ビジネス倫理に関しても同じだと思うのです。二〇年前にビジネス倫理を語った人などいませんでした。今日では、多くの大学や企業で当たり前のテーマとなっています。そこで私のポイントは、倫理規範に関する質問についても、声を大に語り続けるべきだと思うのです。この点、OBサミットはそうした声を大きくできる組織なのです。

私が申し上げたかった第二の点は、オバサンジョ大統領の「政治家に対するインセンティブは？」という質問に関連します。倫理的行動に対するインセンティブは世論です。スキャンダルがメディアに現われると、あるいは倫理的問題がメディアで扱われると、あるいは問題の倫理的次元がメディアで議論されると、それが一般大衆の議論に繋がり、世論形成へのチャンスとなるのです。

第三の点は、チューービンゲン大学にはビジネス倫理研究所があり、私たちの財団も大学にあります。ビジネス倫理では、パラダイム・シフトというものを議論しています。古いモデルと新しいモデルがあり、古い方は規則や規制の限界に関するモデルです。例えば、コンプライアンス経営、企業責任などです。そう、それが機能しているのです。多くの企業が異なる分野での誤用を避けようとしています。それがビジネス倫理においては、極めて重要なポイントなのです。

しかし、新たな議論は「それでは十分ではない」と主張されてしまいます。もしも私たちが実業界や政界の若きプロフェッショナルを教育し続けるとしても、人間とは経済的生き物として自らの利益を最大限にしたがります。この人間観で彼らを教育したのならば、問題を解決することなど全くできません。しかし、ビジネスあるいは政治の新しい機能、彼らの責任と役割について彼らに教えることができるのであれば、私たちにはシステムを変えるチャンスがあるのです。それでも私たちはシステムを変えるチャンスを手にするだけです。もしもシステムに対する私たちの見解を変えられるのならば、それは教育の問題となってきます。したがって、私たちはビジネス・スクールや大学での教育から着手すべきです。道のりは長く遠いのですが、代替肢がないので、この道を進むしかありません。

ヴァシリュー議長　教育は重要で、私たちは皆同意しています。しかしそれだけでは十分ではないのです。もっとすべきことがあるのです。それでも私たちは悲観主義者ではありません。悲観主義者なら、こうした議論すら持たないでしょう。大きな進展があったことは認識していますが、それでも十分ではありません。

バダウィ首相　私たちは倫理について議論していますが、それが極めて重要な問題だからです。私の国では政府が、公務員のみならず教師、警察官などを教育しています。倫理の重要性を強調し、彼らが職場で責任ある態度をとりたいなら、どうあるべきかを教えています。これは重要なのですが、倫理を語るのであれば、貧困の問題も避けられないでしょう。それも重要です。人々は常に貧困について文句を言っていますし、彼らは常に銀行家や実業家、富める人たちを非難します。不満がゆえに多くのことを政府から期待しています。これが問題なのです。改革は重要で、銀行の改革は特に重要です。今実際に必要とされていることは、改革であり、私たちのすべてが見直し、人々が満足できる解決策を見出すことでしょう。貧困は撲滅されなければなりません。

ムアマール氏　私は、グローバリゼーションが問題だと思うのです。ステム・セル革命が起きた時、幸いにも世界中がこの科学の動きに対して何らかの規制を考えました。通信に関することは多くの面で出遅れています。例えば、環境問題ではあまり手を打っていません。もうひとつの問題は、社会メディアです。これは、教育以上にパワーを増しているので、何とかしなければなりません。

そこで、人間に対する影響の源泉がどこにあるのか、どうやったら決められるのでしょうか？　学校、家族、礼拝所、メディア等がありますが、世界全体を対象とした一般的規則をいかに創設できるのでしょうか？　経済がほぼ全てを牛耳っているとき、経済的利害に影響される世界での関係以上の話です。何か打つ手はあるのでしょうか？　長い道のりですが、私はまず自分から始めるべきだと考えています。

メタナンド博士　タイでは、道徳教育の問題をかなり頻繁に議論しています。私は、上院の道徳・倫理小委員会に属していますが、インターネットを使う場合「責任ある市民」という表現を使っています。私たちのプログラムでは、人々の序列、善行の奨励というパラダイムを使い、コミュニティが奉仕活動に従事する学生を採点します。実業界からも寄付をもらい、社会奉仕する人に対するクレジットを携帯電話経由で与えるのです。これがウェブサイトに掲載され、誰が社会貢献しているかは皆に知られることになります。これは、クレジット社会システムと呼ばれています。これが今日タイで行われており、私は、ITと社会メディアを通じて近い将来、より良き社会を築けることを望んでおります。

ヴァシリュー議長　良いアイディアですね。私たちはかなり良い提言をもらいました。でも誰もが役割を果たし得るのは透明性です。透明性に対して、より多くの圧力をかけることです。そして政界や財界の人々に、どういう風に資金を集めたかについて、定期的に報告書を出させることも必要です。何故ならば、世界の多くの国では、突然億万長者が現れるからです。この人たちはかつて非常に貧しい人たちでした。彼らは政府の要職につきました。もしも彼らが資金の入手先を毎年報告しなければならないとすれば、それは世界をかなり改善できると思います。

ハンソン教授　これらのメカニズムのどちらが機能するかという質問に対して、答えがありました。その答えとは、全てを同時に押すということです。そして、基本的な企業のガバナンス、公表されるべき報告書、透明性等に関する役割があります。国民からの圧力とこれらの規則を作成する際の企業の協力の結果、任意の規則の役割も出てきます。新たな法律の余地もあります。ＯＥＣＤ諸国、その他でも見られる反汚職法案は、何人かが指摘されたように、その必要性に対する認識が高まった結果です。汚職を律するために実施されている段階ですが、かなりの進展は見られています。

しかし、これらをもってしても、企業の経営陣にとって創造的かつ道徳的態度の必要性は依然としてあるのです。彼らは、株主に負担をかけず、しかし他のステークホルダー達にとっては、かなりの利益を確保できる道徳的なビジネスの必要性を認識し始めています。これが「創造的資本主義」あるいは「良心的資本主義」の最低値なのです。多くの研究が多くの企業でなされております。これは楽観主義のサインでしょうが、それでもそれは完全な答えではないのです。私たちは前向きな道徳的思考への圧力を依然として必要としているのです。その答えは、私たちがこれらのことを全て同時に必要としていることでしょう。

私は、実業家たちに責任ある行動をとるべきだ、と一生教育してきました。その間の影響力を統計的に記録できるかどうかは分かりません。時々冗談で私の学生たちは四七パーセントも起訴が少ないと言いますが、もちろんそのような統計はありません。しかし、教育を通して、それぞれの職業人生とその可能性において道徳的な行動の重要性を考えてもらう最低の希望は持てるのです。

最後のコメントとして、マジャーリ博士が指摘された他の分野にも職業的倫理があるのだという概念に賛同します。私は、政府、メディア、ＮＧＯにも同時に倫理規範が必要だと思っております。現代社会のこれら重要な各分野で、普遍的な規律を実施する同じような挑戦が存在していると思うからです。

第六セッション
将来への道筋

議長　福田康夫
元日本国首相

最終セッションの中心テーマは「世界の人口が九〇億人に達すると見通されている中で、倫理規範に基づく人間の英知が、いかに平和で、公平な世界をもたらし得るのだろうか？　私たちは、いかに子孫に持続可能な世界を残し得るのだろうか？」だった。もちろん、参加者たちは人口爆発、エネルギー、食料と水、技術進歩の善と悪、などの多様で広範な問題に対して、合意された答えを一回の会議から出せるなどとは思っていなかった。しかし、人類にとってより良き将来に向かって、いかに努力するかについては、何らかの方向性ないし示唆が決定的に重要であると信じていた。

第一紹介者、浄土真宗本願寺派の大谷光真前門主は、他人の苦痛をより良く理解し、現在が将来に対して大きな影響を及ぼすという事実の認識を一層深める必要性を指摘した。グローバルな資本主義の情け容赦ない欲望は、将来の世代のために保存すべき天然資源を枯渇させつつある。現代社会の貪欲さを止めるために、彼の仏教では自己認識が決定的に重要だとしている。それが、自己の行動の結果と影響が他の民族や子孫に唖然とするような責任を回してしまっていることを、私たちに気づかせてくれる。自己の欲望を抑えることは、スピリチュアルな富をもたらす。彼は、「人間の責任に関する世界宣言」を将来の世代や動植物の権利にとって有用であると繰り返し強調した。

第二紹介者、東方正教会のナイフォン副大主教は、倫理とは真実、理性主義、信仰の知識に基づいていると信じて、愛と神の正義という強い原則を主張した。愛は人間の生活の基盤であり、永遠、不死の他、個性の内面的秩序をもたらす。人間は神のイメージにおいて創られたことから、倫理規範の形成と人間の共存のためには、自己尊重と他人への尊敬と愛が不可欠である。彼は、尊重が全ての政府の柱石となることを望んでおり、東方正教会における寛容とは、自己の性格を改善する努力を意味し、将来の世代は共通の価値観で育てられるべきだ、と強調した。

アブドゥラ・ハジ・アーマッド・バダウィ元マレーシア首相は、将来の世代の幸福は、政治指導者の主な責任であり、彼らは政策決定において価値観を掲げなければならない、と協調した。彼はマレーシアで実施されている「文明的イスラム」の概念を紹介した。それは一〇の基本的原則に基づき、最高の指導層における政策決定を指導するのは、過激派の主張から離れたイスラム教の穏健な解釈である。論文の主要テーマは、指導者の選択は本人が何に一番価値を置いているかを見せ、宗教は個人の内面的向上を手助け、それが社会全体に放射されるという信条である。

一般討論では、政治家たちから何点かの提案が出された。それらには、核エネルギーの活用を平和的目的のみに限定すること、女性のエンパワーメント、大家族への財政補助の削減、出世率の削減、貧富の格差の是正、西側世界に見られる「民主主義の大安売り」に対処する必要性などが含まれていた。

北米原住民たちのスピリチュアルな視点―人間と自然の調和に対する信仰―が紹介された。これは東アジアの伝統と類似しており、多くの生物種を絶滅させている消費主義とは大きく異なる考え方である。もしも地球と統合する（支配するのではなく）新しい全体論的な倫理観が、環境保存に対する若者たちの情熱と組み合わされたら、私たちがかかえているジレンマから解放されるひとつの道筋を提示してくれるかもしれない。

九〇億人が住む世界といかに対処すべきかについては、合意は見られなかったが、全ての参加者はそれがもたらす大惨事の可能性を認識していた。過去の開発パターンはもはや繰り返されるべきでないという主張が多かった。参加者たちは、何が間違っているかに関しては明確なビジョンを持ち、主な挑戦はこれらの問題について声を大に発言することである、と繰り返し主張された。それにより多数の人々の注目がこのビジョンに当てられる。世界をより良き場所にするのは、参加者次第であり、何もしないというのは、もはや選択肢としては許されないのだ。

対話・交流を通じて、他の宗教・文化・文明を学ぶ

第一紹介者　大谷光真
浄土真宗本願寺派前門主

一人ひとりの宗教は、多くの場合生まれ育った環境の中で身につけたものであり、精神の奥底に根を下ろしていることから、他の宗教を理解することは容易ではない。宗教自体が争いの直接原因となることは希だと思うが、社会的な争いの中には宗教的なものが含まれており、宗教が、争いを鎮める役割を果たす場合と、残念ながら助長する働きをする場合がある。したがって、政治や宗教の指導者が宗教を利用して、争いを煽るか鎮めるかによって、結果は大きく異なる。

平和実現のために、立場の違う人々が対話をするには、共通の基盤が必要だろう。相手の宗教内容を理解することができなくても、共通の論理や考え方を認めることができれば、安心して、対話を続けることができ、相手を尊敬することに繋がる。その時、国連による「世界人権宣言」と共に、OBサミットの「人間の責任に関する世界宣言」が有力な基準となるだろう。

人類の将来

第二次世界大戦の終結とともに、国際連合が誕生し、世界人権宣言が発布され、人類の理想が掲げられ、世界は一つになると思われたが、現実には、東西両陣営に分かれて、それぞれが緊張の中に、より良い社会を目指して張り合ってきた。しかし、ここに至って、今さえ良ければ、自分達一部の者さえ良ければ良いという傾向が顕著である。特に、経済のグローバル化は、国内政治が目指している国民の安穏福祉を無視して、富の偏在を激しくしている。

今、グローバル資本の果てなき欲望は、科学技術を駆使し、世界の富を奪い、子孫の富をも先取りしている。さらには、環境破壊、環境汚染という大きな負の遺産というべき将来への禍根をすでに残していると言えよう。日本には、原子力発電所が利用した後の放射性廃棄物の処理を、「子孫に任せよう」と平気で言う人まで現れている。

将来を思うことなく、自分たちさえ良ければという人間

の欲望を、他の人間が抑制することは、非常に難しいことである。仏教的に省みると、奔放な欲望は苦悩をもたらすにもかかわらず、現代の社会では欲望に歯止めがかからなくなっている。今、欲望を制御するには、自らが気づくことが何より大切なのである。自らが気づくためには、たとえそれが、不愉快であり恐ろしいことであっても、自らの行為の結果をありのまま見なければならない。倫理なきグローバルな経済活動の結果、気づかぬうちに他国の人びとや、将来の世代の人びとに大きな禍根を現にもたらし、将来にもたらすことになるのである。

以上のことを踏まえて、各宗教それぞれが目指す人類の理想の世界はどのようなものかを、提示したいものである。私は、浄土真宗という仏教徒として、「自他ともに、心豊かに生きることのできる社会」という目標を提案したい。その意味は、物質的な繁栄に偏らず、他人の苦しみを軽視せず、共に支え合い、分かち合うことのできる精神の豊かな社会である。

武力や暴力による争いと倫理なきグローバルな経済活動とは、現在の人びとを傷つけ、将来の世代にも大きな禍根をもたらすことになる。世界人権宣言は、時代的な制約もあり、現在の社会において要求を訴えられない、将来の世代についての関心が薄いと私は思っている。今日、「人間の責任に関する世界宣言」を提唱するに際して、現在に生きる人間の責任として、将来の人類の人権、さらには、人類以外の動植物の生存権を守ることが大変重要な課題なのである。このような視点をこの宣言に加えてはいかがと思う。

科学技術がさほど発達していなかった時代では、自然の制約が大きかったので、おのずから、物質的欲望が制限されていた。他方、言葉で表現された倫理は、罰則のない外的な規制であることから、それを内面化しなければならない。

核兵器による被害の惨事、原子力発電所の事故の様子、発展途上国の貧困と軍事的紛争を直視する必要がある。世界の悲惨な現状や苦しむ人々を見て、何も感じないとすれば、それは、他人を自分と同じ人間と見ることができないからではないだろうか。今、本当に必要なことは、他者の痛みに気づき、心を寄せることであり、現在が将来を大きく左右することを深く自覚することである。この点から、核エネルギーの開発・利用と遺伝子工学による生命の操作は、人類の将来に関わる課題であり、子孫に不可逆的影響を残すことから、常に開かれた場での討議と検証がなされねばならない。

また、今世紀末には九〇億人に達すると言われる急激な人口の増加の問題も、人類の将来に関わる課題である。すなわち、人口の爆発的な増加は、深刻な食料危機のように、さらなる経済的な格差をもたらす。そして、私たちの倫理無き欲望は全地球規模の自然破壊をもたらすことになる。今こそ私たちは、人類の歴史的英知が語る「欲望を自ら制御することこそ精神的な豊かさをもたらす」という価値観を全人類のものとすべきである。

そもそも、哲学や宗教思想だけでなく、政治や経済活動の目的は、あらゆる人びとが安穏な社会で幸福な生活を送るためだったはずなのだ。まず、そのことを確認すべきだろう。そして、ＯＢサミットが人類の英知を結集して作成したグローバル倫理を受け入れよう。これこそが、最大の課題である。そのためには、思想家や宗教者は、倫理の根拠としての唯一の創造神を有する文化も、そうでない文化も、それぞれの伝統思想や文化の立場から、このグローバル倫理の意義を理論づけるという責務をはたすべきである。そうしてこそ、文化の違いを超えて、この宣言が世界に浸透し、大きな力を発揮することになるだろう。

国際的結束への一歩

第二紹介者　ナイフォン・フィリッポポリス副大主教

世界には多種多様な倫理基準が存在している。何故なら、それぞれの規範の真髄には、歴史的状況や視野に応じた価値体系が存在しているからである。倫理という言葉を哲学の世界に加えた古代ギリシャ人から現在に至るまで、哲学者たちの名前を延々と挙げることもできる。しかし大切なのは、私たちにとって全般的に共通する何かを考えることなのだ。

私の意見では、倫理は正確には宗教的か、そうでないかの二つに分類できる。双方とも理性、経験、信仰という三つの道徳的真実という知識の原点を備えている。この二つの倫理基準を区別する主な要素は、価値体系であろう。これは、私がこれから話すことなのだが、キリスト教を含むあらゆる宗教的な価値体系においては、絶対的な存在である。

非宗教的な倫理においては、自由は義務を伴わない。フランスの唯物主義者ルネ・デカルトは「絶対的規範が存在しないのなら、必要であると判断したことのために行動したらよい」と述べた。しかし彼自身、宗教的倫理体系の中で育ったので、「ただし、他人に害を及ぼさないように」と続けている。ただ、一貫したことを言うならば、ドストエフスキーの主人公が『罪と罰』において「もし神が存在しないのなら、ありとあらゆることが許される」と述べた言葉も引用すべきであろう。

例えば、歴史的にも善悪や人間の良心の特質などの基準を説明できる非宗教的哲学の体系はない。私はソ連に長年住み、彼らがいかに非宗教社会を創設しようと試みたかを観察した。それは、倫理を除く全て―天地創造から終末論までの全て―を説明する特別な哲学的概念を創設しようとした最大の事業だった。マルクス主義哲学は失敗した。その理由は、人間の良心が何であり、すべての人間文明の尺度には善と悪に関する全般的な了解が何故存在するかを説明できなかったからである。こういうことは進化論や道徳的相対性の視点から説明するのは不可能なのである。

私は、非宗教的倫理という文脈で、世俗主義が宗教間紛争や国際紛争を解決できるという見解は誤っていると思う。なぜならば、非宗教的概念においては、全体的規範が欠如しているからである。彼らの解決策は、常に私的で相対的な道徳に基づいて構築されている。

物理の法則が、私たちの自由を限定していることに不平をいう者はいない。逆に、それらの法則を研究して、私たち自身に有利になるよう活用しようとする。道徳的法則に関しても、同じように動くべきである。自然の物理的法則にとってフェアなものは、創造主が作られた道徳的法則にとっても正当化されるということは、宗教的意識にとって明らかである。それらは、私たちの自由を限定するものではない。私たちは、道徳的に自由であるために道徳的法則を実施すべきなのである。これらの法則を形成するにあたって、善悪の基準を正確に識別しなければならない。そしてそれは、一定不変の絶対的存在を通じてのみ可能なのだ。

世界では、歴史を通じて多くの変化が見られ、社会は発展してきた。今日、技術は目まぐるしい速度で進化している。しかしこの進化は、人間の（道徳的）諸問題を解決できないように思える。逆に、それは、バイオ倫理学、医療倫理学、政治における道徳的側面など、新たな倫理的方向性を設定する必要性を迫っている。

聖書の倫理は、社会的発展には依存しないが、愛と神の正義という強い原則に確固と根付いた規範を提示している。愛、それは人生における第一義のもの、永遠のもの、不滅のもの、人生に一時的にしか通俗な感覚を与えない神の始まりである。これは、全ての行動を愛が決定づけるとした「状況主義」哲学者が語った不確実で主観的な愛ではない。これは「同じ川に二度入るのは不可能であり、一定不変の絶対的存在などない」と言ったヘラクレイトスの見解を模倣する一種の「反唯名論」的な無法状態である。宗教的体系、聖書における愛は、個人の内面的秩序を前提とし、正義は外部的秩序なのである。

キリスト教徒は、神が悪を克服されたと信じている。おそらく、これに対する最初の反応は驚きだろう。何故ならば、殺人、暴力、文化遺産の破壊等、恐るべき災難が絶え間なく襲ってくる事実が、歴史を見ても周りを見ても十分にある。こうした感覚は、キリスト教的視点からすると、私たちの主観的体験である。すなわち、私たちの中で起きること、あるいは国境内で起きること、あるいは全宇宙が耐えていることさえも、私たちの内面的世界なのだ。現代語で話すと、これは特定のバーチャルな現実である。私たちは悲しんだり、哀れんだり、喜んだり、歓喜したり、感謝したり非難するが、これは私たちの主観的洞察でしかない。しかし歴史のあるいは歴史後（それは歴史の境界を越えたもの）のスケールでは、世界における神の客観的勝利が確信されている。

私たちは、神のイメージとしての人間には特別な価値があると信じている。この個人的価値はその人から奪えるものではなく、各人、社会、国家も尊重すべきものである。人間の尊厳は価格のようで、その範囲は高いものから安いものまであり、それは人間がその内面に神のイメージをいかに作り出すかにかかっている。私たちが神の側に立ち、真実と正義のために闘う限り、人間としての威厳を得られるのである。

私が属している教会の視点では、自己尊重と他人への尊敬が、倫理基準を形成するために第一に必要なものである。

ほとんどの国における倫理、道徳、美徳には宗教的特徴がある。無神論を主張する政権でさえも、その指導者たちは宗教的・倫理的原則の下で育った。（例えば、無神論主義ソ連でも、大使に任命された人々は離婚を許されず、一度しか結婚できなかった。）

私たちは、どの国の立法府においても行政府においても人間の尊重がその権力の礎石であり、それを指導者が国民に保証することを切実に望んでいる。国家が保証する人権は、国民個々の尊厳を実現する方向になければならない。これらの権利を道徳と切り離すことは、冒涜である。何故ならば、不道徳な尊厳などあり得ないからである。したがって、私たちは、人間の尊厳という高貴さにいかに貢献できるか、という尺度で個人の権利や自由を認識するのである。立法府の人々や権力を共有する国家元首たちは、彼らの家族が尊敬と威厳のなかで生活することを望んでいる。そうであるならば、（神から賜ると私たちが信じ、また国民から受ける）権力において、国民すべてに同じ生活を望むべきなのだ。倫理的価値観においては、国民は彼らの大家族なのである。これは個人的な決定を下すうえでも必要であり、どの国の国際政治の促進にも不可欠なのだ。

私は、倫理基準の枠組みを指定することは必要であると考えている。それは、現代社会において、これらの概念が若干あいまいになってきたからである。

キリスト教は、価値が神から与えられたものとしている意味でも、保守的な宗教である。私たちは、主が真実と正義の基準であると信じている。しかし現代の自由主義（これは政治・経済の概念を指してはいない）は、倫理基準の個人的定義に結びつく。そしてそれが、倫理基準においても個人的、あるいはしばしば邪悪な信仰を導いてしまう。これが危険で最も現代的な寛容の概念であり、事実それは私たちの世界観とは異質のものを無差別に受け入れることとあまり違わない。例えば、医学における「寛容」は、組織の免疫の喪失—体内外の感染への抵抗力喪失—を意味するのである。

寛容の現代的モデルは、誤った行為など存在しないと教える。それに対し、伝統的キリスト教の寛容は、寛大な慈悲であり、真実に関する個人的理解を拒否せずに隣人と仲良くすることを教えている。それは、あらゆる側面から、他の人の行為や説得と信仰に評価を下すことを可能にするが、同時に私たちには、何が良く、何が悪いかに関する自らの見解を表明する権利が与えられていると言うことである。現代的寛容の危険性は、人々の信仰の識別は重要ではないという主張である。

私たちが説く寛容とは、誤っていると考える信仰の持ち主に対しても悪意を持ってはならないということだ。もちろん寛容とは、自らの個性に基づいて努力することである。何に対してであれ、自らの否定的な態度の中に攻撃的な顕示があってはならないと学ぶことが重要なのだ。故に、キリスト教、そして私が属している正教の視点から、また普遍的な倫理の形成において、人々の共存のためには愛を伴う尊敬という寛容の正しい概念が必要なのである。

したがって、私たちは善悪の識別を消さずに子供たちを育てなければならず、規範の価値観を植え付け、他の人のなかに神のイメージを見出すべく教えなければならない。私たちは、伝統的価値を狂信的にではなく守らなければならない。そして私たちは、若い世代が安定し、明瞭な概念や異なる人々で溢れる世界から信頼できる支持を受け継いでいけるよう、たゆまぬ努力を続けなければならない。

提出論文
私たちの価値を反映する自身の選択

トゥン・アブドゥラ・ハジ・アーマッド・バダウィ
元マレーシア首相

今日の主要テーマは、実効性のある統治と人間の安全保障に関わる現実的な基盤を立案する際の倫理の重要性である。倫理的選択—それは私にとって、賢明な決定に到達するための価値観に具現されている美徳の実施を意味している—は、不正の反対である。価値観は、良き政治的・行政的政策決定にとって必須であるのみならず、人的資源の開発や有限の物質資源の平等な配分にとっても不可欠なのだ。

私たちの預言者が語ったように、倫理は正義から分離できない。正義とは「生来の権利の所有者に平等に差し出すこと」である。指導者としての私たちは、将来の世代の福祉に大きな責任を負っている。誰が私たちの地球を所有しているのか？　政府と企業は天然資源を活用あるいは誤用する所有権を持ち、政治的・経済的秩序を自己利益のために運営して良いのだろうか？　国家の規制を超越した一握りの銀行家や企業主における無規制の富の集中は、世界的にも反対すべき悪と見なされている。

この数十年間、再び関心を呼び起こしたイスラムの教えの一側面は、イスラム法の高き目的であるMaqasid al-Shariahである。これは、主として価値への直接的関連性のために、特別の関心を呼び起こしている。そしてそれはまた国際人権法にも関連している。この教義は、五つの必然に優先順位をつけている。すなわち、指導者レベルの政策決定や立法を導くべき生命、信仰、知性、家族、財産の保護である。これらの価値の倫理的重要性は、人間の生命の尊厳、知的誠意、健全な理性、家族の健康を万難を排しても保護しなければならないことである。これらはまた、すべての法と統治分野におけるイスラム法の解釈と実施を支配する原則でもある。

私たちはまた、宗教が公共の領域と統治の場において回帰しつつあるのを目撃している。帝国主義の遺産は、民族国家への過剰依存をもたらしてしまった。皮肉にも、独立は政治化された宗教に焦点をあてた人間のアイデンティティを狭めてしまった。アジアとアフリカの多くの社会では、脱世俗化が宗教的アイデンティティの政治的誤用と相まって、現代の突出した特徴となっている。この宗教の逆転が多くの問題をかもし出し、私たちは、永続する価値観がどこでどうして本物の解決策に効果的に貢献し得るかを、慎重に再考慮しなければならない。

マレーシアでは、宗教が鼓舞する行動への衝動は、善、有益な進歩、健全な人的開発に向けられることもあると考えられている。私たちは、このアプローチを「文明的イスラム」と呼ぶ。これは現代と相容れうる啓蒙されたイスラムの文明に向かう現実的なアプローチであり、なおかつイスラムの高貴な価値と訓令に固く根付いたものだ。そして、この文明的イスラムは、人間の安全保障や平和構築が規範である安定した世界秩序を創出する目的とも整合性がある。

文明的イスラムは、ムスリム社会が啓発しなければならない次の一〇の基本的原則を規定している。

一　全ての創造主であるアッラーに対する信仰と敬神
二　公正で信頼のおける政府
三　自由で独立した国民
四　知識の習得と旺盛なる追求
五　均衡のとれた総合的経済発展
六　人々の良質な生活
七　女性および少数派の権利保護
八　確実な文化的・道徳的高潔さ
九　天然資源と環境の保護
一〇　強力な防衛能力

これらの健全な原則は、マレーシアの非ムスリムや政府内の非ムスリムの同僚にも受け入れられている。マレーシアは、ムスリム世界に対して更新と改革の控えめではあるが現実的なモデルを提供しており、それが安定と安全を伴った物質的進歩の達成に有効である。文明的イスラムは、過激派の主張や解釈から離れた穏健な主流イスラムの解釈を提供している。これは、ムスリムが現地でも世界でも直面している諸問題を解決するための政策決定とリーダーシップに対し、イスラムの知的・倫理的遺産という包括的なビジョンを提示しているのである。

二〇〇七年にOBサミットがチュービンゲンで開催した専門家会議は、政治指導者たちが個人的権力や不正に蓄積する富を確保するために、宗教を悪用し搾取するという恐ろしい傾向を強調した。その報告書は「無知と宗教そしてナショナリズムの組合わせが、戦争という危険な可能性を創出する」と強調した。残念ながら、そのような誤用は、この七年間にさらに強まり広まった。この政治と宗教の不健全な関係を経験しそれを危惧するムスリムとして、私たちは、主要イスラム国家を苦しめている宗派的流血の拡大に心を痛めている。パキスタンからバーレーン、イラク、シリアと、この癌は多くのムスリム社会に感染しており――それが私の地域である東南アジアでもこだましているが――膨大な悲劇と荒廃を代理戦争がもたらしている。その長期的結末は極めて恐ろしい。

イスラム教徒は、自分たちの信仰の実践に内在する多様性を分別深くそして責任ある態度で、認識し対応すべきである。したがって、私たちは敵対するスンニ派とシーア派間のムスリム内対話をＯＢサミットが慎重に探ることを勧めたい。それには関連する国家も参加させるべきである。世界の主要宗教が掲げる共通の倫理基準の受け入れを模索することの説得力がどうあれ、無知からくる憎悪とエリート層に操られた反感を乗り越えることの緊急性はもはや無視できない。私たちは、ムスリム対ムスリムの暴力——これは多くの国で非ムスリム少数派にも深刻な影響を及ぼし、多くのモスク、教会、寺院を神の名の下で破壊している——を鎮静する具体策に着手するこのイスラム内での必要性に高い優先度を置いている。

究極的には、宗教は良心の覚醒と人間のアイデンティティの超越的根源の復帰を支援するという重要な資源である。私は、イスラムの伝統から、ひとつの発展性のあるアイディアを紹介したい。それは人間の「信託統治」（khilāfah）ドクトリンで、私たちの天然資源や人的資源を管理し、人間の高度な利益が社会全体と自然の全てをカバーしていることを示唆している。この信託統治は地球の天然資源の保護者としての役割を人間に託すので、ムスリム学者は、核兵器と大量破壊兵器の生産と利用を禁止している。

私たちはこの点をさらに追求し、科学の平和的利用を提案しようではないか。科学は疑いなく人類に多大な利益をもたらしてきたが、破壊目的のために広く活用されてもきた。倫理的な指導者は、科学の平和的利用の膨大な可能性をさらに模索し、全ての国民の公共財に効果的に活用されるべきであることを要求できるのだ。世界のエネルギー開発、世界の水資源、そして貧困緩和のための資源の再配分に関する指導者の決定は、人間の不可欠なニーズに対処するのみならず、国際紛争の軽減にも多大な貢献をなし得る。

この共通の必須事項から、「公共」の重要性、世論の要求の尊重、共通の利益（maslahah）の促進に対する認識が育つ。これは、個人の権利、他者への義務、責任の均衡と、私たちの生来の自己利益と利他主義的価値の均衡を意味する。イスラム的思考における maslahah は、政府やコミュニティの指導者に対して、機会さえあれば公共の利益を確保するよう努力することを義務付けている。それに失敗することは責任問題となる。maslahah の下で公共利益を確保することは、物質的・道徳的次元双方に及ぶ。そしてそれが個人や仲間内の利益より優先されなければならない。礼儀正しい自己利益は、良い事であり必要でもあるが、バランスを欠いた過剰に狭い方法で追求されると、それは不正義と抑圧を生み、暴力的な対立に寄与してしまう。

社会の少数グループや階級の個人的な自己利益を主張することは、もはや私たちが直面している深刻な問題―環境汚染、地球温暖化、国際安全保障、紛争後の平和構築―に対する十分な対応ではありえない。これらすべては、単独グループまたは一国で対処、解決できるものではなく、一致した協力と相互理解を必要とする。それらは、指導者や政府が利己的な民族国家主義や支配層の利益から離れること、そして永遠の価値に導かれる人間の共通した深い価値を抱くことを要求している。

私たちは、何が真実の利益であり特権なのかを再考しなければならない。そして開発の実際の意味、さらに人間の啓発へと向かうこと、社会をより人間的で豊かな状態に育て上げることの意味も再考しなければならない。何が本物の人間の安全保障なのか？　何が真実の自己利益なのか？　社会の平和と調和は、決して強制と脅しからではなく、知識と理解を通じてのみ達成し得るのかもしれない。苦しみは、誤った方向付けをされた行動から出て来る間違った思考の結果、生まれるのである。

積極的平和とは、豊かさ、公正、正義、そして人間の尊厳と安全の防衛を必要としている。宗教は、力や脅しで変革をもたらすのではなく、個人の内面的変化を支援することで社会全体に光を放つのである。個人がそのように変革できれば、彼らの影響力の総力が、社会全体の重心を真に人間的な活動に向かって移すこともできよう。これに向かって全ての人が正義と寛大への願望、調和と慈悲への願いを委ねられる。それらは、厳しい挑戦に直面するために必要な永遠の美徳や道徳的強さの英知と経験を備えている。そしてそれらは、私たちの文化的、国際的な世界の新たな機会にも対応できるのだ。

ここで、七世紀前の偉大なる精神的ガイド、ジャラール・ウッディーン・ルーミーの助言を思い起こそう。「部分ではなく、全体を愛すること。」この英知は、私たちが責任を担うとき、そして真の自己利益を反映する決断を知らせるとき、私たちが支払わなければならない対価なのである。私たちは、真の自由を発見するかもしれない。それは、視野の狭い利己的な好みからの自由であり、それによって共通の人類を覚醒できるのだ。私の妻は、「力への愛ではなく、愛の力がより良い世界を作るのだ」としばしば注意してくれる。

皆様ありがとう。将来へ希望を持って全知全能の神に私たちの信頼を託そう。

討　論

福田議長　昨日シュミット首相が話されたことから、このセッションを始めたいと思います。すなわち世界の人口が今世紀半ばまでに九〇億人に達すると予測されていることです。首相は、私たちがどうやってそのような世界と対処すべきなのかについて、極めて真剣な懸念を表明されました。この問題を今後いかに考え、生きるべきかを議論したいと思います。

大谷門主とナイフォン主教の発表には、宗教と国家の平和的共存という見地から、共通点がありました。これは、今後極めて重要となりますので、ご出席の宗教指導者が、この主題をさらに追求されることを望みます。

他方、同じく重要ですが、より実質的で解決可能な問題も多々あります。例えば、私たちの日常生活や産業・経済活動に不可欠なエネルギーの問題です。このエネルギーに関しては、多くの問題が絡み合っておりますし、私たちは、数十年後を見通してこの問題を今考えるべきでしょう。食料問題も人類には不可欠ですし、同様に水も人口増と共に深刻さを増す問題です。そして科学・技術の進歩は劇的です。情報技術は、目まぐるしい速度で進んでおりますし、どこまで進化するか予想すらつきません。そして製造部門も生産のさらなる自動化で進化しております。これらすべては、私たちの生活と社会にどのような影響を及ぼすのでしょうか。それで、ここでの中心的課題は、こうした変化のなかで、人類としていかに持続するのか、そしてそれに繋がる質問が人権、平和、正義などに関連して出てきます。

私は、今日の議論のなかで、これらの諸問題に言及していただくことを望んでおります。さらに、技術が生命を支配しているという、極めて重い問題もあります。疑わしい行為が許されるべきなのかも含めて議論していただきたい。これは社会がどこまで許せるかの問題だと思うのです。

昨日、紛争解決への手段として教育の重要性がかなり言及されました。社会、国家そして究極的には人類のために、私たちは「どのような教育が必要で、そうした教育のなかで、倫理がどのような役割を果たすべきか」を提示すべきだと思います。グローバル化した社会で、知識の普及は必然です。私は、倫理基準も含めて、今後いかに生きるべきかについて全ての人々が同様の認識に立つことができれば、素晴らしいと思います。しかし、現実的に起きていることは、完全に逆の現象です。この会議から何らかの示唆が出せるのであれば、私は非常にうれしく存じます。もちろん、私が今言及した問題点に対する特定の答えは、他の会議に委ねざるを得ませんが、私は宗教指導者たちに全体の方向性にそれぞれの見解を出していただきたいのです。つまり、これらの問題について宗教がどのような立場を取れるのかを伺いたい。

コシュロー博士　私たちが今暮らしている世界における道徳的責任は、過去とは異なるものになってきました。お二人の極めて重要な発表の中でも、内面的平和と欲望をいかにコントロールするかに焦点が当てられていました。これらの欲望がすごく恐ろしい結果を招くからです。しかし、グローバル化と社会メディア、科学技術・経済・銀行・金融の進化の時代に、欲望を抑えるだけでは十分ではないのです。誰もが技術や通信、その他何でも進歩を歓迎します。そこで、私たちは、私たちが住む世界の問題や状態に対する解決策を見つけるべきなのです。

もうひとつの問題は核エネルギーに関係します。そう、核武装は極めて重要な問題で、これは人類全体を破滅させられます。しかし、私たちが九〇億人の世界に向かっているのであれば、石油、ガス、その他のエネルギー源不足を考えると、有害さも危険性も一番少ないエネルギー源は、原子力エネルギーなのです。核エネルギーは多種の審査が必要ですが、世界が九〇億人となることを考えると、現代社会では主要エネルギー源となるべきだと思います。

クレティエン首相　昨日シュミット首相が発言されたように、九〇億人という人口は大変な問題です。それで何らかの対策があっても人口は増え続けていることから、それがいつかは現実となるでしょう。人口は増え続けます。それから寿命延長の問題もあります。それで今日は貧困問題を議論しておりますが、いずれ近い将来には飢餓という大変深刻な問題が発生します。私たちは、これら九〇億人分の食料を生産しなければならないからです。それが水の問題に繋がっていきます。私たちは、三年前にケベック・シティで水問題を議論しました。これは食料生産とは関係ありませんでしたが、そのとき議論したことは、中東と中国では水が大変不足していることでした。水不足が深刻な結末を招き得るのです。世界が九〇億人に達するので、私たちはこの問題の議論を始めなければなりません。

私の前の発言者は原子力エネルギーに言及されました。空気汚染の原因とならないエネルギー形態は原子力エネルギーです。問題はその安全性です。そして原子力エネルギーを生産すると、人々が怖がります。イランやその他の国のように、エネルギー源ではなく武器に使うのではないかと疑問視されます。核戦争のためにです。この世界は、電力のために原子力エネルギーを望む国にはそれを許可する制度を見出さざるを得ないでしょう。他の目的に使われるのであれば、大変な政治問題となってしまいますが。

ファン・アフト首相　この議論は質問を「どうしたら世界人口が九〇億に達したときの必然的なあらゆる大惨事から世界を救えるか?」に再構築され得ると思います。単純なことを数点挙げます。皆さんは、発展途上国では福祉レベルが上がれば、出生率が下がることをご存知でしょう。これは誰もが知っていることですが、強調しすぎることのない点です。これがひとつ。二つ目も言い尽くされていることですが、それでも重要なことで、女性のエンパワーメントです。今までも何回も触れてきましたが、これは十分にあるいは望ましい速度で動いていません。とりわけ女性への高等教育の門戸解放が必要です。三つ目が、環境破壊の問題について過小評価したがる人々を、テレビやラジオ局などのメディアから閉め出すべきです。

そしてここにおられる方々には明晰ですが、大惨事が起きつつあるのです。これについてはいくら大声を出しても不十分です。私たちの地球がもはやこれ以上のストレスには耐えられないのだ、ということを若いうちに学ぶべきなのです。これは本当に深刻な問題で、今勉強中の世代にとっても大変なことです。気候変化の問題。もしも私たちがアル・ゴア氏を大統領にできるのであれば、今後数十年問、私は彼に投票し続けるでしょう。これだけの単純な理由でも、この問題は長期的には多くの人々にとって死活の問題であるということです。

そして全く異なる問題です。私は、ヨーロッパ出身ですｌ。ヨーロッパで私たちだけとは申しませんが、福祉国家では財政支援を与えていますが、これが実は大家族を奨励しているのです。子供の多い親を助けることは、高貴なことでしょう。子供にはお金がかかり、手間もかかります。しかし、この財政支援をやめる時がきたのではないかという質問が呈されています。それが他の影響を家計に及ぼし、大勢の子供を産み続けることへの動機を減少させるでしょう。

食料問題もあり、これも提言に盛り込まれるべきでしょう。水も然りです。人類全てに水を供給することは、すでに極めて困難となっています。数十億という人々に消費に値する清涼な水は、もうすでにありません。そして私たちの技術力にも関わらず、それは全く不十分ですし、淡水化は極めて費用のかかる事業です。そして最後に、「人間の責任に関する世界宣言」に関して付け加えるべきだという提案がなされています。しかしこれを考えると、つまり将来の世代がこの地球に住めるための責任を担うには、私たちはもっと特定の具体的な組織立てを必要とします。

福田議長　今の発言には、彼が現役の政治家だったら、票を失うようなものもありました。素晴らしい勇気ですし、このような発言がもっとなされてよいと思います。

サイカル教授　クレティエン首相が食料と水の安全保障の問題を提起され、ファン・アフト首相は環境破壊について言及されました。私たちは、気候変動と切り離して食料と水の問題を議論できません。地球温暖化は、極めて切迫した課題です。そしてこれらの問題は、グローバルに富の再配分をするプロジェクトなしには対処できないのです。今日、八パーセントの個人が世界の富の半分を所有していますｌ。これらの問題の全てを関連性の下で考える措置が必要です。そしてそのために私たちが必要としているものは、新しい世界政治・経済秩序なのです。これらはOBサミットのような組織が対処できるものではありません。しかし、OBサミットは、これらの問題をこの会議の宣言に盛り込むだけではなく、人間の責任宣言への修正としても使い、それを効果的、かつ広範に世界の政治・経済秩序を作るにあたって重要な人々の注意を喚起するのです。これらの問題にこうした人々の注目を惹くようにしなければなりません。

フレーザー首相　今また指摘された富の不均衡は、一九八〇年代初期から極端に悪化しました。ヨーロッパやアメリカその他の国々の極めて裕福な人々は、グローバリゼーションと自由化の結果、資産を増したのです。皆がこの道を進みましたが、それが普遍的に良いことだと言われたからです。そして疑いもなく利点はあったでしょう。しかし、世界ほとんどの国で見られるこの全くみだらな貧富の格差と真剣に取り組む人はいません。格差拡大で苦しまなかった国は西側にはありません。私の国も、米国でも、富める者はますます裕福になり、下層のほうでは、家族のためにしたいこと、しなければならないことすらますます困難になってきています。そしてこれが世界的な現象となっているのです。そしてグローバル企業の力は、資金力が政府よりも豊富なことから、今日では政府の権力より大きくなっています。彼らは単により多くの資金を持っているのです。

私たちは、この傾向の一部として、マネーが民主主義自体に一層大きな影響力を持ち始めていることに気付いています。国によっては、民主主義が売りに出されたとすら言えるのです。それは、それでも民主主義なのでしょうか？今現在何カ国が本物の民主主義を実施しているか定義できないと思います。誰が勝ち、誰が負けるかについてマネーの役割が大きすぎるからです。企業とただ単にマネーの影響が誤った人々を勝たせているのです。そこで九〇億の人口に向かう世界に平和と正義をもたらすための倫理的人智において、私たちはグローバリゼーション、自由化、政府よりも権力のある世界企業がもたらした諸問題と取り組まなければなりません。

福田議長　このように複雑な世界をいかに運営すべきかを宗教的視点から議論する用意のある宗教指導者はおられますか。人類はマネーを欲しがりますが、富の過剰な追求は不均衡を拡大し、新たな混乱を招きます。もしも私たちが一層の便利さを求めるのならば、それも多くの問題、例えば環境破壊といった問題をもたらしてしまいます。また、情報社会も人権を侵害し得るのです。さらに、民主主義は最善の政体であると言われてはおりますが、あまりにも多くの人々の見解に耳を貸すと、決定が遅れたりポピュリズムに陥ったりしてしまいます。これが本当に良き政府の運営なのでしょうか？　意図が良くても、必ず逆の要素はあるのです。これらの問題を宗教的視点から議論していただければ有り難いのですが。

メタナンド博士　仏教の経典によると、世界は将来多くの人口を抱えることになるが、人々は質の高い生活をし、貧富の差はなくなるとあります。格差はなく、人類は矛盾を解決します。これはブッダの予言とされており、上座仏教徒によっては人口増に何の疑問も持たない人々がいます。多くの人が、最終的には良き公正な社会が誕生し、質の高い生活をすると信じています。

ラビ・ローゼン博士　今から二〇〇〇年前、飢餓のときは子供を儲けることを中止しなければならない、というラビの決定が下されました。これは、人口過剰に対する珍しくまた物議をかもした宗教的対応です。それ以前にも、創世記の第一章で世界全体に対し、面倒を見、育てる責任が人間にはあると書かれてあります。したがって問題は、人口増という危機、この世界で増え続ける人々を食べさせる資源の欠如および平和と共存に対して宗教的対応があるのか否かではありません。

この問題は、宗教的指導の問題ではありません。これはより大きな問題です。事実、これは創造の問題なのです。宇宙がどう創造されまた進化したにせよ、私たちは不完全な宇宙に住んでいます。タルムードには、法律、規則、道徳は天使たちのために与えられたのではない、という有名な記述があります。これらは、不完全な人間に与えられたのです。そして、人間がそれを守り、さらに進展させるべきなのです。

私たちは、巨大な課題に直面しています。おそらくいつの時代の課題よりも巨大なものでしょう。そして私たちは確実にこれらの問題への対処について合意できないようです。そこで、昔の棒と石であろうと、今日のジェットと爆弾であろうと、この不変の課題は、物質主義であろうと、金融規制、食料問題、自然破壊、戦争であろうと、それらに対する解決策を探すことが人類に対する不変の課題であり続けるのです。

私たちは、現在政治難民や経済移民双方の大量移民で圧倒されております。人道的課題は巨大です。移民してくる少数派を研究する人は、人間がいかにこの課題に対応するかに気づきます。ある人々は西側社会に逃亡できる幸運を手にします。そこでは、安全網として福祉政策がありま す。ほとんどの難民が苦難を強いられ、自らとその家族の生活費を稼ぐ苦労をし、自らを追い立てなければならないことを知っています。これは往々にして受け入れる方の社会を裨益します。しかし、彼らはまた人間の最悪の部分を持ち出す文化的対立も作り出します。これもまた私たちの最善を持ち出す、あるいは悲しくも最悪を引っ張り出すという挑戦なのです。ノアの洪水については多くの古代の言い伝えがあります。これは人類が直面した大災害で、最初に記録されたものです。聖書の説は、災難を人間の失敗と結びつけたものです。しかしそれは希望の表現でもあります。私たちにはもう一度チャンスがあり、それを受け止めるか否かは私たち自身にかかっているのです。

しかし、もちろん、この部屋の外では、あまりにも多くの人々が無関心だということを皆さんも私も知っています。彼らは机に向かって、多額のマネーを動かしています。彼らは、人間的結末を無視して、地球から金や他の鉱物を掘り出し、大気を汚染しています。彼らは製造業でもサービス業でも他の人々を搾取しています。

私たちには、何が間違っているかについて明確に見えるのです。私たちの挑戦は、大多数の人々の注目をひくことです。それは常にそうだったのです。モーゼであろうと、ブッダであろうと、キリストであろうと、ムハンマドであろうと。彼らの声は、こうした問題について常にあげられました。彼らは常にこれらについて語りましたが、あまりにもしばしば聞いてもらえませんでした。それでも、各世代の中、各社会の中、各グループの中に、ビジョンを持ち、全ての人に無視されるという苦しみと焦燥にも関わらず、そのビジョンを維持した人たちがいました。それが私たち、宗教家を勇気付けたのです。これらの人々のビジョンは、聞き入れられませんでした。彼らは、不人気なこと、人を不安におとし入れることを語ったが故に、放逐され時には殺されました。

私たちは、一夜にして変革をもたらし得るなどとは現実的に期待できません。しかし、私たちは荒野で叫ぶ声でなければなりません。私たちは何度も何度も繰り返さなければなりません。今日この部屋で、皆が表明した価値を掲げなければなりません。そしてここから先に進み、世界を少しでも良い場所にするために、一人ひとりができることをするのは、私たち次第なのです。何もしないという選択肢など無いのです。そして私たちの行動が何を達成するかなど知る術もありません。それでも沈黙していてはならないのです。

ナイフォン大主教　私たちは、出産と子供を神からの恵みと見ています。今は、世界人口が九〇億人に達したら、何が起きるかなどを議論していますが、キリスト教では、ローマ・カトリックも新教も正教も、神が助けて下さると信じています。神は、自らのイメージと形で創造された人間をほっておかれる筈がないのです。神は貴方たちのような人々、責任の強い人々を通じて助けて下さるのです。神は、人間にこのような会議を通じて問題といかに対処すべきかの英知を授けて下さるのです。これがキリスト教の純粋な信仰です。そして、私はこれは、神がその被創造物に対して与える保護だと信じております。

張教授　私は、このセッションでの発言には躊躇を覚えます。神学者でも、どの宗教の学者でもないからです。しかし、私は孔子の伝統を大事にしてきた儒教社会から来ております。二五〇〇年もの間、次のような文章が中国の学生に教えられてきました。「道が実践されれば、世界は全ての人に共有される。良き人々は選ばれ、仕事は能力ある人々に与えられる。言葉は守られ、調和は保たれる。したがって、人々は両親を自らの両親としてではなく、子供を自らの子供としてではなく、正しい場所で終われる。若きは守られ、年寄りは正しい場所で終われる。不必要な物は維持されるのではなく、道端に置かれる。力はその持ち主のものではない。皆が幸せなら、道は達せられる。」

これは極めて世俗的だったと言われた孔子の論語で語られています。それから彼は「このレベルに達する前の共通の目的は、小さな繁栄である」と言いました。そして、今の中国政府が二〇五〇年までには、中国は小さな繁栄を達成すると言っています。偉大なる共通の目的はまだまだ先の話です。

個人的意見を述べると、インドは一一億人、中国は一三億人の人口を抱えています。両国だけで二五億人です。経済発展のモデルで見る限り、もしも中国とインドが先進国同様の開発過程を進むのであれば、有限の資源、土地、水に対する競争がもっと激しくなるでしょう。そうすると私たちが望んでいる倫理の出番など全くなくなるのです。そこで、宗教的見地や二〇〇〇年の聖書の伝統からではなくとも、理性的な人道的見地から思うのですが、新たな開発方式を考案しなければなりません。一八世紀、一九世紀、二〇世紀の開発形態は、これら二カ国だけでも踏襲することはできないのです。まだインドネシア、ブラジル、アフリカ大陸全体などがあります。したがって、何とかして人類の共通の利益のために、この地球に住む全ての人のために、異なる経済開発のモデルを真剣に考えなければならないのです。私は政治体制の話をしているのではありません。私たち自身の欲望を抑え、水も財貨もそう自由に消費しないこと。これはエンジニアの見解です。

アックスウォージー教授　このセッションのテーマ、そしてもしかしたら、スピリチュアルあるいは宗教的な価値ないし分析が私たちに現状を考え直させ得る、というお二人の紹介者に感謝します。私は宗教指導者ではありません。私はメソジストで、教会ではなによりも合唱に専念しています。それでも、私は北米の原住民たちとかなり長いこと仕事をしました。宗教としては、ここには代表されていませんが、カナダの原住民たちの宗教あるいはスピリチュアルな伝統は、数千年遡れます。それは大谷門主が発表された価値観にかなり近いものです。

私たちが資源や地球の話をする時、私たちの原住民たちは、人間は水、土地、その他まわりの物理的環境と同調していなければならないと語ります。彼らは、人間がこれらの環境を支配するために存在しているのではない、と信じています。それは、消費主義や地球が私たちの欲望を満たすためにあるという視点から大きく異なった考え方です。

私たちは何もあえて他の生物を絶滅させているわけではありません。しかし、私たちの欲望の要素でもって、私たちは他の生物が生きられない世界を作り上げているのです。この問題はすでに明らかですし、人口が増えれば増えるほど悪化するだけです。常に減少している資源に対するゼロ・サム・ゲームが強いられるからです。

そこで、これらの二つをどうやって組み合わせるべきなのでしょうか。そして大谷門主が指摘され、わたしたちの原住民が掲げる宗教的洞察は、哲学的にあるいは倫理的に私たちをこのジレンマから解放してくれるのでしょうか。もしも私たちの原住民が信じるように、物理的環境、水、空気も人間同様に大切だと信じるのならば、私たちの生活におけるこれらの要素もまた私たちの法的環境システムの対象になるべきだと、彼らは主張しています。

これは全く異なる倫理であり、視点ですし、それを主張したり考えたりすることすらユートピアンなのかもしれません。この考え方は、現在全体的に受け入れられている消費のパラダイム—もっともっと消費を—とは真反対にあります。こうした問題が悪化し続け、紛争と環境破壊が表面化している今日ですが、ひとつの希望は持てます。世界中、確実に北米とヨーロッパでは、若い人々が環境保護に活気付いています。緑の党はいたる国に存在していますが、それは若い人々の環境保全への気持ちが強いからです。

この地球を支配するのでなく、地球と統合するということの全体論的倫理を、若い人々の環境保全への熱意と組み合わせられるのであれば、それが私たちのジレンマに対するひとつの可能性となるのではないでしょうか。そして私たちがこの地球を川や空気や土地と分かち合い、これらが人間と同じく大切であるという倫理観は、私たちが消費主義を軽減させることを意味しています。「もっと欲しいのに、少なくしか手に入らない」という負の恐れではなく、圧倒的に正の動機付けがなければ、それは困難です。しかもその正の動機付けはある程度の共通性が無ければなりません。おそらくその共通点とは、私たちが土地や水、空気を私たち自身と同じように尊重するという持続可能な地球の概念でしょう。

張教授　私は、人間と自然の間の調和、人間同士の調和、そして自分自身の内面的調和が儒教哲学の一部であるということを言い忘れていました。

ハンソン教授　人口と環境双方に関するローマ・カトリック内部での進展を要約し、コメントさせてください。もちろん、私も神学者ではありませんが、私は教皇の名でヴァチカンが出版しているカトリック教会の社会回勅の研究者です。これは、現実問題に対する倫理的原理の適用の方向性をまとめています。最初は一八九一年に労働問題に関して教皇レオ一三世が出されました。最近の回勅は、環境問題にますます言及し、旧約聖書の動き、環境支配から環境保護までを対象としています。これらの文書以前にもカトリック教会内で、僧侶が世俗信者たちと環境問題に対する教会のアプローチを議論したものがありました。そこでは、カトリック教会が環境問題と取り組むという面白い進展が見られるのです。これがどういう結論を出すかは、未だ待たなければなりませんが、ここ一五年間くらいは環境に関する文献が増え、スピリチュアルな原理を配慮したクリスチャン環境主義、スピリチュアル環境主義への動きが増しています。

もうひとつの進展は人口問題に関わっています。近年のカトリック教会で最も論議を呼んだのは、人為的産児制限の禁止は継続されるという一九六八年の教皇回勅でした。パウロ六世が設置した委員会は、圧倒的多数で人為的避妊を許可すべきだという提言を出しました。多くの世俗信徒も聖職者たちもそれを勧めましたが、教皇は受け入れませんでした。今の教皇はそれを修正中ですが、どこまで修正されるかは未だ分かりません。彼は、この決定に関する信徒たちの反応を調べて報告するよう、世界中の司教たちに問いかけています。

もちろん、米国では際立った事実が存在しています。例えば、子育て世代のカトリック婦人たちが避妊用具を使ったと認めていることで、これは他の婦人たちの比率と全く同じです。これは教皇による避妊禁止を受け入れていないことを意味します。この情報が今の教皇に送られたとき、何かが変わるのか否かは未だ不明です。しかし、単にその会話を始めたということだけでも有意義です。そして、避妊をしているカトリック信徒たちの動機の一部は、人口増を抑制するという道徳的義務感なのです。個人的理由や自己愛の目的から自らの繁殖力をコントロールした人々もいますが、この問題についてはカトリック教会を注目すべきでしょう。

福田議長　今日の問題とそれが将来に与える影響についての質問に、私たちの議論だけでは答えは出ません。しかし、私たちが何を行おうと、過剰は避けるべきです。今日の午後、調和とか規制という表現がしばしば語られました。宗教は、人類の存在にとって英知の水晶玉のようです。そうした見地から、宗教指導者の役割の重要性は、今後とも増すことでしょう。であるからこそ、皆様はそれぞれの意見や思考をもっと活発に発言されるべきだと思います。今日ここで展開された議論を要約するのは困難ですが、皆様の提案を取り上げ、政策立案に反映させたいと思います。ありがとうございました。

第三部

チュービンゲン宗教間対話への提出論文

——二〇〇七年五月七—八日　ドイツ、チュービンゲン

アブラハムを始祖とする三つの一神教
―歴史的大変動と今日の挑戦

チュービンゲン大学名誉教授
ハンス・キュング

序

私たちは、一般化された疑念という脅威に直面している。今回はユダヤ人ではなくムスリムが対象だ。あたかも、彼らの全てがその宗教に扇動され、暴力の潜在性があると見られている。それとは対照的に、クリスチャンは、その宗教に教えられたが故に、全て非暴力的であり、平和であり愛がある―それは素晴らしい―と見られている。

もちろん、特に多くのムスリム少数民族を抱えるヨーロッパには、多くの問題がある。しかし、もっと公平になろう。もちろん、民主主義憲法国家の市民は、結婚の強制、婦人の抑圧、名誉のための殺人、その他古代の非人間的慣習を「人間の威厳」という名の下で拒否している。しかし、ほとんどのムスリムもこれには同調しているのである。彼らは、何の識別もなしに非難が「ムスリム」および「イスラム」全体に対して向けられていることに苦しんでいる。彼らはイスラム教の忠実な市民でありたいが故に、私たちの描く「イスラム」として自分たちを認めていない。

私たちは公平になろう。誘拐、自爆テロ、車両爆弾、首切りなど、少数の過激派が行うことを「イスラム」の責任とする人々は、同時に米軍が行った刑務所での残忍な処遇、空爆、戦車攻撃など（イラクだけでも数万人の市民が殺害されている）、そしてパレスチナにおけるイスラエル占領軍のテロリズムを、キリスト教とユダヤ教の責任として非難すべきである。戦争開始から三年、米国市民の多数は、中東とその他の地域における石油と覇権の戦いを「民主主義のための戦い」と「テロとの戦い」と装う人々が、世界を欺いているのだと認識している。しかし彼らは成功したわけではない。

二〇〇三年のチュービンゲンでの第三回グローバル倫理講義において、国連のコフィー・アナン事務総長は次のように強調した。「いかなる宗教も倫理システムも、その信者の一部が道徳的な過失を犯したからといって非難されてはならない。例えば、もしもクリスチャンである私が、十字軍や異端者弾圧の行動によって、私の信仰を判断されることを望まないのならば、少数のテロリストがある宗教の名で犯す行為をもって、他人の信仰を判断することにも極めて慎重であるべきだ。」

そこで皆様に尋ねたい。より深刻な悲惨さしかもたらさないこの報復行為を私たちは続けるべきなのだろうか、と。

否。暴力と戦争へのもうひとつの基本的な姿勢が要求されているのだ。そして基本的には、いずこであろうと人々はそれを望んでいる。ただしアラブ諸国や時には米国でも、権力亡者や盲目的政府によって横道にそらされ、メディアのイデオローグやデマゴーグによって思考力が鈍ってしまう場合もある。

三日月や十字架の旗の下で暴力が振るわれてきた。後者は、十字架という和解の印を、ムスリムやユダヤ教との戦いの徴に歪曲してしまった中世や現代の「十字軍」である。キリスト教もイスラム教も歴史的には各々の領域を攻撃的に拡大していき、それぞれの権力を暴力で防衛してきたのである。その領域では、平和ではなく戦争のイデオロギーを普及させてきた。したがって、問題は複雑である。

私たち全員は、膨大な情報に殺到され、私たち自身の姿勢を失う危険に直面している。時には、宗教学者ですら、彼らの学問分野でも、木ではなく森を見ることが困難になったという見解を表明している。そこで、例えば社会学では細分化された研究に専念し、広い文脈で考えなくなっている。あるいは考えられなくなっている。ここで私は、変化を受け入れるために新たな範疇が必要だと考える。

そこで、この一時間にアブラハムを始祖とする三つの宗教、すなわちユダヤ教、キリスト教、イスラム教の特定の基本的方向性を説明したい。議論のポイントは、三つの絡み合う質問を提示することである。

つまり、(一)不動の中核と基盤、すなわち無条件に温存されなければならないものは何か?(二)画期的大変化、すなわち変わり得るものは何か?(三)今日の挑戦、すなわち私たちがなさなければならないものは何か?である。

一．不動の中核と基盤

これは極めて実際的な質問である。私たちの宗教それぞれでは何が無条件に温存されるべきなのか。この三つの一神教全てにおいて、極端な立場が見られる。ある者は、「これだけは温存されるべきだが、それ以外はない」と言い、他の者は「全てが温存されなければならない」と主張する。

完全に世俗化したクリスチャンは「温存されるべき物など何もない」と言う。往々にして、彼らは神も神の子も信じず、教会を無視し、説教や聖餐式なしで生活している。キリスト教の文化的遺産—欧州の教会やヨハン・セバスチャン・バッハ、正教の礼拝式の美学、あるいは矛盾していても確立された秩序の柱としての教皇—を大切にするくらいがせいぜいだろう。それでも彼らは教皇の性的道徳や権威を拒否し、時によっては懐疑主義者や無神論者となる。

しかし完全に世俗化したユダヤ人も「温存されるべき物など何もない」と言う。彼らはアブラハムと先祖の神のことなど何とも思わず、彼の約束を信じず、ユダヤ教の礼拝堂での祈りや儀式を無視し、超正統派をあざ笑う。彼らはしばしば彼らのユダヤ教に代わる近代的代替宗教を見出してきたが、それには宗教色はない。それはイスラエル国家でありホロコーストの訴えである。これはまた、世俗化したユダヤ人にとってユダヤ人としての帰属意識と連帯を生み出すが、往々にして同時にアラブ人への国家的テロを正当化し、それ自体が人権を軽蔑することである。

そして完全に世俗化したムスリムもまた「温存されるべき物など何もない」と言う。彼らも神を信じず、クルアーンを読まず、彼らにとってムハンマドは預言者ではなく、シャリーア（イスラム教の法律）を拒否する彼らにとって、イスラム教の五本柱も何の役にも立たない。宗教色がないので、イスラム教を、政治的イスラム主義、アラブ主義、民族主義の道具として利用するのがせいぜいといったところである。

この「何も温存する物はない」という立場への反動として、その正反対「全てを温存せよ」を耳にする。全てがそのまま残るべきだと。「カトリック教義の何一つも壊されてはならない。さもなければ、全てが崩壊する」とローマの伝統主義者たちは声を大にする。「ハラハー（ユダヤ法）の一語も無視してはならない。神の意思が各言葉の裏にあるのだ」と超正統派ユダヤ人は抗議する。そして多くのイスラミストのムスリムたちは、「クルアーンの一言も無視されてはならない。それぞれが神の言葉だからである」と主張する。

お分かりのとおり、いずこでも紛争は先にプログラム化されているのである。これは三つの宗教に限られたことではないが、特にこの三つの宗教で顕著なのだ。こうした主張が戦闘的あるいは攻撃的になされる所では、極端な立場同士でしばしば衝突が起きる。

しかし、現実はさほど暗くはない。ほとんどの国で、政治的・経済的・社会的要因に圧倒されていなければ、極端な意見は多数派とはならない。常に、国と時代によりその規模は異なるが、自らの宗教に関しては往々にして無関心ないし無知ではあっても、ユダヤ教、キリスト教、イスラム教の信仰とその生活を放棄しない人々が、ほとんどの国に常にかなり多く存在している。他方、彼らは全てを維持する意図もない。多くのカトリックは、ローマが教える全ての教義や道徳を受け入れてはいない。多くのプロテスタントも聖書の全てを文字通り受け入れていない。多くのユダヤ教徒もハラハーの全てに従うわけではない。そして多くのムスリムもシャリーアの命令を厳密に守ってはいない。

とはいえ、最近の歴史的形態とその表現を見ず、各宗教の聖典―旧約聖書、新約聖書、クルアーン―を考察すると、各宗教で不動な物が、単に存在する物と同一であるのみならず、これらの中核や本質をなすものは、聖典により定義され得るのである。それで、ここでの質問はかなり実質的である。私たちの宗教それぞれにおいて、不動な正当性のあるもの、そして恒常的に不動な要素は、何であるべきなのかということである。すべてが温存される必要がないことは明瞭であるが、温存されるべきは、信仰の中身なのである。それぞれの宗教の中心であり基盤である法典であり、信仰なのである。それはヨハネス二三世が第二回ヴァチカン会議の開会式で述べられた。そこには私も親友のヨーゼフ・ラッツィンガー（教皇ベネディクト一六世）も十代の神学生徒として参加していた。より具体的な質問には簡単に基本的な答えを出そう。

問一 キリスト教はその魂を失わないよう、何が温存されなければならないか?

答 いかなる歴史的、文学的、社会学的な聖書論評が批判、解釈、矮小化されようとも、新約聖書における信仰の中心的内容は救世主そしてアブラハムの神の子であり、今日でも同じ神の精霊を通して存在するイエス・キリストである。「イエスは救世主、主、神の御子である」という告白なしにキリスト教は存在しない。イエス・キリストという名前が新約聖書の動的中心であり、これはいかなる意味でも静的に理解されるべきではない。

問二 ユダヤ教がその本質を失わないためには、何が温存されなければならないのか?

答 いかなる歴史的、文学的、社会学的な聖書論評が批判、解釈、矮小化されようとも、ヘブライ聖書の中心的内容は、唯一の神とイスラエルの人々である。「エホバはイスラエルの神であり、イスラエル人は彼の人々である」という告白なしに、イスラエル人の信仰もヘブライ聖書もユダヤ教も存在しない。

問三 文字通り「神への服従」のイスラム教として残るためには、イスラム教で何が温存されなければならないのだろうか?

答 クルアーンの異なるスーラ（章）を収集し、秩序立て、編集するプロセスがいかに面倒であろうと、全てのムスリム信徒にとってクルアーンが神の言葉であり聖典（啓典）である。たとえメッカのスーラとメディナのスーラ間の相違にムスリム教徒が気付き、これらの啓示を解釈に取り入れようとも、クルアーンの中心的メッセージは完全に明瞭である。「神の他に神はおられず、ムハンマドがその預言者である。」

ユダヤ教の真髄は、イスラエル人の神との特別な関係である。キリスト教の出発点は、イエス・キリストの神および父との特別な関係である。そしてイスラム教の中核をなすものは、クルアーンの神との特別な関係であり、それがイスラム教を構成し具現化しているのである。イスラム教の歴史ではかなりの紆余曲折があったものの、これがイスラム教の基本的概念であり、決して放棄されるものではない。

三つの一神教の温存されるべき顕著な特徴は、それぞれが共有しながらもそれぞれを際立たせているものである。

ユダヤ教、キリスト教、イスラム教が共有するものは何だろうか？　アブラハムの単独唯一の神、慈悲深い創造主、全ての人間の保護者であり裁判官でもある神である。歴史や個人の人生についても循環的な見解ではなく終局的志向、預言者の重要性、基準的な聖典と共通の倫理基準があげられる。

それでは彼らを際立たせるものは何だろうか？　ユダヤ教にとってはイスラエルが神の民であり土地であること。キリスト教にとっては、イエス・キリストが神の救世主であり子であること。そしてイスラム教にとってはクルアーンが神の言葉であり聖典であることなのである。

常にユダヤ教、キリスト教、そしてイスラム教の中心にあるものは、次のことに根付いている。

―最初からのオリジナリティ

―数十世紀の歴史を通した継続性

―言語、人種、文化、民族国家の相違には関わらない帰属意識

しかし、この信仰の中心、基盤、実質は抽象的な隔離状態の中で存在し続けてきたわけではない。歴史的には、これは時代の変遷に伴い、何度となく再解釈され実施されてきたのである。トインビーは「挑戦と応戦」と言った。神学者や歴史家、その他の学者にとって、制度的・神学的なものを歴史的・年代順の説明と組み合わせることが重要である。それなしに制度的・神学的なものに説得力のある基盤を与えることはできない。

二. 画期的大変化

時代の新たな画期的な事件の集合―社会全般、宗教コミュニティ、信仰の宣告、信心―の考察などが、三つの宗教で再三台頭し、この唯一かつ同じ中心を再解釈し具現化してきた。ユダヤ教、キリスト教、そしてイスラム教において、この歴史は異常に劇的であった。世界史が常にもた

らした新たな大挑戦への応戦として、宗教コミュニティー――キリスト教とイスラム教の場合は、最初は小さかったが急速に拡大した――は、一連の宗教的変遷を見た。事実、長期的に見ると、革命的なパラダイムの変更ともいえよう。私はこの概念を歴史家トーマス・クーンの『科学革命の構造』（一九六二年）から学んだ。コペルニクス革命で何が変わったのか。太陽、月、星は変わらなかったが、私たちが変わったのだった。私たちが天体を見る目、私たちの世界観、すなわちパラダイム（理論的枠組み）が変わったのである。特定のコミュニティで共有された信仰、価値観、技術等の集合が変わったのである。私はこのパラダイムの変更をまず教会の歴史に適用し、その後、異なる宗教に適用した。宗教改革で何が変わったのか。神とキリストとクリスチャンの精神は変わらなかった。しかし、信徒の見解、パラダイム、規範が変わったのである。

宗教のパラダイム――マクロ・パラダイムないし画期的な集積の全体――の歴史的分析は知識に方向性を与える。パラダイムの分析は、基本的な定数と決定的な変数に同時に集中することで、偉大な歴史的構造と変遷を組み立てることを可能にする。こうして、世界史における変化と、それから出現する特定の宗教の画期的な基本モデルを説明することが可能となる。

そこでこのような長い歴史を背景に、画期的な集合全体の歴史的・制度的分析を試みなければならない。私は自著『キリスト教』の中で、キリスト教史のマクロ・パラダイムを作り上げた。

一　初期キリスト教のユダヤの終末論的パラダイム
二　古代クリスチャンのギリシャ正教的パラダイム
三　中世のローマ・カトリック的パラダイム
四　宗教改革時代のプロテスタント的パラダイム
五　理性・進歩志向の近代的パラダイム
六　近代後の世界的パラダイム？

第一の洞察　どの宗教も、過去が常に今日と同じだったという静止した存在ではない。むしろ、どの宗教も、異なる画期的な集積を経験した、生き、そして発展している現実である。第一の決定的な洞察は、パラダイムが今日まで生き延び得たという点であり、これはユダヤ教にもイスラム教にも重要なことである。これは「正確な」自然科学と対照をなす。例えばプトレマイオスの古いパラダイムは、数学や実験のおかげで経験的にその正偽が証明され得る。例えば、コペルニクスのような新パラダイムを使う決定は、長期的には証拠により「強要」し得る。しかし、宗教（そして芸術）の分野では異なる。信仰、道徳、儀式の問題において、何も数学や実験で決定されるものはない。そこで宗教界では、古いパラダイムが消滅するとは限らない。むしろ、それは新パラダイムと数世紀も共存し続け得るのだ。（宗教改革や近代性という新しいものが、初期教会や中世の教会という旧いものと共存できたように。）

同様に、ユダヤ教の歴史におけるマクロ・パラダイムも左記のように作成した。

一　国家形成前の部族的パラダイム
二　王国時代のパラダイム
三　追放後のユダヤ教である神政政治的パラダイム
四　ラビとシナゴーグの中世的パラダイム
五　同化という近代的パラダイム
六　近代後の世界的パラダイム？

第二の洞察　異なるパラダイムへの固執と対抗意識は、宗教の状況を評価する上で最重要である。これが第二に重要な洞察である。何故か？　今日まで同じ宗教を信じる人々は、異なるパラダイムの下で暮らしてきた。それらはその時代の基本的条件に形成され、特定の歴史的メカニズムに左右される。例えば、今日でも精神的には一三世紀を生きている（トマス・アクィナス、中世の教皇、絶対的教会の秩序と同時期）カトリック信者たちが依然として存在する。ギリシャ正教の代表者で精神的には四～五世紀（ギリシャ正教の父たちと同時期）を生きている人たちもいる。そしてプロテスタントでも、コペルニクス以前の一六世紀（コペルニクスやダーウィン前の宗教改革者たちと同時期）を生きることが依然として規範である人たちがいる。

ユダヤ教とイスラム教のパラダイム変化を見ると、この固執が確認できる。ユダヤ教徒もイスラム教徒も異なるパラダイムの下で暮らしているのである。同様に、一部のアラブ人は、依然として偉大なる「アラブ帝国」を夢見ており、単一アラブ国家（パン・アラビズム）という形でのアラブ人の団結を望んでいる。他方、アラビズムではなくイスラム教が人々を結びつけることを優先させ、パン・イスラミズムを望んでいる人々もいる。そして超保守的なユダヤ教は中世のユダヤ教に理想を見出し、近代国家であるイスラエルですら拒否している。対照的に、多くのシオニストたちは、数十年しかもたなかったダビデとソロモンの王国の国境内の国家のために努力している。

最後に、二〇〇六年一〇月にオックスフォード大学から発行された私のイスラム教に関する著書『ワン・ワールド』でも、イスラム教の歴史におけるマクロ・パラダイムを示した。

一　初期のイスラム教社会のパラダイム
二　アラブ帝国のパラダイム
三　世界宗教としてのイスラム教の古典的パラダイム
四　ウラマーとスーフィーのパラダイム
五　近代化のイスラム的パラダイム
六　近代後の世界的パラダイム?

第三の洞察　この永続する質、旧い宗教のパラダイムへのこの固執と敵対意識が、まさに今日の宗教内・宗教間の紛争の主な原因に違いないし、異なる趨勢、政党、緊張、紛争、そして戦争の主たる原因のひとつに相違ない。この第三の重要な洞察は、ユダヤ教、キリスト教、イスラム教に対する核心的質問を提示する。それは、それぞれの宗教がその中世(少なくともキリスト教とイスラム教には「偉大なる時代」に思えた)にいかに反応し、三つの宗教それぞれが防御を強いられている近代にいかに反応するのかである。宗教改革の後、キリスト教はもうひとつのパラダイム変化を経験した。それは啓蒙の時代である。ユダヤ教は、フランス革命とナポレオン戦争後に初めて啓蒙を経験し、その結果少なくとも改革派ユダヤ教は宗教改革も経験した。しかしイスラム教はいかなる宗教改革も経験せず、今日まで近代性とその中核的価値である意識と宗教の自由、人権、寛容、民主主義という点においてもかなり特別な問題を抱えているのである。

三．今日の挑戦

近代的パラダイムを認める多くのユダヤ教徒、クリスチャン、ムスリムは、旧いパラダイム下で暮らす同じ宗教の信者たちとよりも相互にうまく付き合っている。対照的に、中世の虜であるカトリックは、例えば性道徳に関しては、イスラム教やユダヤ教の中世的要素を持つ人々と連携し得る。（一九九四年カイロで開催された国連人口会議で見られたように。）

和解と平和を望む人々は、批判的あるいは自己批判的なパラダイム分析を回避するわけにはいかない。それによって初めて次のような質問に答えが出せるのである。キリスト教（もちろん他の宗教でも同じ）のどこに定数があり、どこに変数があるのか？　どこに継続性が見られ、どこに不連続性があるのか？　どこに合意があり、どこに抵抗が見られるのか？　これが四番目の洞察である。温存されなければならないものは、何よりも宗教の本質、基盤、中核であり、それからその原点によって与えられた定数となる。キリスト教精神への恒常的信仰や禁欲主義の法は、変数である。必ずしも温存されなくとも良いものは、原点から鑑みて必要ではないもの全て、種ではなく殻、基盤ではなく構造であろう。全ての異なる変数は、必要とあるならばあきらめられる（あるいは逆に形成できる）ものなのである。

したがって、とりわけ顕著なグローバル化の時代における全ての宗教的混乱の中で、パラダイムの分析は、グローバルな方向性に向かうことの手助けともなる。現在が国際関係、西側とイスラムの関係、そしてアブラハムを始祖とする三つの宗教間の関係を再構築するやっかいな最終段階にあることは間違いない。選択肢は明瞭となってきた。宗教間の敵対意識・文明の衝突・民族間の戦争か、あるいは文明間の対話・民族間の平和かである。全ての人類への恐ろしい脅威のなかで、憎悪・復讐・敵意の新たなダムを建設するのではなく、私たちは、偏見の壁の石をひとつずつ取り外すことによって、対話の橋、特にイスラムへの橋を築くことができるのである。

四．普遍的倫理に貢献する三宗教

この橋作りにとって、この三宗教がそれぞれ異なっていても、また、数千年紀をかけて変遷してきたそれぞれのパラダイムもやはり異なっていても、倫理のレベルではこのような橋作りを可能にする定数があることが決定的に重要である。

人類は、動物から進化したなかで、非人間的でなく人間的な態度をとることを学んだ。しかし進化したにもかかわらず、人間が持つ欲望のために、彼らの中の猛獣は現実として残っている。そして人間は非人間でなく人間であるよう努力し続けざるを得なかったのである。

したがって、全ての宗教、哲学、イデオロギー的伝統において、今日まで最重要として残った単純な人間性の倫理的責務がある。

•「汝、殺す、虐待する、傷つける、強姦するなかれ」もしくは肯定文では「生命を尊重せよ」である。これは非暴力と全ての生命を尊重する文化への誓約である。

•「汝、盗む、搾取、汚職するなかれ」あるいは肯定文では「正直に公平に対処せよ」は連帯と公正な経済秩序の文化への誓約である。

•「汝、嘘をつく、騙す、偽造する、操作するなかれ」もしくは肯定文では「真実を話し誠意ある行動をせよ」は、寛容の文化と真実の生活への誓約である。

•「汝、性的不道徳を犯す、伴侶を虐待する、辱める、蔑むなかれ」あるいは肯定文では「相互を尊敬し愛せよ」は平等な権利と男女間のパートナーシップの文化への誓約である。

ヨガの創始者でもあるパタンジャリ、仏典、ユダヤ教聖書、新約聖書、クルアーンに見られるこれら四つの倫理的責務は、次の二つの基本的な倫理原則に基づいている。

○まず第一に「黄金律」と呼ばれるものがある。キリストの数世紀前に孔子が組み立てた概念で、全ての大宗教や哲学的伝統でも知られているが、当然のものとはなっていない。この「自ら欲さないことは、他にもしない」は初歩的なものではあるが、多くの困難な状況で決断を下す際に有用である。

○黄金律は人間性の規則でも支持されており、全く同意反復的なものではない。「若くとも高齢だろうとも、男女を問わず、障害者・非障害者を問わず、キリスト教徒だろうが、ユダヤ教徒だろうが、ムスリムだろうが、全ての人間が人間的に扱われるべきである。」これは人間性とは不可分なのである。

これから明らかなことは、共通の人間倫理ないし普遍的倫理は、アリストテレス、トマス・アクィナス、あるいはカントのような倫理体系ではなく、人間と社会の個人的な道徳的確信を形成する初歩的な倫理価値、基準、態度なのである。

もちろん、こうした倫理は事実に反する。その人間性の絶対的要請は、演繹的に満たされるものではないが、時々思い起こし、認識しなければならないものである。しかし、コフィー・アナンが二〇〇三年のチュービンゲン大学におけるグローバル倫理の講義で語ったように「しかし、もし特定の信仰や価値体系の信徒の発言や行動を非難することが間違っているのならば、特定の価値は普遍であるという概念を受け入れない人々がいるからというだけで、それらを放棄することも間違っているに相違ない。」

国連事務総長がその講義で使った結論を私もここで使いたい。「私たちは依然として普遍的価値をもっているのだろうか。もちろんである。しかし、それを当たり前と思ってはならない。」

- 普遍的価値は慎重に思考される必要がある。
- 普遍的価値は防御される必要がある。
- 普遍的価値は強化される必要がある。

そして私たちは、私たちが宣言する価値に従って、個人的にも社会的にも世界の中でも生きる意思を私たち自身の中に見出さなければならないのである。

政治家と倫理規範
―「国際政治における要因としての世界宗教」ＯＢサミット専門家会議終了後の講演

インターアクション・カウンシル名誉議長
ヘルムート・シュミット

まず、親愛なるハンス・キュング教授に感謝申し上げます。私は、一九九〇年代の初期からグローバル倫理プロジェクトに注目してきましたので、この招待を受けることをとてもうれしく思いました。「グローバル倫理」という言葉は、ある人々にとっては、あまりにも野心的に聞こえるでしょう、確かに、その目標、あるいは解決すべき任務は、真にそして必然的に極めて野心的です。この時点で、五大陸から集合した元大統領、首相たちが、インターアクション・カウンシル（ＯＢサミット）として一九八七年以降世界共通の目標を打ち立ててきたことに言及しても多分よいでしょう。しかし、私たちの作業は、相対的にまだ小さな成功しか収めていません。対照的にハンス・キュングと彼の友人達の作業は卓越しているのです。

私自身、偉大な宗教に共通の道徳律を考えるよう、鼓舞してくれた敬虔なムスリムに感謝しています。四半世紀以上前、当時のエジプト大統領アンワール・アル・サダトが、アブラハムを起源とする三つの宗教に存在する多くの類似点、特に呼応する道徳律の共通ルーツを、私に説明してくれました。彼は例えば、ユダヤ教の旧約聖書の詩篇、キリスト教の山上の説教、イスラム教のクルアーンの第四節における平和に対する共通の戒律も知っていました。彼は、もしも人々がこの収斂を認識していたならば、あるいは少なくとも政治指導者たちがそれぞれの宗教の倫理的相似点を知っていたならば、永続的平和は可能であると信じていました。彼はこの点については固い確信を抱いていたのです。数年後、エジプト大統領として、自らの確信に呼応する政治的行動に出た彼は、四回の戦争で敵国だったイスラエル国家の首府と議会を訪問し、和平を提案し締結させました。

私のように高齢になると、両親、兄弟、多くの友人の死を経験します。しかし、宗教過激派によるサダトの暗殺は、他の喪失よりも深く私を動揺させました。私の友人サダトは、平和の戒律に従ったために暗殺されたのです。

後でこの平和の戒律に戻りますが、まずは但し書きです。一つのスピーチ、しかも一時間以内に限定されたもので「政治家の倫理」というテーマをカバーなどしきれません。この理由から今日私は、まず政治と宗教の関係、次に政治における理性と良心の役割、そして最後に妥協する必要性とそれが必然的にもたらす厳格さと一貫性の喪失について語らざるを得ないのです。

一

さて、平和の戒律に戻りましょう。平和の格言は、政治家に絶対的に要求される倫理または道徳の不可欠な一要素です。それは、国家とその社会における国内政策にも、対外政策にも平等に適用されるのです。この他にも法則や格言はあります。それには当然、世界中の宗教が教え、要求する「黄金律」が含まれます。エマニュエル・カントは、彼の道徳律において、黄金律を単に再形式化したに過ぎません。それは、一般的には「自分にして欲しいと思うことを他人にもなせ」と表現されています。この黄金律は全ての人に適用され得るのです。私は、他の人々とは異なる基本的道徳の規範が政治家に適用されるなどとは全く思っていません。

しかし、普遍的道徳性の中核をなす規範以下のレベルでは、特定の職業や状況には、多くの特別な規則があります。例えば、医者たちに尊敬されている「ヒポクラテスの誓い」、あるいは裁判官の職業的倫理、あるいは実業家、金貸しないし銀行家、従業員もしくは戦争中の兵隊などに要求される特別な倫理規定もあります。

私は哲学者でも神学者でもないので、特定の政治倫理の概説や法典を提示し、プラトンやアリストテレスや孔子たちと競争することなど試みるつもりは毛頭ありません。二五〇〇年もの間、この偉大なる哲学者たちは、政治倫理のあらゆる要素や成文を収斂させ、時には高度な論議をかもしてきました。近代ヨーロッパでは、マキァヴェリあるいはカール・シュミットからユーゴー・グロティウス、マックス・ヴェーバー、そしてカール・ポパーにまで広がっています。他方私は、政治家そして政治的編集者としての人生から――ほとんどが自国において、そしてそれ以外は近隣諸国や遠い国との対応から――私自身が学んだ洞察を皆様に提示することに限定せざるを得ないのです。

この時点で、神とキリスト教の議論はドイツ国内問題ではかなり稀有ですが、他国の政治家との議論や交渉ではそうではなかったという私自身の経験を指摘したいと思います。フランスとオランダでEU憲法の国民投票が行われた時、両国の多くの国民にとって、EU憲法が神への言及を十分にしていないことが反対の決定的な動機でした。政治家の大多数は、憲法の文章で神を引用することを控える方を選びました。ドイツの憲法である基本法では、その序文に「神の前での責任を意識して」と神が表現されており、第五六条には宣誓の言葉として「神の助けがありますように」と再び神が出てきます。しかし、その直後に基本法は「宣誓は、宗教的確約なしに行ってもよい」としています。いずれにせよ、神がカトリックかプロテスタントの神であるのか、ユダヤ教ないしムスリムの神であるのかは、個人の決定に任せてあるのです。

基本法の場合、政治家の大多数がこの文章を支持しました。民主主義の秩序においては、法の支配の下で、特定の宗教的信仰や文章よりも政治家と彼等の理性の方が、憲法政策においては決定的な役割を果たしているのです。

最近、ヴァチカンが数世紀を経てやっと、かつて政治闘争にも利用されたガリレオの合理性に対する評決を覆しました。今日、私たちは中東の政治勢力と宗教勢力が、いかに人々の精神を巡って流血の争いに閉じ込められており、私たち全員が備えている理性、合理性がいかに繰り返し無視されているかを毎日目撃しています。二〇〇一年に、何人かの宗教過激派が、彼等の神に奉仕していることを確信して、ニューヨークで三〇〇〇人の命と共に、自らの命も終わらせた時に、「神の不在」でソクラテスに死刑判決が下されてからすでに二五〇〇年も経過していました。明らかに、宗教と政治そして理性の間の絶え間ない対立は、人間の条件の永続的要素なのでしょう。

二

ここで私は個人的経験を加えても良いかと思います。私は、ナチスの時代に成長しました。一九三三年の初め、私は一四歳になったばかりでした。私は八年間の兵役につきましたが、戦争中は「もしも全知全能なる神がおられるならば、この様な惨事を許される筈はない」と思っていました。そして、予想された大惨事に続く戦後の時代において、キリスト教会に希望を繋いでいたのです。しかし一九四五年に、私は教会が道徳を再確立することも、民主主義と立憲国家を再構築することもできないことを経験しました。私自身の教会は、依然として「より高き権力に従え」というパウロのローマ人への書簡でもがいていたのです。

むしろ、最初はヴァイマール時代の経験豊かな政治家たちが、新たな出発で重要な役割を果たしました。アデナウアー、シューマッハー、ヒューズたちです。しかし、連邦共和国の出発点では、高齢のヴァイマール時代の政治家ではなく、ルートヴィッヒ・マクシミリアンの信じ難い経済的成功と米国のマーシャル援助が、ドイツ国民を自由と民主主義、そして立憲国家の支持に回したのです。

この真実を何も恥じることはありません。結局は、カール・マルクス以降、私たちには経済的現実が政治的確信に影響を及ぼすことが分かっていたのです。この結論は半分ほどしか真実ではないかもしれませんが、統治する権力が産業と労働に十分な秩序が保てなければ、全ての民主主義が危険に瀕するという事実は残っているのです。

その結果、私は、道徳的のみならず政治的にも経済的にも、教会の影響力に失望し続けました。私が首相を務めた頃から四半世紀を経て、私は多くの新しいことを学び、多くの著書を読みました。その過程で、私は以前知らなかった他の宗教や哲学に関して、若干の知識を得ました。そしてこの教育が私の宗教的寛容性を強化させたのです。同時にそれは、私とキリスト教との距離を広げました。しかしながら私は、私自身をキリスト教徒と称し、道徳的退廃に対抗し、多くの人に支援を提供している教会にも籍を残しております。

三

キリスト教の神への言及に関して、今日でも私を悩ませ続けていることは、キリスト教そして他の信仰でも見られる――何人かの宗教家、政治家の間でだが――他を排除する傾向です。すなわち、「あなたは間違っているが、私は啓蒙され、私の確信と目的は神に祝福されている」という見解です。私たちの異なる宗教やイデオロギーが、全ての人が良くなるための努力を阻止するなど許されてはならないことは、私には長年明瞭でした。つまり、私たちの道徳的価値が、実に類似しているからなのです。私たちの間で平和は可能ではあっても、カントが言ったように、私たちは常にこの平和を再構築し「確立」しなければならないのです。

もしも各宗教の信徒たちや聖職者たちが、他の宗教の信徒たちを帰依、改宗させようとすると、平和の目的には役立ちません。このため、信仰の宣教の裏にある基本的な概念に対する私の態度は懐疑的なのです。ここでは、私の歴史知識が特別の役割を果たします。すなわち、キリスト教とイスラム教双方が、数世紀におよぶ誓約、信念、理解からではなく、剣、征服、支配によって広められた事実のことです。中世の政治家たち、すなわち公爵や国王、カリフや教皇は、宣教的思考を充当させて自らの力を拡大する手段に変え、その目的のために数万人の信徒たちを志願させたのでした。

例えば、キリストの名において兵士たちが聖書を左手に持ち、剣を右手に持った十字軍は、私の目には実際には征服のための戦争と映ります。近代では、スペイン、ポルトガル、英国、オランダ、フランス、そして最後にドイツがアメリカ大陸、アフリカ大陸、アジア大陸のほとんどを奪うために暴力を行使しました。道徳的、宗教的優越性を確信して、これら外地の大陸を植民地化したのかもしれませんが、植民地帝国の確立は、キリスト教とはほとんど関係なかったのです。むしろ、これらの行為は権力と自己中心的な利益のためになされました。あるいは、イベリア半島のレコンキスタ（再征服）を例にあげてみましょう。これもキリスト教の勝利のためだけではなく、その中心にあったものは、カトリック教徒の君主、フェルナンドとイザベラでした。今日インドで、ヒンドゥー教徒とムスリムが闘う、あるいは中東でムスリムのスンニ派とシーア派が闘っている場面でも、最重要な点は権力と支配であり、宗教と大衆に影響力のある聖職者たちがその目的のために使われているだけなのです。

今日、二一世紀の初めにおいて、宗教に動機づけられた、あるいは宗教を装った世界的な「文明の衝突」の本当の危険が発生しています。近代化された世界の一部では、宗教を装った権力の動機が、貧困への道理ある怒りや他の人々の裕福さへの羨望と交じり合っています。宣教的動機が、権力への過剰な動機と混合しているのです。この文脈で、バランスも取れ、自己規制された理性の声が注意を惹くなど困難です。狂喜し、興奮した大衆のなかでは、個々の理性への呼びかけなど全く聞こえません。今日、完全に尊敬に値する民主主義と人権に関する西側のイデオロギーと説教が、全く異なる習慣の下で発展してきた文化に対して、宗教的熱狂と軍事力で押し付けられていることについても同じことが言えるのです。

四

私自身これらの経験から一つの明確な結論を導き出しました。すなわち、自分が属する宗派を、自らの権力への願望のための道具にしてしまう政治家、大統領、あるいは首相を信用しないこと、したがって次の世界を志向しがちな宗教と現世界の政治を混合させる政治家とは距離を持つこと、です。

この警戒は、国内・海外の政治に等しく適用され得ます。これはまた、各国の市民と政治家にも等しく適用されます。私たちは、他の宗派、教団の信徒をも尊重し、彼らに寛容であるべきだ、と政治家に要求しなければなりません。政治指導者としてこうした能力のない人は、平和―私たちの国内の平和であっても、他国との平和であっても―にとってはリスクとして見なされねばならないのです。

全ての宗教でラビ、神父、牧師、ムーラ、アーヤトッラーが、他の宗教に関する知識を私たちから隠してきたことは、悲劇です。むしろ、彼等は他の宗教を非難する風潮で考え、軽蔑さえするように私たちに教えてきました。しかし、宗教間の平和を望む人は誰であろうと、宗教的寛容と尊敬を説教すべきなのです。他に対する尊敬には、彼等に関する最低限の知識が必要なのです。私は、三つのアブラハムを伝統とする宗教の他に、ヒンドゥー教、仏教、神道も同じ尊敬と同じ寛容を求める権利があると長年確信してきました。

この確信のために、私は、世界宗教者会議による「グローバル倫理シカゴ宣言」を歓迎し、それが望ましいだけでなく、緊急に必要なものであると見てきました。同じ基本的立場から、今から一〇年前にＯＢサミットは、日本の故福田赳夫の主導で練り上げた「人間の責任に関する世界宣言」案を国連事務総長に提出しました。全ての主要宗教を代表する人々の助けを借りて起草されたその宣言は、人間の基本的な原理をついています。ここで、私は特にハンス・キュング教授に対し、彼の支援に感謝を表明したいと思います。同時に私は、ウィーンのケーニッヒ枢機卿による貢献も感謝をもって思い起こします。

五

しかし私はまた、二五〇〇年前、ソクラテス、アリストテレス、孔子、孟子等の後世に多大な影響を及ぼした人類の教師たちが、表面的には誉めたものの、宗教を必要としなかったことも理解しています。彼らにとって、宗教は彼らの仕事の周辺的なものでしかなかったからです。彼らに関して私たちが知っていることから想像すると、ソクラテスは彼の哲学の基礎を、孔子は彼の倫理の基礎を理性のみにおいていたことが分かります。彼らの教えのどこにもその基礎を宗教においてはいません。しかし両者とも、今日ですら数百万、数千万の人々の道標なのです。ソクラテスなしにプラトン—おそらくエマニュエル・カントもカール・ポパーも—は存在しなかったでしょう。孔子と儒教なしに、中国文化およびその歴史的継続性と活力が世界史でも独特な「絹の王国」が存在し得たかは想像しがたいのです。

ここで、一つの経験が私にとって重要です。明らかに、その創始者が神、預言者、聖典あるいは特定の宗教に帰依せず、自らの理性のみに従ったとしても、卓越した洞察や科学的功績を創出することは全く可能であり、また倫理的・政治的教えも然りであるということです。このことはまた、社会・経済そして政治における功績についても同様に適用され得ます。しかし、私たちが住んでいる世界において、この経験が受け入れられるよう「突破」するには、欧米の啓蒙運動の数世紀におよぶ苦闘があったのです。ここでは、「突破」という表現が科学、技術、産業に関しては正当化され得るでしょう。

他方、政治に関しては、不幸にして「突破」と言う言葉は、啓蒙主義には僅かしか当てはまりません。自らを「神のおかげ」の国王と見なしたヴィルヘルム二世であろうと、神に祈願する米国大統領であろうと、政治においてキリスト教の価値を引用する政治家であろうと、彼等は自らがキリスト教徒であることに宗教的に縛られています。人によっては、キリスト教徒としての宗教的責任ある立場にあると、単純かつ明らかに感じているでしょうし、ほとんどのドイツ人が今日そうであるように、この責任を相対的には漠然としか考えていない人もいるでしょう。多くのドイツ人は、結局はキリスト教から距離をおいているのです。多くの人々が教会を去り、神と別れてしまった人達もおりますが、彼らが依然として善人であり良き隣人であることに変わりはないのです。

六

大多数のドイツ人は今日、ある重要で基本的かつ拘束力のある政治的信念を共有しています。何よりも、彼等は不可侵な人権と民主主義の原則にコミットしています。この内面的なコミットメントは、明らかに個々の信仰や不信心とは関係なく、その二つの原則のいずれもがキリスト教の教義には含まれていない事実とも関係ありません。

キリスト教のみならず他の世界宗教やその聖典も、主として信徒たちに法や義務を強制してきましたが、個人の権利となると聖典のどこにも見つからないのです。他方、私たちの基本法の最初の二〇条は、ほとんど全て個人の市民の憲法上の権利に言及していますが、彼等の責任や義務にはほぼ何も言及していません。私たちの一連の公民権リストは、ナチス統治下の個人の自由に対する極端な抑圧への健全な反応なのです。それはキリスト教やその他の宗教の教えに基づいたものではなく、全てが私たちの憲法において明確に表明されている一つの基本的価値「不可侵な人間の尊厳」に基づいているのです。

同様に、第一条では、議員であろうと政府当局者であろうと官僚であろうと、あるいは連邦政府、州政府、地方自治体であろうと立法府・行政府・司法府は、法律が直接適用可能とする基本的権利に拘束されています。同時に政治家は、基本法が良いあるいは成功する政治と同様に、貧弱な政治と成功しない政治にも余地を与えていることから、広範な行動範囲をもっています。このため、私たちは憲法への遵守に関しては、議員や与党が必要であるのみならず、第二に裁判所による彼らへの規制と、第三に有権者と世論による政治の規制を必要としているのです。

もちろん、政治家は過失を犯しがちであり、事実間違いを犯します。結局は、彼らも他の市民同様、同じ人間的弱点をかかえ、世論と同様の弱点も持っているのです。時には政治家は、自発的に決定を迫られることもありますが、ほとんどの場合は決断を下す前に、いくつかの選択肢とそれぞれの結末を考慮するために、複数の人からアドバイスを受ける十分な時間と十分な機会が与えられています。政治家が固定的論理やイデオロギー、所属する政党の権力への固執に流されることを自らに許せば許すほど、識別可能な諸要因と個別の事例における自らの決断の結末を比較、考慮しなくなり、過失、間違い、失敗の危険も増大します。このリスクは、決断が自発的になされる時、とりわけ高まるのです。いずれの場合も彼はその結末に対する責任を負っており、この責任は往々にして、実に重荷となり得ます。多くの場合政治家は、憲法問題、宗教問題、哲学や理論に関する決断を下す時、手助けを得られないし、自らの理性と判断力に依存する以外ないのです。

このために、マックス・ヴェーバーが一九一九年に行った「職業としての政治」と題された、未だに読み応えのあるスピーチで、政治家の「バランス感覚」について語った部分が若干一般的すぎたのです。彼は、政治家が「自らの行動には説明責任」を持たなければならないと付け加えました。事実、私は一般的結果のみならず、特に意図されない、あるいは受け入れられた後遺症も正当化されなければならないと信じています。政治家の行為の目的は道徳的に正当化されなければならず、彼の手法も同様に倫理的に正当化されなければなりません。この「バランス感覚」はまた、不可避で必要とされるいかなる自発的決定に対しても十分でなければなりません。しかも、もしも考慮する時間が十分にあるのならば、慎重な分析と熟慮がなければならないのです。この格言は、極端で劇的な場合になされた決定に適用されるのみならず、税務や労働政策などの通常・日常的法案にも適用されます。そしてまた、新規の電力発電所や新しい道路に関する決定等にも適用されます。例外なしに適用されるのです。

換言すれば、政治家は理性に訴えたのでなければ、自らの行動とその結末を良心的に直視できないということです。良き意図や名誉ある確信のみで、彼らの責任の重荷を軽減することはできないのです。この理由から、私は常に、究極的結果の倫理と対照的な責任の倫理の必要性を説いたマックス・ヴェーバーの言葉を的確だと思ってきました。

しかし同時に私たちは、政界入りする多くの人が、理性ではなく彼らの確信によって動機付けされていることも知っています。同様に私たちは、国内問題でも対外問題でも、ある決定が理性的熟慮からではなく、人々の確信からなされることも認めなければなりません。そして私は、選挙民の大多数が誰に投票するかという選択を、時のムードに影響される感情に基づいて決めていることにも、何の幻想も抱いていません。

しかしながら私は、政治的決定における二つの要素―理性と良心―の重要性について過去何十年もの間、講演や原稿を通して語ってきました。

七

この結論がいかに単純かつ不明瞭に聞こえ、また見えたとしても、民主主義の現実からすると、さほど単純ではないことを、私は付け加えなければなりません。民主主義政府において、一人の人間が政治的決断を下すことは、実際には例外的です。圧倒的多数の場合、一人の人間ではなく、国民の大多数が決定するのです。これは、法案についても例外なく真実です。

議会において多数を達成するためには、数百人が法案の内容に合意しなければなりません。同時に、相対的には重要ではないことが複雑化し、対処を困難にすることもあります。この場合、著名な専門家や所属する政党の公認された指導者に頼ることは簡単ですが、ある点に関して数名の議員が異なるが根拠のしっかりした見解を紹介するという事例も多くあり、それは重要なことなのです。彼らに同意してもらうためには、彼らの見解を取り入れなければなりません。

つまり、法案と議会の多数による決定とは、これらの個人たち全員が妥協する能力と意思を持たなければならないのです。妥協なしに多数合意は形成され得ません。原則として、妥協できないあるいはその意思のない人は、誰であろうと民主的法案には用はないのです。確かに妥協は、政治的行動の厳格さや一貫性の喪失を往々にしてもたらします。しかし、議会の民主的議員には、その類の損失を受け入れる意思がなければならないのです。

八

同様に、妥協は国家間の平和を維持するための外交政策においても常に必要です。例えば今日米国政府が育成しているような国家の聖域的利己主義は、長期的には平和裏に機能しません。

数千年におよぶ、アレクサンドロスからカエサル（シーザー）、チンギス・ハンからピサロあるいはナポレオンそしてヒトラーやスターリンに至るまで、平和の理想は外交政策の実施において、ほぼ決定的な役割を担いませんでした。それはまた同様に、理論的な政府の倫理あるいは政治への哲学の統合においても、ほぼ何の役割も担ってきませんでした。逆に、数千年の間、そしてマキァヴェリからクラウゼヴィッツに至るまで、戦争は政治の要素として当たり前に思われていたのです。

オランダ人のユーゴー・グロティウスやドイツ人のエマニュエル・カント等の少数の哲学者達が、望ましい政治的理想として平和を今日の地位に押し上げました。ヨーロッパの啓蒙運動までは、数十世紀かかったのです。しかし、一九世紀を通じて主要欧州諸国にとって、戦争は政治の異なる手段として続き、二〇世紀も同様でした。人々は、戦争を人類の重要な悪であり、回避されるべきものとして見てきました。この見解が東西の指導的政治家にも共有されるには、二つのおぞましい世界大戦まで必要だったのです。こうした動きは、国際連盟を設立する試みと今日も存在する国際連合の創設に見られます。それはまた、米ソ間の均衡を意図した軍縮協定や、一九五〇年代以降の欧州統一、そして一九七〇年代のドイツのオスト・ポリティーク（東方政策）などにも見られます。

ところで、ボン政府の対モスクワ、ワルシャワ、プラハのオスト・ポリティークは、平和政策の決定的要素の顕著な事例です。すなわち、平和のために行動したい政治指導者は、向こう側の政治指導者（つまり潜在的敵）と話さなければならず、相手の言い分も聞かなければなりません。語り、聞き、可能ならば妥協するのです。もうひとつの事例は、平和のための妥協産物だった一九七五年の欧州安全保障協力会議の最終声明（ヘルシンキ宣言）です。ソ連は東欧国境線の不可侵性に関する宣言を西側の指導者たちから獲得し、西側は人権について共産主義の国家元首たちから署名を獲得しました（これは、後にバスケット・スリー合意として有名になりました。）その一五年後のソ連崩壊は、ありがたいことに、外部からの軍事侵入によるものでなく、権力を広げすぎたシステムの内部崩壊だったのです。

その逆の負の事例は、イスラエル国家によるパレスチナとそのアラブ近隣諸国への数十年におよぶ戦争と暴力行為です。いずれも相手と話し合わなければ、妥協と平和は単に幻想的希望として終わってしまうのです。

一九四五年以来、国際法は国連憲章という形で、国家間の問題に軍事力で外部から介入することを禁止してきました。この基本的規則への例外として、安全保障理事会のみに決定権が与えられているのです。例えば、イラクへの軍事介入は、ましてや虚偽に基づいたものは、確実に非介入の原則違反であり、国連憲章に対する破廉恥な蹂躙です。多くの国の政治家が、この違反について非難されなければなりません。同様に、多くの国（ドイツも含む）の政治家は、人道的立場から国際法に反する介入に責任を負っています。例えば、十年以上に及んだバルカン半島での暴力的紛争（ベオグラード爆撃を含む）は、西側の人道主義というマントの裏に隠されてきました。

九

しかしながら、私は外交政策へのこの脱線から離れて、議会での妥協に戻りたいのです。私たちの開かれた社会では、世論形成に多大な影響力を持つマスメディアは、時には政治的妥協を「馬の交換」ないし「怠惰な」妥協として扱いますが、時には、彼らは政党の非道徳的な規律とされるものに激怒しています。他方、世論形成の過程を批判的に精査し続けることは良いことであり、有用ではありますが、同時に妥協の民主的必要性という定理もその信憑性は続くのです。結局は、個々の議員がそれぞれの利益をかたくなに守る議会は、国家を混乱に陥れます。同様に、個々の議員がかたくなにそれぞれの判断に固執すれば、政府は統治不可能に陥ります。どの閣僚も、どの議会政党もこれを知っているのです。全ての民主的政治家は、妥協しなければならないことを知っているのです。妥協の原則なしに、民主主義の原則はあり得ないのです。

しかし、現実的には、悪い妥協もあるのです。例えば、第三者あるいは将来の世代を犠牲にする妥協です。現在の問題を実際には解決していないのに、解決しているかのごとくの印象を与える不誠実な妥協もあります。こうして妥協という必要な徳も、単なる日和見主義の誘惑に直面することもあります。世論あるいは世論のある要素に迎合する妥協への誘惑は、日常茶飯事として繰り返し見られます。このため、妥協する意思のある政治家は、自らの良心に頼らなければなりません。

自分の良心に反することから、政治家が行ってはならない妥協もあります。こうした場合、唯一の選択肢は、公に反対を表明することであり、場合によっては唯一残された道は辞任か落選です。自らの良心に反することは、自身の名誉と道徳そしてその人間の個人的高潔さへの他人の信頼をも傷つけるからです。

しかし、良心の過失もまたあります。自らの理性もしくは信じることがありますが、良心も然りです。このような場合、道徳的非難は正当化されませんが、恐ろしい損害を被ることもあるのです。またこのような場合、政治家は後に自分の過失を認め、真実を語るべきか否かの質問に直面します。このような状況では政治家は、ここにいる私たち全員がするように、あまりにも人間的な行動に出る。すなわち、公的に良心の過失を認め、私たち自身に関する真実を語ることは、私たち誰にとっても困難な行為なのです。

一〇

真実に関する質問は、マックス・ヴェーバーが政治家の三つの卓越した特質のひとつであると認定した情熱と、時には対照的です。真実に関する質問は、民主政アテネで二五〇〇年前に最も重要な芸術のひとつであると認められ、ある意味では今日のテレビ社会ではさらに重要性を増したレトリックの才能とも対照をなします。選ばれたい人たちは、選挙民に対し、彼らの意図やマニフェストを提示する。そうすることによって、特にテレビの視聴者にアピールしたい場合、後に満たすことができないような約束をする危険に陥ります。選挙に出る者たちは皆、誇張の誘惑にかられるのです。名声への競争そして何よりもテレビの視聴者へのアピールが、昔の新聞購読社会に比較すると、この誘惑を強化してしまいました。

私たちの近代大衆民主主義は、かつてウィンストン・チャーチルが言ったように、私たちにとっては―時に試してみた他の政治形態に比較すると―最善の政府の形ではありますが、決して理想的な形態ではない。大衆民主主義は、過失と欠陥を伴いながら、大きな誘惑に必然的に悩まされます。決定的に残されているものは、暴力や流血なしに、選挙民が政府を変えられるという事実であり、この理由からも議会で過半数を後ろ盾に選ばれた人々は、選挙民に対して自らの行動について説明責任があるのです。

一一

マックス・ヴェーバーは、情熱とバランス感覚の他に、政治家の第三の特質が責任感であると信じていました。ここで質問なのですが、誰に対する責任なのでしょう。私にとっては、選挙民は、政治家が答えなければならない究極的権威ではありません。選挙民は往々にして、極めて一般的で流行を追う決定を下し、頻繁に感情や気まぐれに基づく選択をします。しかし、彼らの多数決は、政治家の服従を伴うのです。

私は、良心に関する多くの神学的・哲学的見解があることを認識しておりますが、私にとっての究極的権威は私自身の良心なのです。この言葉は、すでにギリシャ・ローマ時代に使われていました。後に、パウロや他の神学者たちは、神と神が命じた秩序を意識すること、そして同時にこの秩序への違反は罪であると私たちが意識することを意味して、この良心という言葉を使いました。キリスト教徒のある人々は、「私たちの内部におられる神の声」について語ります。私たちの良心に関する理解は、聖書の教えがヘレニズムの世界と接触したことから出現したということを、私の友人リチャード・シュレーダーの著書で読んだことがあります。他方、彼の一生を通して、エマニュエル・カントは、宗教の役割を考慮せずに、彼の良心の基本的価値を考えなかったことはなかったのです。カントは、良心を「人間の正義を内面的裁判所が意識すること」と説明していました。

人間が、良心とは人の理性からくるのか、神に由来すると信じるか否かは別として、いずれの場合も、人間の良心の存在についてはほぼ疑問の余地はありません。キリスト教徒であろうと、ムスリムであろうと、ユダヤ教徒であろうと、懐疑主義者であろうと、自由な考えの持ち主であろうと、成人した人間は良心を持っているのです。そして、どちらかというと小声で付け加えたいのですが、私たちは一度以上自らの良心に反する行動をとったことがあります。私たち全員が「罪悪感の中で」暮らさざるを得なかった時期もあったのです。もちろん、このあまりにも人間的な弱点を政治家も共有しているのです。

一二

今日私は、職業政治家として得た三〇年の体験から学んだいくつかの洞察を皆様に説明しました。もちろん、これらは、多層にわたる現実から抽出した極めて限られたものです。最後に、二重の洞察が私自身にとって極めて重要です。まず、私たちの開かれた社会と私たちの民主主義は、多くの不完全と欠陥に悩まされており、全ての政治家が依然としてあまりにも人間的な弱点をもっていることです。現実的に存在する私たちの民主主義が純粋な理想であると考えるのは危険です。しかし、第二に、私たちドイツ人には、大惨事をもたらした私たちの歴史のために、私たちの全ての力を持って民主主義にしがみつき、民主主義を恒常的に活性化させ、民主主義の敵とは常に立ち向かうあらゆる理由があるのです。このことに合意できて初めて、私たちの国歌の「結束、公正、自由」が正当化され得るのです。

孔子の論語

ハーバード大学・北京大学名誉教授
杜維明

序

論語は、数十年にわたり孔子（紀元前五五一―四七九）と弟子たちとの間で交わされた一連の対話から、豊かで変化に富み、自由闊達な時節に適う、そして生き生きとして覚えやすく、示唆に富んだ中身を抽出したものに違いない、と私は考える。論語は、孔子と最も身近にいて、豊富な知識を身に着けた二世代にわたる弟子たちの手によって編纂されたのだろう。だが、弟子たちは編纂した論語を完結品にしようとは思っていなかっただろう。むしろ、彼らの狙いは、論語を世間に知らしめ、その解釈に対し新たな貢献を招くためだったのかもしれないのである。もちろん、彼らが慎重かつ思慮深く項目を選んで編纂したことは明らかだ。こうした弟子たちがとった戦略的理由を推測することは難しくはない。編纂の目的が、弟子たちが懐かしみ、敬慕し、尊敬し、愛して止まなかった模範的な人柄の師の思い出を残すことだったと仮定してみよう。彼らが取り得る編纂方法はいくつかあった。例えば、師の最も重要な活動を時代順に記録し、感謝を込めた伝記を共同執筆し、師の思想の核心部分を記録することもできただろう。だが、彼らは極めて個人的な様式を選択し、師が本当はどのように話し、行動し、考えたか、また個別の質問にいかに生き生きと対応したかを記録した。それは見事に結実した。

古典として、論語は変更可能なオープン・エンド型で、新たな内容や多様な用語、異なる注釈や新たな解釈を付け加えるのに適している。原点は元来、絶えず広がる論語に貢献したい者たちの洞察を受け入れるようになっているのだ。論語は孔子の発言に帰することができる豊富な識見を収められる余裕が十分ある、公的な空間のようである。歴史的文献に記録されている論語には、異なって編纂されたものが少なくとも三種類ある。子曰くで始まる膨大な孔子の発言が、前秦時代（紀元前三世紀）に大量に散在しているが、これらの信憑性に慎重かつ厳しい見方をする学者もいる。懐疑派の影響を受けたこうした用心深い学者は、論語に記されている孔子の発言さえ疑わしいと見なしている。記録として残っている孔子の発言が、孔子本来の言葉を基に新たに作られたのではないか、そして孔子の思想を本当に反映しているのだろうかという疑念が中国研究者の間で広がっている。孔子が何も語ってはいないので、本来の孔子の言葉探しは、少なくとも中国研究者の間では、学問的優先事項になっていた。

状況は一九九二年、湖北省郭店での竹簡の発見により劇的に変わった。考古学者や文献学者が初めて見せられた竹簡には、第一世代に属する孔子の弟子たちに関する一次資料や、古典に対する孔子の発言という驚くべき記録が残されていたのだ。論語の信憑性は大幅に高まった。礼記にあるような、その他の孔子の発言とされるものも、師の本物の声として聞こえるのだ。孔子の教えが直近の弟子たちを通して、中庸の著者と推定される孫まで伝わっていく輪郭も明らかになった。また、編纂されたと思われている論語に対しては、もはや謎と見なす流れはなくなった。弟子たちの認識に基づく孔子のイメージについて絶対的な確信があるわけではないが、我々が扱っているのは、でっちあげの追想集ではないことを、かなりの自信を持って言える。

現在の論語は、長きにわたる学問的探究によってその内容が深められたものだが、言語学的、文献学的、文学的及び原典研究が蓄積した賜物である。それが多くの賞賛と非難、活用と誤用、評価と批判、理解と誤解をもたらしてきた。確かに、論語へのアプローチには複数あるが、その可能性が無限にあるわけではない。論語には、興味深い解釈をする者と同等に多くの妥当な解釈があるという示唆は、最善でも実行不可能な誇張である。事実、何世紀にもわたり伝承されてきた論語の注釈で、生き残ったのはほんの僅かで重要なものだけだった。解釈する方法は複数あるが、相対主義的な方法論は理論と実際のどちらの面でも機能しない。しかしながら、疑いなく論語は、多様で根本的に異なる読み方さえ許してしまう柔軟性がある文献である。

対話形式

論語は、新約聖書やソクラテスの対話のように、恩師の教えを直接見聞きした経験を大切にした者にとっては、インスピレーションの源なのだ。何人かの学者が指摘するように、論語の第十篇では、身なりや歩き方、目上の者への接し方から、見知らぬ者との出会いや友の歓迎のしかたなどに関する孔子の作法が、繊細で微妙な描写で示されている。事実、孔子の表情、仕草、とりわけ礼儀作法が実に生き生きと描かれているのだ。孔子が教えた日々の手順は、個々の特定の状況における妥当性を示している。彼の弟子たちの目には、彼の優雅な美的感覚が掻き立てられた。孔子は抽象的な宇宙主義よりはむしろ、暮らしてきた具体的な世界の中で、生々しく蘇る。二五〇〇年以上たっても、敏感な耳には彼の心の声がいまだに聞こえ、彼の存在感さえ感じさせる。孔子の活気に満ちた個性、そして実際彼の人間性が生き生きと現れてくるのだ。

対話形式は、熟考に基づく会話や凝縮された説話として論語全体に広がっている。先生としての孔子は、表面的には単に弟子の質問に答えるだけだった。弟子たちは師を仰ぎみて、指導、洞察、英知を求めた。そこにはやり取りをする余地などほとんどなかった。相互に言葉を交わすコミュニケーションは、まったく存在しなかったように見える。弟子が師の話の前提に異議を唱えることなどほとんど見受けられないのだ。弟子の子路との場合ですらそうだった。さる問題のある高貴な女性を訪問すると師が決めた時、子路は明らかに不快感を隠さなかった。それでも、師は「自分は何一つ間違ったことはしていない」という抗議以外、何も語っていないのである。[六-二八]　おそらく弟子たちは、孔子の存在に対する畏怖の念が強かったので、ひたすら師の指導に熱心に耳を傾けていたのだろう。顔回の場合がここでは妥当な例だ。師は次のように言った。「私は顔回と一日中話していることができる。彼はなにも異議を唱えない。愚かにさえ見える。だが、一人の時の彼を見るが良い。彼の行動は師から学んだことを完全に反映しているではないか。そうなんだ。顔回は愚か者じゃない。」[二-九]　孔子の弟子として最も尊敬されている顔回は、師としての孔子に対して尊敬の念に溢れていた。

顔回はため息混じりにこう言った。「私が師の教えを熟考すればするほど、越えるべきハードルは高くなるのです。深く掘ればほるほど、抵抗も強くなる。目の前にあったかと思うと、突然それは後ろに廻ったりする。師は人を一歩一歩罠にかける方法を本当に良くご存知です。師は私を書物で刺激し、礼で私の行動を抑制なさる。私が止めたかったとしても、できなかったでしょう。私のエネルギーを全て使い果たしても、目標は私の上に高くそびえたっているのです。私はそれを抱きしめたいのだが、そこへ至る道筋がみつけられないのです。」［九－一一］

これら二つの発言の根底をなしているものは、単なる言葉による教えではなく、模範的な教えの方が弟子たちに自己実現の道を見出させられ得る、という仮定的論理なのである。議論は奨励されておらず、引き裂くような言葉は、めったに、有徳の印にはならない。［一－三］「雄弁が何の役に立つと言うのか。機敏な話しぶりは多くの敵を作る。」［五－五］　事実、感情的で卑屈な発言といった上辺だけのものは避けるべきである。［五－二五］

人の話を聞く技能は、個人的な知識の蓄積に欠かせないものだが、それは優雅に話をする前提条件として、磨かれなければならない。孔子の教授法はソクラテスのそれとは対照的なもので、経験主義的な理解と無言の認識を重視した。

論語で卓越した特徴である「学ぶ」という意味には、実践と認識が含まれる。それはスピリチュアルな実習である。人は心で学ぶだけではなく、身を以って学ぶのだと。曾子の自己修養に関する省察が、ここでは妥当な例だ。「私は毎日三点を反省する。他人のために動いたとき、私は信頼するに足りたのだろうか？　友との交わりの中で、私は誠実だったのだろうか？　教わったことを実践できているだろうか？」［一－四］　そのように認識された「学ぶ」ということは、身を整え、心を啓蒙することを伴う。六芸（礼、楽、射、御、書、数）の実践が明らかに示しているように、心身共に鍛えられることが求められ、学ぶことと思考することは相互に補完しあうべきなのだ。［二－一五］

この教育方法には信頼に基づく社会の存在が暗に含まれている。孔子が弟子たちと作り上げた同じ考えを持つ者同士の親交というのは、教育を通じて人間の条件を改善するために捧げられる自発的な繋がりなのである。近代の歴史学者は、孔子に関する伝統的な説明を、師の社会的な役割から捉えて、先哲と解釈している。すなわち、彼は中国で私的な学校を設立した最初の学者であると。孔子以前の数世紀前から為政者が支援する学問所は存在してきたが、師は自己資金で教育を始めた革新的な人間だった。論語の中には、安い授業料についての言及が一回だけある。［七-七］しかし、イエスの弟子たちのように、師の周りに集まってきた弟子たちは、子供ではなく、真実を求める、熱心に人生の意味を探求する大人たちだった。彼らは、師の偉大な洞察力と強い使命感に引き付けられたのだった。彼の光輝く、しかし控えめな人格が、彼らの想像力の源だった。

「黙って知識を蓄積すること。学ぶことへの貪欲さを失わないこと、疲れることなく、人に教えること、これらすべては、わたしにとっては、当然のことなのだ。」［七-二］

教育の目的

孔子の教えには一連の決められた教育課程はなかったろうが、論語には、彼の教育目的が人格を磨くためである、との主張を裏付ける証拠が十分にある。最高の師の影響下で行われる教育の第一義目的が人格形成であることは驚くに値しない。これは何を意味するのか？　新儒学家たちは、次のように解釈する。これは「自身のための学問、心身修養の学問、心身と人間性を磨く学問、人間性と天命を悟る学問、賢人の学問、君子の学問（君子、高貴な人、優れた人、深い学識のある人）」である。孔子は、君子に対する考え方については、数多く言及している。最初は、君子になるための学問は難しそうに見えない。「君子は満腹を求めず、住まいは快適さを求めず、仕事に励み、言葉を慎み、自らの道を正すため、有徳の士を求める。そのような人物は本当に学問を好むと言える。」［一-一四］

責任ある人間として自らの身を処する君子の姿を描くことにより、孔子は君子とは、行動の作法ではあるが、同時に存在の在り方でもあると明確にした。「君子は話す時は慎重に、行動する時は敏捷に行うべきだ。」［四-二四］「自ら実践することをのみ、人に説く。」［二-一三］　君子は徳と正義を求め［四-一一］、世間との対応では、いつも正義の側に立つ。［四-一〇］

しかし孔子は「君子は重々しくなければ、権威はなく、その学問は底の浅いものになる。君子は誠実と信義を最も重視し、自分より徳の劣る者とは交わらない。誤った時には、躊躇なくそれを正す。」［一-八］　と警告した。ここでは、自己の修養のための学問が妥当な例だ。［一四-二四］「君子は書により自らの学問を広げ、礼を用いて自制する。」

［一二‐一五］「君子はゆったりとして、傲慢にならない。」［一三‐二六］「君子は人々の長所を伸ばすことができる。」［一二‐一六］「彼に仕えることは容易だが、喜ばせることは難しい。君子は我々の能力以上の事は求めないが、道に従わなければ、満足しないからだ。」［一三‐二五］「子路は師に問いかけた。『君子と呼ばれるには、どのような人物でなければならないのでしょうか？』師は答えて『一方では、真面目で鋭敏な人間だが、他方では朗らかで付き合いやすい人物が君子と呼ばれるに値する。友の間では、真面目で鋭敏、兄弟の間では朗らかな人物のことだ。』」［一三‐二八］

エドワード・シルズは、孔子が近代的概念の礼節の発案者だった可能性に注目する。孔子の考える君子は教養があり、文明化された人物だ。熟達した射手で、乗馬の名手だった孔子は、狩りや魚釣りが好きだったが、彼が温めていた理想的人間像を表現する手段として、芸術的意識を磨くことを選んだ。運動家として、彼は弓を選択した。「君子は争いを避ける。それでも、競争しなければならないなら、弓で腕前を競え。対戦の前や後で酒を酌み交わす際にも、君子はお辞儀をして礼儀正しく務め、対戦中でも紳士として振る舞う。」［三‐七］飽くことなき旅人として、孔子は困難で危険な旅をする中で、数多くの勇気を示した。しかし、通常「彼は常に暖かく、親切で、敬意を表し、他の人とは異なった穏やかな人物だった。」［一‐一〇］

孔子が生きた時代は政治的には混乱し、社会の崩壊が進む時代だった。最も影響力のあった政治家のひとりだった周公により丹念に磨き上げられた礼の伝統は、機能不全を起こしていた。覇権を争う国家間では内紛が燃え盛っていた。隠遁者の中には孔子に、現世から退出し、自然とのかかわりの中で、平和で静かな人生を楽しむよう誘う者もいた。孔子はそのような実存的選択には敬意を払うが、自分自身の歩む道を追い求めることを決意した。「私は鳥や獣と仲間にはなれない。私は人間社会の一員ではないのか？そうでないならば、私と仲間になれる誰がいるというのか？　もし世界が道に従うならば、改革など必要ない。」［一八‐六］　歴史上の宗教（ユダヤ教、仏教、ジャイナ教、道教、キリスト教、イスラム教）の中で、儒教は世俗と神聖の違いを受け入れなかった点で特異である。

厳密に言えば、ハーバードの重要な本が、孔子は世俗を神聖と見なしていたと描写しているのは誤解を招く。孔子は神聖な場所（教会、寺院、シナゴーグ、修道院、アーシュラム）を観想、瞑想、祈り、礼拝のための精神的に神聖な場所とは捉えていなかった。孔子はまた、聖地や来世を究極的には実存せず、我々が生きている現世から根本的に異なる世界だとは捉えていなかった。人間の条件を内面から変えることに誓約することで、孔子は必然的に当時の政治と関わりを持つことになった。しかし、孔子の本当の職業は政治で、学問ではないと説明するなら、それは誤解を招くことになる。

弟子たちの目には、孔子が時折統治の問題に没頭し、政治的権力を使えないことを懸念しているように映った。もし、支配者に雇われていたならば、明らかに新たな礼に基づく秩序を作り上げる自らの能力には、確実に自信があった。［一三-一〇］［一七-五］　しかし、彼は学者的役人として、君子はどのように振る舞うべきか、ということに対する明確な意識の持ち主で、当時の政治家を軽蔑していた。

弟子の子貢が問う。「君子と呼ばれる行為とはどのようなものでしょうか?」孔子曰く「振る舞いは高潔で、世界の隅々まで外交使節として送られ、君命を辱めない人物が君子と呼ばれるに値する。」「その次の段階の君子は、とお聞きしてもよろしいでしょうか?」と子貢が問う。「一族の間では孝行者と言われ、郷里の村では年長者を敬うと称えられる者だ。」「では、その次は?」「彼の言葉が信用できること。引き受けたことは何でも最後までやりとげること。これでは、ただ単に粗野な男の頑固さを示しているに過ぎないかもしれないが、それでも、程度の低い君子とすべきではなかろうか」「この点で、先生は現在の政治家をどのように評価されますか?」「悲しいことに、この取るに足らない生き物たちは、語るに値しない。」［一三-二〇］

理想的統治力

孔子が本当に天から与えられた才能は教えることではなく、政治だと我々が主張したとしても、彼が政治は倫理の延長だと仮定しているのだから、彼にとっては、個人的道徳を修めることが政治に参加する前提になることを認識しなければならない。この意味で政治は、権力や権威や影響力を操る能力を意味しない。また、権力を得るために戦術や戦略を用いることでもない。むしろ、それは、道徳的なリーダーシップを通じて達成される公正で効果的な統治方

法なのである。「徳治は、自ら動くこともなく、多くの星たちの敬意を集める北極星に当たる。」［二－一］

この理想的な統治力を見習い、適切な統治を行うには強制や強要は必要ない。「君子の徳の力は風である。民衆の徳の力は草である。風が吹けば、草はなびく。」［五－八］優しい風に自然にそよぐ草のイメージは、威圧的権力の行使とはつながらない。それは、同じリズムに合わせた祭祀的な舞いのイメージだ。この文脈で考えると、行政サービスは道徳的リーダーシップを明確にする最も効果的手段だが、それだけが、重要な領域ではない。

儒教式の統治の最も目立つ特徴は、家族倫理の政治的意義を中核にすえる。誰かが、孔子に問うた。「先生、政府に参加してはどうですか？」孔子は答えて曰く、「書経によると、考を尽くし、兄弟に優しくすること。即ち、天下に貢献することである。これは政治行動の一つだから、政府に参加する必要はないのだ。」［二－二一］

さらに孔子の徳治の理論と実践は本質的に、ちっぽけな生き物による政治活動とは異なった。彼は、彼らの政治ゲームをするほど身を落としたくなかったのだ。彼が政治活動する目的は、「道」を広めることであった。彼が好む方法は、統治や管理の前提として、国家の基本的問題に取り組むことであった。こうした基本的な問題が後回しにされるのなら、その名に値する政治など存在しない。同音異義語を用いて、孔子は政治（政）を正す（正）と定義した。それは政治が主にリーダーシップを意味しているからである。仮に指導者が公職に就くものとして身を正さないのならば、たとえ我々の制度が十分であったとしても、政府の質は劣化し、統治行為は低下する。

彼の有名な「正名」理論は、見た目には単純である。「齊景公が政治について孔子に問うた。孔子は答えて『君主は君主らしく、臣は臣らしく、父は父らしく、息子は息子らしく。』齊景公は『素晴らしい。君主が君主らしくなく、臣が臣らしくなく、父が父らしくなく、息子が息子らしくないとすれば、私は何を信じたらよいのか。日々の食べ物すら信じられないだろう。』」［一二－一一］十分な食べ物や武器、民の信頼が国の平和と安定に極めて重要であっても、民の信頼が最も不可欠であるとの信念が、この主張には暗黙の内に含まれている。孔子の徳治政治が到達し得ない理想と思われないように、彼は現実的な手段で彼の時代の権力に近づいた。

手短かに言えば、孔子は現実政治に対して、何一つ幻想を抱いていなかった。彼は継続的に全体状況を分析し、政治的任命を得る機会をつかもうと精力的に動いたのだった。孔子は、複雑な政治状況に対応するために十分準備していたし、優秀な弟子たちと一緒に、民衆の暮らしを改善するため、積極的な役割が果たせると考えていた。彼の弟子たちの中に、礼法、音楽、財務、外交、軍事など、国家経営の専門的知識があったのは偶然ではない。しかし、孔子はご都合主義のために自らの信念を犠牲にすることはなかったし、民衆の安寧が思いやりのある政治（仁政）の基本的な正当性である、というこだわりを常に持ち続けた。

孔子が政治家としては成功者でなかったのは明らかに思える。最初は、力のある君主の宮廷では、丁重に、うやうやしくもてなされていたが、彼は影響力を行使できる確実なポストを見付けられず、最後は去らざるを得なかった。彼は主に富と権力しか興味がない輩たちから君主を遠ざけようと試みたが、上手く行かなかった。このことは、孔子が政治的陰謀にはとりたてて才があった訳ではないことを意味している。孔子に同情的な歴史家の目には、悲劇の英雄に映るかもしれない。何故なら、孔子が政治的手腕を発揮する機会が与えられていたならば、彼自身もそう信じていたように、栄光の周王朝時代の政治秩序をある程度は再建できたかもしれない、と信じているからだ。［一七‐五］しかしながら、彼の自己認識を今日の政治用語で述べることは誤解を招く。その理由のひとつは、政治を「正すこと」として捉える彼の認識には、知識や文化、道徳や審美眼が含まれるからだ。それは、認識論的、倫理的、審美的意味合いを伴う地域社会の構想なのだ。

我々はすでに孔子の観察を引き合いに出しているが、それは、律儀に家族の義務を遂行することが、政治に関与する者の正真正銘の姿だからである。彼の見解では、政治的プロセスとは家から始まるのだ。個人の生き方から政治を切り離すことはできない。孔子の実践スタイルには、自己認識と相互学習を通じた議論に基づく地域社会の創造という意味が潜在的にある。孔子の弟子たちは、人間の条件を改善するための共通の道に参加することを決めた成熟した大人で、世間に積極的に関わる自らの能力については十分認識していた。彼ら集団の団結は、あらかじめ考えられた教育的手本にしたがって、孔子が強制したものではない。また、毛沢東主義者のように、明確に定義された政治的倫理的機能を遂行せんとの堅い決意により形成されたものでもなかった。

むしろ、彼らは博識で教養があり、倫理的にも優れ審美眼のある人物として公益に尽くす潜在能力を開発するため、孔子の周りに集まったのである。こうした建設的な方法により、弟子たちは互いに尊敬しあい、互いに評価しあいながら、自己修養の道を歩むことができたのだ。孔子は弟子たちに用途の決まった道具になるのではなく［二-一二］、どのような状況下でも、様々なレベルでの政治的行動がとれる多面的な才能を持った君子（人格者で高貴な身分の人間で、権威があり深い学識のある人物）になるよう勧めた。

孔子と弟子たちの間の交流は、彼らが乗り出した共同作業が中国史上初めてのもので、歴史的な主要宗教の中でも特異なものであったことを示している。孔子は自分が学問的伝統の創始者ではなく、弟子たちにも、その考えを守るように促した。孔子が自らを創始者ではなく、伝達者と述べるのは、謙虚さによるものではなかった。［七-一］ 孔子はまた、弟子たちに目指すよう教えた仁徳を最大限体現した人物という訳でもなかった。彼が聖人とか、人間性豊かな（仁）人間と言われるのを拒んだのも、謙虚さ故にではなかった。［七-三四］ しかし、彼の控えめな個人的肖像は、弟子たちに対して畏敬の念を抱かせる存在感を打ち消してしまうものではなかった。彼のひらめきの源は、濃密な人生から生まれて来るものであり、その人生とは特定の瞬間と場所に具体的に位置づけられ、しかも、そこで具現化された中身は、共通して普遍的重要性を持っていたのである。

伝達者としての夢

孔子は、民衆の生存と隆盛の道に対する守護者として自らを見なしていたので、人間の理解を超えた並外れた存在や、あるいは、人間の参加を必要としない自然の進化というよりも、累積されてきた伝統の設計者である聖人やそれに値する人に懇願した。礼楽の精緻な体系を構築することにより周王朝の維持に貢献した周公は、孔子が考える模範とすべき人格の持ち主だった。彼の一生の夢は周公のグランド・デザインを復活させることであり、自己修養と慈悲、正義、責任の道徳的規範に基づく世界平和の新しい時代を迎え入れることだった。周公は、画期的な業績をあげたが、孔子と同じように創案者ではなく伝達者だった。何故なら、聖君であった堯・舜、唐・虞、文・武から偉大な事業を受け継いできたからである。孔子の歴史的認識は、依然として維持されていたかもしれない文化的規範と、そうした使命を果たすために彼は選ばれたという強烈な使命感で形づくられた。

孔子が、彼に夢の実現を可能にする機会を与えてくれる君主を探し求めて、国から国へ放浪している時、おそらく彼は無意識のうちに同じ考えを持つ集団を形成したのだ。それが、前述した討論に基づく共同体である。後から考えると、孔子は彼が理想とする政治を実践する地域を任されたことはなかったが、彼が実際に作り上げた社会的現実は極めて意義深いものだった。孔子と弟子たちで協力して作り上げた共同体は、開かれて柔軟な、意思の疎通がはかれ、対話が盛んで誰でも受け入れる、相互利益をはかる性格のものだった。孔子は、段階的に物の本質を見られるように、体系的に導く哲学者として弟子たちと関わっていたのではなかった。論語には、ソクラテスの対話のような精緻な理論のようなものは何もない。事実、孔子は、単なる言葉による説得力を全く信用せず、饒舌を軽蔑し、言葉巧みな表現を不快に感じていた。彼は、外交における雄弁さや思考における明快さ、そして論文の明瞭さを高く評価したが、顔回の場合のように、効果的な論争法よりも、黙って物事を評価する方を選んだ。効果的な論争法は法律論争、あるいは訴訟の中でさえ使われる策略を彼に思いださせるものだった。民事事件では、孔子は形式的、専断的、強圧的な方法で争いを調整するよりも、交渉、仲介、和解を好んだ。

政治の目的

孔子が描いた理想の社会や彼が例示的に教えることで築きあげた共同体は、自発的な繋がりに基づいていた。こうした繋がりの主な目的は、仲間の自己実現を促す手助けをすることである。このような社会的構想に基づく政治形態は、政治的、知的エリートの反射性と、思いやりのある政治が機能する効果的手順に関連している。役人たちの監督する力は、二つの過程で具体的に現れる。一方では責任感を強く意識し、他方では、民衆の暮らしに影響する政策を良心的に遂行することである。それが注意深く自己修養に努める君主を通じて行われる、と孔子が主張したのは驚くべきことではなかった。農業、飢饉の救済、物質的な問題などの国家の重要課題は、何よりも民衆の福祉を思い、真剣に遂行されなければならない。ヘーゲルの誤解とは反対に、孔子の思想では主権は君主ではなく、民衆の側にあるのだ。実際に、主権は天命によって民衆に与えられている。この意味で、天から一任されている君主は、道徳的な振る舞いをし、民の声に責任を持って答える義務を課せられている。

民衆と認識された人々は、無知でもなければ、無力でもない。孔子以前の時代から培われてきた偉大な伝統によれば、徳の向上こそ、君主が民衆の父や母としての役割を正当化できる理由そのものなのだ。孔子の指導的立場に続いた孟子が主張したように、君主が義務を果たせないのならば、(「君主は君主らしく行動すべき」)、臣下は異議を唱えるべきなのだ。君主が彼らの不満に応えられないのならば、臣下は抗議として職を辞すべきである。異常な状況下では、主君殺しさえ許される。「正名」の考え方によれば、無責任な君主は、力も権威も正当性も欠落した単なる一匹狼以外の何物でもない。彼は、民のために追放されても殺されても構わないとされる。民は水のようであり、船を支えることもできれば、転覆させることもできる。「民が見るように天も見、民が聞くように天も耳を傾ける。」これは抽象的概念なのではなく、実用的な考えで、しばしば実践されてきた。

道徳的力、文化的価値観、社会的結束、歴史認識により政治を変えるという孔子の決意は、政治的秩序の優位性に対する彼のナイーブな情熱だとしばしば誤解されてきた。彼の決意は、政治の究極的目的は人々が栄えることにある、という認識に基づいていたのだ。確かに、政治は権力、影響力、権威と結びついている。しかし、すでに述べたように、政治の目的は教育を通じた倫理である。安全の維持と暮らしを支えること自体は目的でなく、人々が栄えるための条件なのである。「君主から民まで皆、自己修養を根本的なものとして捉えるべき」との孔子の教えは、社会をコントロールするメカニズムを植え付けるためではなく、信頼を基礎とした地域社会の土台を提供するためである、と考えられている。エミール・デュルケームの言葉を借りれば、孔子は相互理解と集団が共有する自己認識を通して、社会の有機的な結びつきをもたらした。孔子の弟子には、知識階級、農民、職人、兵士、商人、その他さまざまな職業を持つ人々がいた。背景の違いや生活志向の多元性による分業体制が、孔子率いる仲間集団を豊かにしたのである。

一九五〇年代に、孔子の考えに潜む民主的精神に触発されたシカゴ大学中国学部長H・G・クリールは、こうした点において、彼をリベラルな民主主義者あるいは合理的な人道主義者と特長づけた。しかし、孔子をそのように分類するのは、時代錯誤ではないにせよ、誇張である。自由民主的な考えは、孔子の世界観において拒絶される可能性すらなかった。しかし、孔子が人間の適切な交わりとして構想したものは、近代的な政治的分類をいかに幅広くとらえたとしても、遥かに超えるものであることに注目することが重要である。我々の分断された関心領域である細分化された専門的訓練の枠組みにおいて、「機械的」な結合よりもむしろ「有機的」結合、普遍的兄弟愛のような結びつきという概念は、単なる想像上の可能性にすぎないように思えてしまう。学問分野の特化と専門性の影響下にある近代学問の理論家たちは、完全性とは、人間が永続的に求めているものと認識することに躊躇する。孔子と弟子たちが築き上げた仲間意識は、人間が共有する憧れが具体的に現れたものにすぎなかった。

精神的旅路

孔子のカリスマ性は、人を引き付ける魅力に潜んでいた。自らのビジョンと使命を共有し合い、世界を内側から変革するため、エネルギッシュな人々からなる多様な集団を魅了したのだ。こうしたことは、自己修養の技能を通じて弟子たちの精神的・肉体的資源を活用することによりなされた。儒教の自己修養は、人間の精神性への個別的探求よりもはるかに複雑で、多元的な次元を持っている。それは、心と体ばかりでなく、人間の存在を取りまく全体的な環境に関係している。孔子自身が描く彼の精神的な旅路が格好の事例である。

吾十有五にして学に志す。三十にして立つ。四十にして惑わず。五十にして天命を知る。六十にして耳順う。七十にして心の欲する所に従いて、矩を踰えず。［二－四］

この簡潔な自伝体の手記は、多くの解釈を呼び起こした。明らかに、孔子は自分が学習者だとの自己認識に従って行動した。「十戸くらいの小さな村でも、私のように真心を尽くす誠意のある者はいるだろう。しかし、私ほど学問を好む者はいないだろう。」[五-二八]

全人生を通じて、孔子は粘り強く自己を改善しようと試みた。聖人の頭巾を冠ったり、完全な道徳性を身に着けることは自分には不可能である。しかし、学習心は衰えることなく、人に教えることも飽きないことを完全に理解していた。[七-三四]　確かに、彼はあらゆる機会をとらえて学習することを求めた。「私を思いつきで二人からなるグループに仲間入りさせてごらん。彼らは、例外なしに私に教える何かを持っている。私は彼らの資質を模範として学ぶこともできるし、彼らの欠点を反面教師として学ぶこともできる。」[七-二二]　孔子は自らが賢くなるために、過去に蓄積されてきた知恵を獲得しなければならないことを正直に認めていた。「私は生まれながらに知識があった訳ではない。しかし、古代のことが気に入っていたので、私はすぐに古代を探し求めるのだ。」[七-二〇]　さらに孔子は自己修養を怠ることを痛く心配していた。「徳力を磨くことを怠ること、学んだことの探求を怠ること、正しいと知っていることに力を貸せない、良くないことを改革できない。これが私の心配事なのだ。」[七-三]　簡潔に言えば、孔子は「熱心に学習するあまり食事を忘れ、喜びの余り心配することも忘れ、歳を取ることにも無関心な」学習者だった。[七-一九]

多次元的存在としての人間

孔子の学習内容は豊かで、多岐にわたる。論語では弟子の中には徳や雄弁、政治や文化で優れたものがいたと言われている。[一一-三]　これらは明らかに孔子の教えの科目ではなく、孔子の教育で特に尊重される民衆の隆盛を表す次元なのだ。おそらく孔子は、弟子たち皆が高潔で教養があり、雄弁で官職にコミットすることを望んでいた。しかし、彼らの中で最高にずば抜けていた者のみが、これら項目のどれかひとつで並外れた功績を示したのだった。通例として、孔子は彼の教育では四つの事柄を用いた。文、行、忠、信である。[七-二五]　正しく振る舞うことは、孔子の教授法では重要だったが、態度や信念が強調された。正しい態度や信念に基づかない正確な振る舞いは、堕落しやすい形式主義に過ぎない。確かに、あらゆる状況でどのように物事を見、話を聞き、人と話し、振る舞うかは、自己修養のまっとうな道ではあるが［一六‐一〇］、「断固とした態度、揺るがぬ決意、簡潔さ、沈黙を通してのみ我々は完全な人間性の実現が期待できる。」［一三‐二七］事実、「礼儀正しさ、寛容、信頼、勤勉、慈愛」［一七‐六］という人間を社会的交わりに尽くさせることのできる五つの実践は、態度と振る舞いに関わるものである。

より広い文脈では、孔子の教えが倫理的な面に限られているわけではない。完全な人間になるために学習する総合的、統一的なプログラムとして、孔子の教育は今日我々が一般教養と呼ぶものの全範囲に及ぶ。儒教の六経は、全て包括的な人道主義ビジョンを象徴しており、そのビジョンは人間存在の詩的、音楽的、政治的、社会的、歴史的、形而上学的側面を包摂している。論語において、孔子は息子や弟子たちが儒教で使われる基本的言語や実践を学ぶため、まず、詩経と礼経から学習するよう説いている。孔子は書経で、堯、舜、禹三人の賢帝の人道的政治を賞賛し、それらに言及している。彼はまた、継続して易経を読むことで、人生で過ちを犯さないですんだとも述べている。さらに、彼の音楽に関する個人的経験と天命に対する暗黙の認識により、聴くという技能と、超越的存在に対する尊敬に基づいた人間の繁栄という実感を伝えることができたのだった。

このように、孔子の教育の根本は、人間は多面的な価値を持ち、多次元的存在だという強い信念である。還元主義的思考は、物事を単純化してしまうばかりでなく、誤解を招く。我々はただ単に、理性的な動物でもなければ、道具を使ったり、言語を扱える存在でもない。何故なら、我々は美意識を持つ社会的、倫理的、精神的存在なのだからだ。我々が自身の肉体、心、魂、そして精神を大切にすれば、完全な自己実現ができるのである。我々が、絶え間なく広がり、ますます複雑になる社会関係に応じるために、自身の存在の中心から移動するとき、我々は自身の感性や意識の中で、家、地域社会、国家、世界、地球、宇宙を具現化する。これが、真の人間性とは相関的なものであり、対話的かつ心理的、精神的なものだと言われる所以なのである。教育はその出発点として、今この場にいる特定の人、根源的な結びつきを持った人、特に親子間の情緒的結びつきに深く根付いた人間を受け入れなければならない。

暗に近代主義者の見方では、人種、言語、性、地位、年齢、信仰などに基づく結びつきもまた関連性がある。ある意味では、特定の時間と空間に生きる我々は、かつて存在したことが無く、今後も二度と現れることのない独自の人間であることをそれぞれ運命づけられている。事実、我々は一人一人の顔が違うように、皆異なっている。しかし儒教徒たちは、我々の心と頭の共通性と伝達性が本質的には我々の本性を同じにし、それが視覚、聴覚、感情、意思、感覚、嗜好、経験を共有することを可能にすると信じている。この相違と相似の合流により、我々は、具体的に現存している人間になり得た根源的絆から切断されてはならない存在になり得るのだ。むしろ我々は、それらを自己実現のための道具に転換する。これが、個人的に独特で多くの知識や情報や知恵を他人と共有する多様な人々に出会うことで、学習者としての我々の人生が豊かになる理由である。さらに、我々の感情、欲望、動機、願望は個人的なものではあっても、私的なものである必要はない。我々はしばしば、縁者、友人、同志、仲間、そして見ず知らずの人にさえ強い個人的懸念を示す。彼らが、我々の内面的世界に対して同情と理解を示すことは、我々にとって深い意味のあることだ。

画一性無き調和

人生は多元的である。様々な人生体験を単に肉体的、心的、精神的次元に貶める試みは反生産的である。人間は本来、心理的、経済的、社会的、政治的、歴史的、美的、言語学的、文化的、形而上学的動物なのである。人間の潜在的可能性の完全なる実現は、決して一面的なものではない。孔子は、人間の隆盛を可能にする環境とは「画一性無き調和」だと信じていた。［一三-二三］差異に対する尊重が、健全な地域社会の発展にとって、決定的に重要なのである。

こうした考え方の中に潜んでいる孔子の倫理とは、究極的目的、純粋な動機、状況的妥当性、政治的関与、社会的責任、喜びに関するものなのだ。それは、我々が住んでいる世界全体を包摂し、人生の複雑な形式を前提としている。儒教の中核的価値は仁であり、それは、博愛、善良、慈悲、愛情など、さまざまな意味で表される。私は、陳榮捷の「人間性」という真っ直ぐな解釈がもっとも示唆に富み、説得力があると思っている。孔子にとって、人間性とは基本的位置を占める美徳であり、それはその他の全ての徳、すなわち正、義、礼、忠、信、智、仁、考を含む。人間性はまた、人間的優秀さ全ての具現化によって、豊かになり得る包括的な美徳でもある。長い間、孔子を研究する学者は、仁は必然的に社会的なものだと見なしてきた。何故なら、語源的に言えば、その漢字は人と二を示す漢字だからだ。優れた中国研究家のピーター・ブドバーグが、仁を読み解く適切な方法は「共有する人間性にある」と影響力のあるエッセイで主張したのは理解できる。("The Semasiology of Some Primary Confucian Concepts", Philosophy East and West 2, no. 4, 1953, 317-332.)

論語では、人間性は、往々にして智や礼と関連されたり、区別されたりしている。それは、特定の現存している人間の真実と現実を定義する内面的資質を示しているように思える。本物の学習とは「自己のために行い」、自立した自己修養と自己実現を通じてのみ、完成された人間に成り得るのだと孔子が見なしたのは、このためだったのかもしれない。儒教の伝統では、人はあらゆる関係の中心に位置し、それは、私的であると同時に社会的な存在でもある。郭店で見つかった竹簡に書かれてあった仁(人間性)は、二つの記号で描かれている。上には身、下には心である。このことが、人間性とは単に社会的なものだけではなく、深く個人的なことも意味することを生き生きと象徴している。

経済のグローバル化は、手段の合理性、科学、技術(特に情報とコミュニケーション技術)、テクノクラート管理、専門性、物質主義、欲望の解放と正当化、そして個人的選択によって特徴づけられている。「経済的人間」とは合理的動物で、自らの富・力・影響力の拡大に動機付けられ、法が治める自由市場で自己の利益を極大化しようと行動する利己主義を自覚している。「経済的人間」は、多くの近代主義的価値観を体現する。自由、合理性、権利、意識、仕事、倫理、知識、技術的能力、認識力、合法性、動機などである。しかし、社会的連帯に必要不可欠なその他の価値は、後ろに追いやられるか、完全に無視されている。とりわけ、正義、同情、責任、礼、そして倫理感などが、そうである。

物質主義的、利己主義的傾向といった特徴を持つ世界で、精神的満足に対する渇望は、往々にして、原理的過激主義や排他的党派主義の形式をとる。論語で述べられている孔子の人道主義は、人生の目的に対する調和のとれた、開かれた取り組みである。それは、自己認識にとって不可欠な精神的修行を提供し、人間の自己認識にとって永遠に有意義で根源的な知恵とインスピレーションの源になるのである。

第四部

倫理に関するＯＢサミット——過去の提言

ローマ宣言
―平和・開発・人口・環境の相互関連問題に関する宗教指導者と政治指導者の会議

ラ・チビルタ・カトリカ（イタリア、ローマ）

一九八七年三月九―一〇日

「ローマ宣言」のための序文

インターアクション・カウンシル名誉議長

福田赳夫

長年、私の最大の関心事項は世界が直面する困難な状況でした。今日でもそうです。世界には政治、軍事、環境など、どの角度から見ても問題が山積しています。さらに人口、開発は環境などを含め、私たちを取り巻いている自然の環境も、これまでも例を見ないほどの危機的状況にあります。これら危険な状態の解決に失敗すると、人類には全く何の未来も残されないでしょう。私たちがもし後世に不安のない世界を望むのなら、これらの問題解決のために私たちは不屈の、断固とした努力を払わなければなりません。

私はまず、このような認識のもとに一九八三年、各国、各政府からの二五人以上の元指導者達と共に、これらの問題をいかに解決し、確信をもって行動するかを話し合うためにもインターアクション・カウンシル（ＯＢサミット）を招請しました。現職の指導者達も、これらの問題を認識しておりますが、直面する日常業務に追われ、それぞれの国家利益によって束縛されています。豊富な経験に基づく英知あるかつての指導者達が、その英知を人類のために提供できるはずだと考えたのです。インターアクション・カウンシルはこれまでに五回の総会と専門研究グループによる数多くの会議を行い、世界に有意義な影響を与えてきております。

しかし、私の考えはさらに広がりました。私は長い間、世界平和と人類の幸福には、宗教家も政治家も同等に関わっていると感じておりました。政治と宗教界の指導者たちが一堂に会し、双方が関心を持つ諸問題を語り合うのは重要なことではないだろうかと。これに宗教界も同感して下さり、私は一定の共通認識に達せられるという感触を得ました。結局のところ、人類存在の重要さは普遍的問題だからです。

そこで、インターアクション・カウンシルのメンバー数人と五大宗教の指導者が、一九八七年の春、ローマで会談しました。そこで、世界の現状からみて、今私たちが直面するこの挑戦を受けて立ち、何らかの解決方途を探らなければ人類に未来は無く、また政治と宗教の指導者による共同の努力で問題のいくつかを解決する余地がある、という合意が得られました。これまで通常は分裂し、あるいは対立的見解さえ持つとみられた各グループの代表が、世界の直面する基本的な困難に関して、広範な合意に達したことを確認できたことは、私にとってこの上もない喜びでした。

ローマで得た合意は私たちの努力をさらに継続するよう勇気づけるものです。会議は人類史上前例がない成果をあげ、非常に価値のあるものでした。心と心の話し合いを求める継続的な努力は、連帯活動をもたらすことを私は信じております。私は自分のこの信念をこの目で確認できたことを大変嬉しく思うとともに、心からの感謝をささげる次第です。

インターアクション・カウンシル議長

ヘルムート・シュミット

一九七〇年代半ば、アンワール・アル・サダトとの会見で強烈な印象を受けて以来、またとくにその後彼について思い起こすにつれ、世界の文化的領域における宗教的、哲学的、倫理的な接触と対応についての私の好奇心は以前にも増して大きなものになりました。相互理解なくして平和に奉仕することは困難なのです。しかし、パレスチナであろうと、また世界のどこであろうと、「永久の平和」（エマニュエル・カントが提唱したような）という考えが実現すると想像するのは困難です。むろん多くの人はこの目標の道徳的価値を認めてはいます。それにもかかわらず、歴史を顧みれば、国際連盟や国際連合、さらには大国間の一層強力なカルテルがあっても、過去同様、将来も武力で解決されるような紛争が起きる可能性は高いということが推論できるでしょう。

しかし、次のような考えも正しいでしょう。つまり紛争が国際的な武力の使用に達する前に、紛争の緩和と和解に間に合わせる時期や機会が早ければ早いほど、戦争を回避する希望は増大するということです。そして、逆もまた正しいのです。つまり宗教的、民族的、人種的、イデオロギー的急進主義や原理主義に頼れば頼るほど、相互理解は困難になり、武力使用と戦争の可能性は多くなるということです。

宗教と政治指導者がローマで一堂に会したのは、まさにお互いに意見を聞こうという願望のためでした。私たちはイスラム教、ユダヤ教、キリスト教、ヒンドゥー教、仏教あるいは宗教の自由思想家としてだけで集会したのではなく、民主主義者、共産主義者、保守派、進歩派としても出席しました。私たちは、全く異なる独裁政権あるいは全く異なる民主政権から、また地球上の全五大陸からやってきた、黒色、茶色、黄色の有色人種や白人でした。このような多くの相違点を乗り越えてお互いを理解したのみならず、非常に重大な問題についての合意さえみたのです。

平和への願いについて合意するのは、宗教および政治指導者にとってさえ難しいことなのです。同様に、これまでのところ減少させることのできなかった世界の人口爆発は、数世代後の数十億の人々にとっては相当の経済的困難を意味することになるのです。さらに、その莫大なエネルギー消費は必ずここ数十年以内に大気圏の化学的構成を変え、その結果さらに多くの人々に取り返しのつかない事態をもたらす「温室効果」を生むことを認識するのは、比較的たやすいようにみえます。しかし、私たちの日常生活の中で世界の人口増加を押し止め、数十億組もの夫婦を家族計画に向かわせるのは極めて困難なことなのです。

世界中から集まった五大宗教の聖職者達が、政治家とともに家族計画の重要性を認めたことは素晴らしい前進です。ほかの多くの指導者達にもこの重大さに気づいてもらわなければなりません。

犠牲は一方的なものではありません。与えることは得ることです。二〇世紀末期における人類に対する脅威は団結によってのみ回避されうるのです。

世界的な諸問題に関する声明

序論

近代史上初めて、インターアクション・カウンシルの招請により世界五大陸の政治指導者と五大宗教の指導者がローマで会談した。二日間にわたり出席者は世界平和、国際経済および相互に関連する開発、人口、環境問題について話し合った。

指導者達は人類が歴史上最大の危機に直面しており、しかもその問題解決のための適切な手段は明示されておらず、工夫もされていないとの合意をみた。これらの危機による挑戦に対する有効で的確な方法がないかぎり、恒久的な未来はないだろう。

これらの問題と取り組むにあたって、指導者達はさらに、道徳的価値、平和と人類の幸福に対する共通の忠誠を背景に、宗教と政治の指導者達が協力し得る多くの分野があると合意した。

この最初の意見交換の結果、現在の危機に対する認識や評価についても、また広範に共有する倫理的基盤に基づき行動する必要性の認識についても、めざましい一致をみた。

ローマで会談した指導者たちは、このような機会はインターアクション・カウンシルやその他の機関が、国際的・地域的レベルで政治、学術、科学のリーダーを含めて継続すべきであり、マスコミの支持を得て政策決定過程に影響を与えるべきと合意した。

平和

第二次世界大戦後の今日、世界は一日として戦争、紛争、貧困、広範囲に及ぶ人間性の堕落と環境の悪化などから逃れられず、平和の真の意味を見失っている。参加者全員はその共有する倫理的原則に照らして、真の平和は対話と受容力のある理解が、全ての社会的領域と国際的接触の分野にたえず浸透していく過程を通してのみ達成されるとの結論に至った。

その結果、出席者全員が軍縮への努力を歓迎した。米国とソ連は戦略兵器の水準引き下げ協定を遵守し、さらにそれ以上に軍縮交渉を継続すべきである。中国やアルゼンチンのような国における軍事予算削減政策などの政治は前進への見本を示すものである。

現在軍備競争に向けられている科学的、技術的資源と能力は、人類の生存と幸福を脅かしている全世界的な問題を解決するために使われるべきである。すなわち、エネルギー、新しい輸送システム、切迫しつつある気象変化の作用を緩和する技術の開発、オゾン層減少の調査推進、生物の継続的減少の防止、生物圏への脅威に対抗する手段などである。

世界経済

道徳的、政治的、経済的理由から、人類は地球上のいたるところで多数の人を苦しめている現在のおそろしい貧困を逆転させ、より公正な経済構造を目指す努力をしなければならない。この転換は、工業国の側では啓発された自己利益、開発途上国の側では相互扶助的な政策にそれぞれ基づく一連の決断と対話を通してのみもたらされる。

不穏な結果をもたらす債務危機は緊急に解決されるべきである。債務利払いがその国の経済を窒息させるようなことがあってはならず、また、いかなる政府も国民に対し人間の品位を奪うような窮乏を要求することは道徳的に許されない。全ての関係者は、実のある貢献を実行し、困難を分かち合うという道徳的基本を遵守すべきである。

緊急援助計画は、今日みじめな貧困に耐えている多数の人々や共同体の生存を守るには欠かせない。生存するためには全地球的規模での連帯責任感を育むことが何にもまして必要である。

開発、人口、環境

今後の家族にとっての道徳的価値と、男女に共通の責任を認めることが、この諸問題を扱うためには不可欠であることが強調された。開発途上国の多くで見られる急激な人口増加は開発を妨げている。それが未開発、人口増加、人間生活を維持するシステムの崩壊という悪循環に拍車をかけている。有効な公共政策には、人口、環境、経済動向とそれらの相互作用に特に注意を払った組織的な見通しが求められる。

家族計画政策と手段に対する各宗派のアプローチの違いを認識しながらも、指導者達は、現在の動向からみて効果的な家族計画の追求を避けられない、との合意に達した。

いくつかの国と宗派で持たれた積極的な経験は共有されるべきであり、家族計画のための科学的研究が急がれる必要がある。

会議出席者リスト

インターアクション・カウンシル・メンバー

福田赳夫（名誉議長、元日本国首相）
ヘルムート・シュミット（議長、元西ドイツ首相）
イェノ・フォック（元ハンガリー首相）
マルコム・フレーザー（元オーストラリア首相）
オルセグン・オバサンジョ（元ナイジェリア大統領）
ミサイル・パストラナ・ボレロ（元コロンビア大統領）
マリア・デ・ローデス・ピンタシルゴ（元ポルトガル首相）
ブラッドフォード・モース（元UNDP事務局長）

宗教指導者

A・T・アリヤラトネ（スリランカ、仏教）
K・H・ハッサン・バスリ（インドネシア、イスラム教）
ジョン・B・コッブ（米国、キリスト教メソジスト派）
フランツ・ケーニッヒ（オーストリア、カトリック枢機卿）

リ・ショウパオ（中国、プロテスタント）
カラン・シン（インド、ヒンドゥー教）
エリオ・トアフ（イタリア、ユダヤ教）

環境専門家

レスター・ブラウン（ワールドウォッチ・インスティテュート）

普遍的倫理基準の探求

―「普遍的倫理基準の探求」に関する専門家会議報告書

議長　ヘルムート・シュミット

オーストリア、ウィーン

一九九六年三月二二―二四日

はじめに

一．人類の文明が二一世紀に向かうにつれて、世界は少なくとも産業革命に匹敵する深遠かつ広遠な変革の時代に突入している。世界経済のグローバル化は、諸問題―人口、環境、開発、失業、安全保障、道徳・文化的衰退等―のグローバル化をもたらした。人類は正義と物事に意義を見出すことを切に願っている。

二．技術と応用科学の物理的変化は、それに応える諸機関の能力をはるかに越えている。国家はいまでも集団的意思を具体的行動に移す主な手段ではあるが、国家主権という概念は世界のどこでも包囲されている。有名な表現を復唱すると「国家は大きな問題に対しては小さすぎ、小さな問題に対しては大きすぎる」のである。多国籍企業は、世界貿易と投資が拡大するにつれて前例のない機会を享受しているが、その経営者たちは現在人権という不慣れな領域における企業責任という苦しい設問に直面している。宗教界は依然として数億人にものぼる人々の忠誠を集めているが、世俗主義や消費主義がそれ以上に支持されている。世界はまた、宗教の名のもとに唱道され実践されている宗教過激主義や暴力に苦しんでいる。これに関して、「原理主義」という言語の使用は誤称である。というのも、信者はどこでも彼らの信仰原理を深く信じているが、暴力を否定し、彼らの信条を広げるための力の行使を拒否しているからである。世界は絶え間なく変化している。我々はどこに向かうべきなのだろうか。

具体的な改善策

三．倫理基準の普及を推進するためには主権国家がいまだに変化の中心的原動力であることを、インターアクション・カウンシルは認識している。主権国家が主要な対象であることを認識した上で、電子マスメディアと世界的な舞台でますますその力を発揮している多国籍企業の役割にも十分な関心を寄せるべきである。

四． 普遍的な倫理の推進をある程度成功させるためには、信仰体系やその影響範囲が異なる多様な世界的宗教が、主権国家や関連諸機関を説得するために密接に協力しあうことが不可欠であり、決定的である。これは少なくとも二つの重要な機能を果たす。一方で、今日人類が直面する諸問題の緊急性や世界的危機と闘う上で、このような協力に務めることは、必要とされる倫理基準の役割について合意するために異なる宗教が実際に心を開いて語り合うことが可能であることを立証する。他方、世界のすべての宗教が普遍的な倫理基準を推進するために協調しつつ行動できるという事実は、このような基準を世界中に広める任務を容易にさせる。

五． 世界の宗教指導者会議は、普遍的な倫理の理論的根拠の考え方を普及させることができる。このような会議は、とりわけ主権国家とその指導者達、教育機関、マスメディア（テレビ、ビデオなど）とともに自らの宗教団体に対し、あらゆる可能な手段を用いて普遍的倫理に関する合意を取り入れ、推進するよう具体的に勧告することができる。会議には必ず女性を含む宗教界の代表者が出席することを強調すべきである。現存の世界的宗教組織はこのような会議を推進し得る。

六． この宗教家グループによる提言は主に各主権国家における政府、教育、マスメディア、非政府・非営利団体、宗教団体の政策決定者に提出されるべきである。これらの機関は、直接的にも、間接的にも、世界の宗教に関連する基本的情報および提言に織り込まれる普遍的倫理基準の普及と啓蒙に関与しているからである。

七． 世界は普遍的倫理基準の普及・推進のための具体的な行動計画について語り合うことを歓迎するだろう。こうした行動計画の要素には以下も含まれるべきである。

・共通の倫理規定を作成し、小冊子に収め、世界中に配布すること。
・この一般的な倫理規約に加えて、特定の職業別倫理規約を実業界、政党、マスメディアおよび他の重要な関係者に普及させること。こうした倫理規約は自己規律に貢献しよう。
・「世界人権宣言」五〇周年記念にあたる一九九八年に、権利に関するこの重要な功績を補足する「人間の責任宣言」を議論するための会議を国連が主催すべきであることを、世界の指導者に進言すること。
・世界の宗教および哲学の最良の貢献を含む世界教育カリキュラムを開発すること。このようなカリキュラムはあらゆる教育機関に提供されるべきであり、またインターネット、教育テレビ、ビデオ、ラジオなどの最新技術を通したアクセスを可能にすべきである。
・このようなカリキュラムの開発に必要な知的資源を結集させ、これらへの理解を広めるためにも、国連は国連大学の一部として、学者、学生、世界の宗教指導者が一堂に会する「世界宗教アカデミー」の設立を考慮すべきこと。

普遍的な倫理基準の必要性

八. 人類は社会的動物である、とアリストテレスは説いた。我々は社会に住み、相互に調和をとりつつ暮らさなければならないことから、人類には規則や拘束が必要である。倫理は、集団生活を可能にする最小共通の基準である。倫理や自己を律する心がなければ、結果として人類はジャングルに回帰してしまうだろう。未曽有の変化を経験している世界にあって、人類は立脚すべき倫理の基盤を大いに必要としているのである。

九. 世界の宗教は、人類にとって英知の偉大なる伝統の一つである。はるか古代に起源を発する英知の宝庫が今日ほど必要とされる時はない。政治活動は価値や選択と関わりが深いので、倫理は政治や法律より優先されなければならない。倫理はしたがって我々の指導者を啓蒙し、鼓舞しなければならない。最良の教育とは、理解や寛容に対して人間が持つ潜在能力を切り開くものである。倫理や「正」と「悪」の教育をしなければ我々の学校は、いずれ不必要となる労働力を大量生産する単なる工場と化してしまう。マスコミは人の心や行動に影響を及ぼす最も強力な手段の一つである。しかし多くのマスメディアに見られる暴力、堕落、陳腐さは人類の精神を向上させるどころか汚染している。

一〇．このように変化する世界に対応するためには、各機関が倫理基準に再び専心することが必要である。世界の宗教および倫理の伝統の中にそのような専心の源を見出すことができる。そこには我々の民族、国家、社会、経済および宗教間の緊張を解決に導く精神的な力がある。世界の宗教の教義はそれぞれ異なるものの、すべてが基本的な基準を共有する倫理を唱道している。世界中の信仰を統一するものの方が分離するものよりはるかに大きい。すべての宗教が自己抑制、義務、責任そして分かち合いを美徳として唱えているのである。それぞれが人生の不可思議を考察し、全体に意味を与えている模範をそれぞれの方法で識別している。我々がグローバルな問題を解決するためには、共通の倫理基盤から始めなければならない。

普遍的な倫理の核心

一一．今日人類は、より良い世界秩序を導入するに十分な経済、文化および精神的資源を有している。しかし、新旧さまざまな民族、国家、社会、経済および宗教間の緊張が、より良い世界を平和裡に構築することを脅かしている。このように劇的な世界状況にあって、人類は人々が共に平和裡に暮らせるビジョン、民族および倫理の組分けのビジョン、地球保護のための責任を分担する宗教としてのビジョン、つまり希望、目標、理想、価値基準のビジョンを必要としているのである。したがって、一九九三年にシカゴで開催された世界宗教会議が、我々も原則として支援する「普遍的倫理に向けての宣言」を発表したことに謝意を表する。

一二．国連が「世界人権宣言」を採択したことから始まった国際法および司法に基づく人権強化は、顕著な進歩を遂げている。これはさらに「市民社会・政治的権利」および「社会・文化・経済的権利」の二つの人権誓約によって強化され、「人権と行動計画のためのウィーン宣言」によって推敲された。国連が権利の水準に関して宣言したものをシカゴ宣言は確認し、義務という視点から深化させた。それは人間に本来備わっている尊厳、奪うことのできないすべての人間の原則的平等と自由、すべての個人と社会全体にとっての連帯と相互依存の必要性である。また我々は次のことを確認している。すなわち、より良い世界秩序は法律、法規、条約のみによって創造あるいは強制されるものではないこと、権利と自由のための行動には責任感と義務感が伴うこと、そのためには男女双方の精神や心に呼びかけねばならないこと、義務を伴わない権利は永続せず、また普遍的な倫理なくしてより良い世界秩序はありえないこと、である。

一三． 普遍的倫理はトーラー、聖書、クルアーン、バガヴァッド・ギーター、仏教の法典あるいは孔子その他の教えを代替するものではない。普遍的倫理とは、最低限必要な共通の価値、基準および基本的態度をもたらすものである。換言すれば、教義はそれぞれ異なるものの、それはすべての宗教にも肯定され、無神論者にも支持されうる拘束力のある価値、普遍的基準および道徳的態度に関連する最小限の基本的合意である。

一四． 宗教史上初めて共通事項に関する最小限の基本的合意を明確にしたシカゴ宣言を肯定するにあたり、我々はすべての個人、社会、政治倫理に必要不可欠な二つの原理を提言する。

（一）人類はあまねく人間らしく扱われなければならない。
（二）自分が他人から望むことは自ら他人にもなす。

この宗規はあらゆる偉大な宗教的伝統の一部である。

一五． この二つの原理を基本として、すべての宗教が合意し、我々も全面的に支持する不変の誓約が四つある。

- 非暴力と生命尊重の理念への誓約
- 連帯と公正な経済秩序の理念への誓約
- 寛容と誠実な生活の理念への誓約
- 平等な権利と男女間のパートナーシップの理念への誓約

一六． 家族計画政策とその手段へのアプローチが各宗教間で異なることを認識したうえで、今日の人口動向は効果的な家族計画の追求を不可欠にしているということが合意された。いくつかの国々および宗教による積極的な経験は分かち合われるべきであり、家族計画に対する科学的調査もより一層推進されるべきである。

一七．あらゆる段階における教育は、若い世代の心に普遍的な倫理価値を植え付ける重要な役割を担っている。小学校から大学まで、カリキュラムや講義には共通の普遍的価値を織り込み、自ら奉じている宗教以外の教えに対する理解を深めさせていくべきである。教育課程では「肯定的な寛容」という価値感を教え込み、カリキュラムの教材もそれにしたがって作成されるべきである。若い世代の将来への志を育むことに重きを置かなければならない。UNESCO、国連大学およびその他の国際機関は、この目的に向けて協力していくべきである。電子メディアの協力もとりつけるべきである。

一八．我々は、国際緑十字とアース・カウンシルが提起し、現在進行中の「地球憲章」制定への過程に留意する。我々はこの動きを持続可能な開発への転換に必要な政府・民間・市民社会などの価値観や姿勢態度の基本的変化への努力の、宗教界やその他のグループを巻き込んだ初めてのケースとして歓迎する。

一九．生命の尊重は倫理的誓約の中核をなすことから、戦争や暴力による惨害との闘いを世界の再優先課題としなければならない。とりわけ早急に次の二つの問題に関心を寄せなければならない。（一）小型兵器、半自動・全自動兵器の取り引きは抑制されなければならず、このような兵器が簡単に入手されることがないようにしなければならない。（二）小型兵器と同様に、地雷も多数の無実の生命を奪ってきた。これは、カンボジア、ユーゴスラビア、アフリカ、アフガニスタンでとりわけ深刻な問題となっている。地雷の組織的除去と破壊は急を要する。

会議出席者リスト

インターアクション・カウンシル・メンバー

ヘルムート・シュミット、議長
アンドリース・ファン・アフト
ピエール・エリオット・トルドー
ミゲル・デラマドリ・フルタド

専門家

A・A・マグラム・アル・ガムディ（ロンドン、キング・ファハド・アカデミー学長）
荒木美智雄（筑波大学教授）
シャンティ・アラム（インド、シャンティイ・アシュラム総長）
トーマス・アックスウォージー（カナダ、CRB財団理事長）
アブトリアヴァド・ファラトゥリ（ドイツ、ケルン大学教授、イスラム学アカデミー学長）
アナンダ・グレロ（スリランカ、元控訴裁判所判事）
キム・キョンドン（韓国、ソウル大学教授）
フランツ・ケーニッヒ（オーストリア、カトリック枢機卿）
ペーター・ランデスマン（オーストリア、ウィーン大学）
リュー・シャオ・フェン（香港、中国キリスト教学研究所学長）
L・M・シングヴィ（ロンドン、インディア・ハウス高等弁務官）
マージョリー・スコッキ（アメリカ合衆国、クレアモント神学校学長）

ジャーナリスト

フローラ・ルイス（インターナショナル・ヘラルド・トリビューン）

オブザーバー

山口シヅエ（日本、元衆議院議員）

人間の責任に関する世界宣言
―インターアクション・カウンシル専門家会議報告書

議長　ヘルムート・シュミット
オーストリア、ウィーン
一九九七年四月二〇―二二日

序言としてのコメント
「人間の責任について語る時がきた」

世界経済のグローバリゼーションは多くの問題をグローバル化させている。グローバルな問題は、あらゆる文化と社会から遵守されなければならない理念、価値観、規範を基盤としたグローバルな解決策を強く求めている。すべての人々の平等かつ不可侵な権利の承認は、自由と正義と平和の基盤が前提となるが、それはまた、権利と責任とに同等の重要性が与えられ、すべての男女がともに平和に暮らし、持てる能力を十分に発揮できるような倫理的基盤を確立することも要求している。より良き社会秩序は、国内的にも国際的にも法令・法規や条約だけで達成できるものではなく、グローバルな倫理をこそ必要としている。発展への人類の希求は、いかなる時にも人々と制度に適用すべき、合意された価値観と基準によってのみ現実のものにできるのだ。

来年は、国際連合が採択した「人類の権利に関する世界宣言」の五〇回目の記念の年にあたる。この記念の年は、世界人権宣言を補完し強化して、より良き世界に導く助けとなる「人間の責任に関する世界宣言」を採択するにふさわしい機会である。

後述の人類の責任に関する草案は、自由と責任の間に均衡をもたらし、無関心の自由から関わり合う自由への移行を求めるものである。もしもある個人ないし政府が他者の犠牲をかえりみず自由を極限まで求めたら、多くの人々が苦しむことになる。もしも人類が地球の天然資源を収奪して彼らの自由を極限にまでしたら、将来の世代が苦しむ。

「人間の責任に関する世界宣言」を起草する構想は、自由を責任と均衡させる方策であるだけでなく、過去を通じて敵対的なものと見なされてきたイデオロギー、信条および政治的見解を和解させる手段でもある。それは、権利のみへの固執は際限ない紛議と抗争に帰着しやすいこと、宗教的団体には自らの自由を主張するにあたって他の自由をも尊重する義務があることを指摘している。最大限可能な自由を目標としつつ、同時に自由そのものがさらに育つような最大限の責任感を生みだすことが、基本的前提であるべきである。インターアクション・カウンシル（通称OBサミット）は一九八七年以来、人類の責任に関する倫理基準の起草を進めてきた。しかしこの仕事は宗教界の指導者たちや、責任を負わぬ自由は自由そのものを滅ぼすが、権利と責任が均衡すれば自由は力を増してより良き世界が創りだされるだろう、と警告した古来の哲人たちの英知の上に築かれたものである。

インターアクション・カウンシルは、以下の宣言草案を諸賢の検討に委ね、支持を請うものである。

「人間の責任に関する世界宣言」案

前文

人間家族全員に備わっている本来の尊厳および平等かつ不可侵な権利を承認することは、世界における自由、正義、平和の基礎であり、義務ないし責任を示唆するものであるので、

権利の排他的主張は、武力抗争、分裂および際限ない紛争に帰着する可能性があり、また人間の責任を無視することは、無法と無秩序を引き起こす可能性があるので、

法の支配と人権の促進は、公正に行動するという男女の意思にかかるものであるので、

地球的な諸問題は、あらゆる文化および社会によって尊重される理念、価値および規範によってのみ達成されうる

地球的解決を要求しているので、

すべての人々には、その知識と能力の限り、自国と地球全体においてより良い社会秩序を育成する責任があり、この目標は法律、規定および協約のみでは達成できないので、

進歩と改善への人間の願望は、いかなる時にもすべての人々と組織に適用すべく合意された価値および基準によってのみ実現されうるものであるので、

よって、ここに、国際連合総会は、

すべての個人および社会のすべての機関が、この人間の責任に関する宣言を念頭に置きながら、共同体の前進とそのすべての構成員の啓発に資するべく、あらゆる人々とあらゆる国々の共通の基準として、この宣言を公布する。かくて我ら世界の人々は、すでに世界人権宣言が宣明している誓約、すなわちあらゆる人々の尊厳、彼らの不可侵な自由と平等および彼ら相互の連帯の全面的認容を、改めて確認し強化するものである。これらの責任の自覚と認容は世界中で啓蒙され推進されなければならない。

人間性の基本原則

第一条

すべての人々は、性、人種、社会的地位、政治的見解、言語、年齢、国籍または宗教に関わらず、すべての人々を人道的に遇する責任を負っている。

第二条

何人も、いかなる形にせよ非人間的な行為に支持を与えてはならず、すべての人は他のすべての人々の尊厳と自尊のために努力する責任を負っている。

第三条

何人も、いかなる集団もしくは団体、国家、軍隊もしくは警察も、善悪を超越した存在ではない。すべてが倫理的規範の対象である。すべての人は、あらゆることにおいて善を推進し悪を避ける責任を負っている。

第四条

理性と良心を授けられたすべての人々は、各々と全員に対する、すなわち家族と地域社会に対する、人種、国家および宗教に対する責任を、連帯の精神によって受け入れなければならない。自分自身が他者からされたくないことは他者に対しても行ってはならない。

非暴力と生命の尊重

第五条

すべての人々は、生命を尊重する責任を負っている。何人にも、他の人間を傷つけ、拷問し、または殺す権利はない。これは、個人または地域社会の正当な自衛の権利を除外するものではない。

第六条

国家、集団または個人の間の抗争は、暴力を伴わずに解決されるべきである。いかなる政府も、集団虐殺またはテロリズムを黙認または加担してはならず、また戦争の手段として女性、児童またはその他のいかなる市民も虐待してはならない。すべての市民および公務員は、平和的、非暴力的に行動する責任を負っている。

第七条

すべての人々は限りなく尊く、無条件に保護されなければならない。動物および自然環境も保護を求めている。すべての人々は、現在生きている人々および将来の世代のために、空気、水および土壌を保護する責任を負っている。

正義と連帯

第八条

すべての人々は、高潔、誠実および公正に行動する責任を負っている。何人もまたいかなる集団も、他人または集団の財産を強奪し、または恣意的に収奪してはならない。

第九条

すべての人々は、必要な手段が与えられているならば、貧困、栄養失調、無知および不平等の克服に真剣に努力する責任を負っている。すべての人々に尊厳、自由、安全および正義を保証するために全世界で持続可能な開発を促進すべきである。

第一〇条

すべての人々は、勤勉な努力によって、自らの才能を開発する責任を負っている。人間は、教育および有意義な仕事への平等な機会を与えられるべきである。誰もが、困窮者、不遇者、障害者および差別被害者に支援を与えるべきである。

第一一条

あらゆる財産と富は、正義に則し、人類の進歩のために責任を持って使われなければならない。経済的および政治的権力は、支配の道具としてではなく、経済的正義と社会的秩序に役立つように使われなければならない。

真実性と寛容性

第一二条

すべての人々は、真実を語り誠実に行動する責任を負っている。何人も、その地位がいかに高くまたいかに権限が強大であっても、偽りを語ってはならない。プライバシーと個人的および職業上の秘密保持の権利は尊重されるべきである。何人にも、常にすべての真実をすべての人に話す義務はない。

第一三条

いかなる政治家、公務員、実業界の指導者、科学者、文筆家または芸術家も一般的倫理基準から免責されず、顧客に対して特別な義務を負う医師、弁護士その他の専門職も同様である。職業その他の倫理規定は、真実性および公正性などの一般的基準の優先性を反映すべきである。

第一四条

公衆に知らせ、社会制度および政府の行動を批判するメディアの自由は、公正な社会にとり不可欠であるが、責任と分別をもって行使されなければならない。メディアの自由は、正確で真実な報道への特別な責任を伴うものである。人間の人格または品位をおとしめる扇情的報道は、いかなる時も避けなければならない。

第一五条

宗教的自由は保証されなければならないが、宗教の代表者は、異なる信条の宗派に対する偏見の表明および差別行為を避けるべき特別な責任を負っている。彼らは、憎悪、狂信および宗教戦争を煽りまたは正当化してはならず、むしろすべての人々の間に寛容と相互尊重を涵養すべきである。

相互尊敬とパートナーシップ

第一六条

すべての男性とすべての女性は、そのパートナーシップにおいて尊敬と理解を示しあう責任を負っている。何人も、他人を性的搾取または隷属の対象としてはならない。むしろ性的パートナーは、相互の幸福に配慮する責任を認容すべきである。

第一七条

あらゆる文化的および宗教的多様性の中で、結婚は愛情、忠実心および寛容を必要とするものであり、安全と相互扶助の保証を目指すべきである。

第一八条

賢明な家族計画は、すべての夫婦の責任である。親と子の関係は、相互の愛情、尊敬、感謝および配慮を反映すべきである。いかなる親も他の成人も、児童を搾取し、酷使または虐待してはならない。

結論

第一九条

本宣言のいかなる規定も、いずれかの国、集団または個人に対して本宣言および一九四八年の世界人権宣言に掲げる責任、権利および自由の破壊を目的とする活動に従事する、またはそのような目的を有する行為をする権利を認めるものと解釈されてはならない。

人類の責任について語る時がきた

インターアクション・カウンシルによる人類の責任に関する世界宣言の呼びかけは時宜にかなっている。私たちは伝統的にこれまで人権について語り、実際一九四八年に国連によって世界人権宣言が採択されて以来、世界は人権の国際的な承認と擁護に尽力してきた。しかし今、人類の義務を引き受けるという同様に重要な探求にとりかかる時が来ている。

この人類の義務を新たに重視することが必要になった背景にはいくつかの理由がある。もちろん、この考えは世界のある地域においてのみ新しいということで、多くの社会は伝統的に人間関係を権利よりも義務の面で捉えてきている。例えば一般的に東洋の考え方がそうである。伝統的に西洋では少なくとも一七世紀の啓蒙運動以来、自由と個人性の概念が強調されてきたのに対し、東洋では責任と共同体の観念が強かった。「人間の義務に関する世界宣言」ではなく、「世界人権宣言」が起草されたのは、周知のように起草者が第二次世界大戦の勝者となった西側諸国の代表者であり、そこに彼らの哲学的、文化的背景が反映されていることは疑いない。

また人類の義務という概念は、自由と責任の均衡をはかってくれる。権利は自由と関わりがあり、義務は責任と関係がある。しかしこうした差違にもかかわらず、自由と責任は相互依存の関係にある。責任は道徳的資質として、自由を自然に自発的に抑制する。いかなる社会においても無制限な自由というものはありえない。したがって謳歌する自由が大きければ大きいほど、私たち自身に対して、また他の人々に対して負う責任も重くなる。また持てる能力が多ければ多いほど、それを最大限開発するという責任も増す。私たちは、無関心の自由から関わりの自由へと移行していかなければならない。

そして逆も真実である。私たちの責任感が強まれば、道徳的特質を強化することによって私たちの内面的自由も拡大される。善と悪の選択肢も含めて多様の行動の可能性を自由が与えてくれる場合も、責任ある道徳的特質は善が勝つことを確実にする。

しかし悲しいことに、この自由と責任の関係は必ずしも常に明瞭に理解されているわけではない。一部のイデオロギーにおいては個人的自由の観念が重要視され、また他方では、社会集団に対するコミットメントが絶対視されるイデオロギーもある。

適正な均衡を欠く無制限の自由は、強制される社会的責任と同じぐらい危険である。極端な経済的自由と資本主義的強欲が深刻な社会的不正をもたらしてきた一方で、社会の利益ないし共産主義の理想という美名のもとに人々の基本的自由の酷薄な抑圧が正当化されてきた。

どちらの極端も望ましくない。東西間の紛争の消滅と冷戦の終了後、人類は自由と責任の望ましい均衡に近づきつつあるように思われる。私たちは自由と権利のために戦ってきた。責任と人間の義務を促進する時が来たのである。

インターアクション・カウンシルは、世界経済のグローバル化は世界的諸問題のグローバル化と歩調を合わせていると考える。グローバルな相互依存性によって相互に調和の中で生きていくことを余儀なくされているために、人類は規則と制約を必要としている。倫理は集団生活を可能にする最低限の基準である。倫理とその結果である自己抑制なしには、人類は弱肉強食の世界に逆戻りしてしまうだろう。世界はその上によって立つことのできる倫理的基盤を必要としているのである。

この必要を認識したからこそインターアクション・カウンシルは、一九八七年三月、ローマのラ・チビルタ・カトリカにおいて精神世界の指導者と政治指導者の会合を開き、普遍的な倫理基準の探求を始めたのである。そして一九九六年、カウンシルは再び世界の主要宗教の指導者および専門家によって構成された専門家会議の報告を要請し、同会議の報告書を同年五月のバンクーバー総会で歓迎した。この報告書は、世界の諸宗教において共通性が大であることを明らかにし、「世界人権宣言から五〇周年の一九九八年、国連は人類の義務についての宣言を検討する会議を招集し、権利について果たした初期の重要な任務を補完すべきである」という提言を行った。カウンシルはこの提言を支持した。

人類の責任についての世界宣言を起草しようという動きは、自由と責任の均衡をとる方策であるのみでなく、過去には対立すると見なされてきた諸イデオロギーと政治的見解を和解させる方法でもある。したがって基本的前提は、人間には最大限の自由が許されるべきではあるが、その自由を正しく行使するために責任感も最大限に発達させなければならないということである。

こうした考えは決して新しいものではない。数千年にわたり、預言者、聖者、賢者は人類が責任について真剣に考えるよう懇請してきた。今世紀では、例えばマハトマ・ガンディーが七つの社会的罪について説いている。

一　原則なき政治

二　道徳なき商業
三　労働なき富
四　人格なき教育
五　人間性なき科学
六　良心なき快楽
七　犠牲なき信仰

グローバリゼーションは、ガンディーやその他の倫理指導者の教えを必要とする新たな緊急性をもたらした。テレビ画面上の暴力が衛星中継によって地球全体に伝達される。はるか遠隔の金融市場での投機が一地方の共同体を破壊することもできる。民間の実力者の影響力が政府の権力に近づき、しかも選挙による政治家と異なり、これら民間人の場合は本人の自覚以外に責任が問われない。人間の責任に関する宣言が世界で今日ほど必要とされた時はないのである。

権利から義務へ

権利と義務は分かち難く関連していることから、人権という観念はすべての人がそれを尊重する義務を承認することによってのみ成立する。特定の社会の価値観に関わらず、人間関係というものは権利と義務の双方の存在に普遍的に基づいているのである。

人間の行動を導くために複雑な倫理システムは必要ではない。いにしえの規則、すなわち黄金律が真に守られるならば、公正な人間関係は保持することができるのである。黄金律の否定文での表現は、「自分自身が他者からされたくないことを他者に対しても行うな」ということである。肯定文での表現をすると、「他人にしてもらいたいことを他人にせよ」となり、より積極的で連帯的役割を意味する。

この黄金律を念頭におくと、人間の責任に関する世界宣言は人権を補完するために必要な主要義務を検討する上で理想的な出発点となることがわかる。

- 私たちに生命の権利があるとすれば、私たちには生命を尊重する義務がある。
- 私たちに自由の権利があるとすれば、私たちには他者の自由を尊重する義務がある。
- 私たちに安全への権利があるとすれば、私たちには全ての人間が人間的安全を謳歌できる条件を創出する義務がある。

• 私たちに自国の政治過程に関わり、指導者を選挙する権利があるとすれば、私たちにはそれに参加し、最良の指導者を選ぶ義務がある。

• 私たちに自分自身と家族のために一定水準の生活を得られるよう公正で好ましい条件の下で働く権利があるとすれば、私たちには自己能力の最善を尽くす義務がある。

• 私たちに思想、良心、信仰の自由の権利があるとすれば、私たちには他者の思想や宗教上の原則を尊重する義務がある。

• 私たちに教育を受ける権利があるとすれば、私たちには能力が許す限り学びさらに、可能ならば私たちの知識と経験を他者ともわかち合う義務がある。

• 私たちに地球の恵みへの権利があるとすれば、私たちには地球とその天然資源を尊重し、配慮し、復活する義務がある。

人間として私たちには無限の自己実現の可能性がある。それゆえに私たちには肉体的、感情的、知的、そして精神的能力を最大限に開花させる義務がある。自己実現に向けての責任という観念の重要性は看過されてはならない。

＊

一九九七年四月にウィーンで開催された専門家会議は「人間の責任に関する世界宣言」の草案作業を行った。作業の結果については、三名の専門家、トーマス・アックスウォージー教授、キム・キョンドン教授およびハンス・キュング教授によってまとめられ、要約された。キュング教授は有益な議論の出発点となった第一次草案を提出してくれた。これら専門家はヘルムート・シュミット専門家会議議長ならびにアンドリース・ファン・アフト、ミゲル・デラマドリ・フルタドにさまざまな提言を行った。カウンシルのメンバーであるオスカー・アリアスは、同会議に不参加であったが、貴重かつ内容の濃い論文を提出してくれた。

これらの作業の結果は、添付の「人間の責任に関する世界宣言」の国連提出草案に明らかである。専門家のグループは同封の宣言案を提出することを喜びとし、これがインターアクション・カウンシルおよび国際社会によってさらに討議されることを推奨する。

会議参加者リスト

インターアクション・カウンシル・メンバー

ヘルムート・シュミット
アンドリース・ファン・アフト
ミゲル・デラマドリ・フルタド

アドバイザー

ハンス・キュング（チュービンゲン大学）
トーマス・アックスウォージー（ハーバード大学）
キム・キョンドン（ソウル大学）

専門家

フランツ・ケーニッヒ（オーストリア、カトリック枢機卿）
ハッサン・ハナフィ（カイロ大学）
A・T・アリヤラトネ（スリランカ、サルヴォダヤ運動総裁）
ジェームス・H・オットリー（英国国教国連オブザーバー）
M・アラム（宗教と平和世界会議総裁、インド国会議員）
ジュリア・チン（トロント大学）
アンナマリー・アーガード（世界教会会議）
テリー・マクルーハン（著述家）
イエルス・キム（ユネスコ）
リチャード・ローティ（スタンフォード大学）
ピーター・ランデスマン（ザルツブルク、欧州科学アカデミー）
渡辺幸治（元駐ロシア日本大使）

ジャーナリスト

フローラ・ルイス（インターナショナル・ヘラルド・トリビューン）
ウー・セウンヨン（文化日報）

ジャカルタ宣言
―政治指導者と宗教指導者による声明

政治・宗教指導者ジャカルタ会議
二〇〇三年三月一一―一二日
インドネシア、ジャカルタ

分断に掛ける橋

声　明

インターアクション・カウンシルは、政治や実業界の指導者の道徳的価値や倫理基準に対して、一九八三年の創立当初より特に関心をいだいてきた。

一九八七年にインターアクション・カウンシルは、平和・開発・人口と環境問題に関する宗教指導者との会合をローマで開催した。一九九六年のウィーンでの会議では、全ての宗教が受け入れられる普遍的倫理基準の探求に焦点を当てた。その結果、一九九七年に「人間の責任に関する世界宣言案」を起草した。カウンシルは、この宣言が受諾されるならば、世界人権宣言を強く補完しうると考えている。一九九九年のカイロ総会では、「中東戦争の宗教的意義」について議論している。

ニューヨークとワシントンのおぞましく悲惨な襲撃以来、カウンシルは「テロへの報復戦争」が宗教間の紛争の拡大をもたらすのではないかと懸念してきた。

その後のケニア、ロシア、インド、インドネシアにおける更なるテロ攻撃は、こうした懸念を一層強めた。

したがって、以下の考察に注目することが重要である。

一　現在の世界情勢、特に「テロへの報復戦争」や大量破壊兵器の拡散は、世界中に不安定をもたらし秩序を崩壊させうる。

二　一部のテロリストは、敵意や嫉妬のみに動機づけられているだろうが、その他のテロリストには世界全体ではなく、局地的に焦点を絞ったかなり特定の目標や目的がある。

三　一つの残念な現実は、テロの原因が特定の西側諸国の政策にあると考える人々がいることである。このような態度は、グローバル化した世界に参加する資源を持たないため、多数の国の人々がさらに取り残されてしまうという事実をも含めた、拡大する貧富の差という不平等感を、危機に直面する地域の人々が感じていることに起因している。国連の千年紀開発計画の精神と規範は、すべての人々に然るべき生活基準を保証するため、世界の金融、政治、道徳、制度上の資源を動員するという方向を示しており、それを実行に移すことが肝要である。

四　世界の民族国家間の戦略的・経済的公正と均衡は継続的な目標であるべきで、それは協力と相互理解、そして信頼の構築を通してのみ達成しうる。政策とはそうした目標に方向付けられるべきものである。

五　国連憲章第七章の下で、安全保障理事会が承認する直接的な自国防衛以外の攻撃は、国際平和と安全への脅威として国連が禁止しているが、この禁止自体が平和を促進するうえで大きな前進である。もしも今日、各国が一方的な先取攻撃主義を受け入れるならば、過去五〇年間の国際法促進の努力が泡に帰することとなろう。

したがって、

一　我々は、宗教による暴力とテロリズムのいかなる正当化も強く拒絶するようすべての宗教指導者に呼びかける。

二　我々は、異宗教と異民族間の分断に橋渡しをすべく、積極的な行動をとること、議論と譲歩が結果を決定するという協力的な世界を確立すること、そして、世界の民族国家間の均衡をはかるために尽力することを、世界の指導者たちに強く訴える。

三　我々は、大国と小国を問わず全ての国家に対し、国連と共にまた国連、特に安全保障理事会を通して活動することが公正・均衡・平和を達成する最善の手段であることを訴える。

四　我々は、全ての宗教と人道的哲学が共有している人間的価値と基本的倫理基準の普遍性を認め、非暴力、生命の尊重、連帯、公正な経済秩序、寛容、誠実な人生、平等な権利と男女間のパートナーシップといった文化を発展させることを全ての国家に呼びかける。

五　我々は、あらゆる種類の宗教と政治的イデオロギーの中に過激主義を見出しうることを認識し、それが見出された場合たとえ国内であろうとも、そうした過激主義を糾弾しなければならないことを、全ての国家に呼びかける。

六　よって、我々は全ての国家指導者に対し、抑止力と理解力をもって過激主義のあらゆる行動を回避し、文明化した人間社会の存続に不可欠な共通の価値基準及び態度を容認することを、呼びかける。

七　そして我々は、全ての国家に対し、自国の内外を問わず、分断の橋渡しに尽力し、恣意性と差別に直面する場合、それに反対することを呼びかける。

我々は、これらの目標と価値が普遍的で国境を超越する存在であることを強調する。今こそ「人間の責任に関する世界宣言」の精神を実行する時である。現在求められているものは、共存と人類発展のために必要な英知と具体的行動である。そして、普遍的倫理の二つの基本的原則を再び思い起さなければならない。すなわち、「全ての人間は、人間らしく扱われなければならない」という人道的原則であり、「自分自身が他者からされたくないことは他者に対しても行うな」という黄金律である。

参加者リスト

インターアクション・カウンシル・メンバー

1 H. E. Prime Minister Malcolm **Fraser**, Australia

2 H. E. Prime Minister Andreas **van Agt**, the Netherlands

3 H. E. President Bacharuddin Jusuf **Habibie**, Indonesia

4 H. E. President Jamil **Mahuad**, Ecuador

宗教指導者

5 Rev. Swami **Agnivesh**, India (Hindu)

6 Dr. Kamel **Al-Sharif**, Secretary-General International Islamic Council (Muslim)

7 Dr. A. T. **Ariyaratne**, President, Sarvodaya Shramadana Movement, Sri Lanka (Buddhist)

8 Archbishop. Francis P. **Carroll**, President, Australian Catholic Bishops Conference, Archbishop of Canberra and Goulburn, Australia (Catholic)

9 Rev Tim **Costello**, Baptist Church, Australia (Protestant)

10 Mr. James **Jordan**, Member of Archdiocesan Council, Australia (Greek Orthodox)

11 Prof. **Lee** Seung-hwan, Professor of Philosophy, Korea University, Korea (Confucian)

12 Prof. Dr. A. Syafii **Maarif**, the Chairman of Muhammadiyah, Indonesia (Muslim)

13 Mr. Rozy **Munir**, Chairman, Nahdlatul Ulama, Indonesia (Muslim)

14 KH Hasyim **Muzadi**, General Chairman, Nahdlatul Ulama, Indonesia (Muslim)

15 Rev. Dr. Konrad **Raiser**, Secretary General, World Council of Churches, Switzerland (Protestant)

16 Dr. David **Rosen**, International Director of Interreligious Affairs of the American Jewish Committee, U. S. A. (Jewish)

17 Drs. **Rusli**, SH. MM, Indonesian Buddhist Community Association, Indonesia (Buddhist)

18 Dr. Natan **Setiabudi**, Chairman, The Communion of Church in Indonesia, Indonesia (Protestant)

19 Rev. I. N. **Suwandha** SH, Chairman, the Indonesian Hindus Community Association, Indonesia (Hindu)

20 Prof. Dr. Din **Syamsudin**, Secretary General, The Indonesian Council of Ulamas, Indonesia (Muslim)

21 Pastor Alex **Widjojo** SJ, Roman Catholic Church of Jakarta, Indonesia (Catholic)

その他

22 Ms. Katherine **Marshall**, Director, Development Dialogue on Values and Ethics, World Bank, U. S. A.

23 Dr. SM Farid **Mirbagheri**, the Director of Research, the Centre for World Dialogue, Cyprus

24 Mr. Seiken **Sugiura**, Member of the House of Representative, Japan

25 Mr. **Zhang** Yi-jun, Vice Chairman of the Foreign Affairs Committee of the 9th National Committee of the Chinese People's Political Consultative Conference, China

学術アドバイザー

26 Prof. Thomas **Axworthy**, Executive Director, Historica Foundation, Canada

27 Prof. Nagao **Hyodo**, Professor, Tokyo Keizai University, Japan (Deputy Secretary-General of IAC)

28 Prof. Amin **Saikal**, Director, Centre for Arab and Islamic Studies, the Middle East and Central Asia, Australian National University, Australia

チュービンゲン報告書

――「国際政治における要因としての世界宗教」に関する専門家会議報告書

議長　イングヴァー・カールソン

二〇〇七年五月七―八日
ドイツ、チュービンゲン

インターアクション・カウンシルは、一九八七年の平和・開発・環境問題に関する議論以来、宗教指導者と政治指導者との対話に従事してきた。その後一〇年かけて、全ての主要宗教と哲学の学者たちが普遍的倫理基準の合意に至り、「人間の責任に関する世界宣言」を発表している。

新世紀に入ってから、世界が直面する問題は一層複雑さを増した。宗教上の誤解が紛争を繰り広げ、地球温暖化は厳しい環境破壊という脅威をもたらし、テロリズムの増大が世界中に恐怖を拡散している。宗教は平和、正義、倫理基準を追求するひとつの勢力となり得るのだろうか。寛容（無知からではなく尊敬からの寛容）という美徳とは、教え得るものなのだろうか。各地域社会は、他の民族や国家の文化的・宗教的帰属意識を尊重すべき課題に対処できるのだろうか。世界は新たなグローバル共同体を認めることができるのだろうか。指導者たちは、希望を託せる具体的かつ建設的なアイディアを打ち出すことができるのだろうか。

近年における宗教の高まりにより、世界は第二の「アクシアル時代」（主要宗教・哲学の芽生えた紀元前の時代）に入りつつあるのかもしれない。この二〇〇七年五月七―八日に、インターアクション・カウンシルは世界的に著名な「グローバル倫理財団」の本拠地であるドイツのチュービンゲンで専門家会議を開催した。参加した宗教学者たちは存在の意義と政治における平和を模索する方法を議論し、考察した。

一．共通の基盤

ユダヤ教は単一ではない。キリスト教もイスラム教も、仏教もヒンドゥー教も単一ではない。中国の諸宗教を構成するのも多数の信仰である。それぞれの主要宗教は、それぞれ内側に信仰、神学、確信の多様性を抱えている。

宗教の内部的多様性を認識することの重要性は、広範に受け入れられつつあるものの、宗教間の共通性を認識することも同じく重要なのである。三つの一神教は、従来、対立し合っていると見なされてきた。今日、これらの三宗教を相互関係の中で見ることがかつてないほど重要となってきている。宗教間教育を通じてこうした目標は達成可能である。特に、宗教間対話は、「教える」のではなく「学ぶ」ことを期待して行われるべきである。

本物の対話とは、慎重な教育を要する芸術であり、個人・地域・国家・国際レベルでの対話がもたらす利益を過小評価すべきではない。対話は説得のための戦術でもなく、改宗させるための戦略でもない。対話とは共有する価値観を通じて相互理解を生み出す方法なのである。他の人々の宗教や文化への理解を深めることは奨励されなければならず、広範かつ大雑把な一般化はやめさせるべきである。

対話を通じて他の人々から学ぶ価値は、相互関係の精神の下で理解し得る。より広範囲には、我々の目標は「教える社会」として留まるのではなく、「学ぶ社会」に進むことであり、子供たちには世界の宗教の差異のみを教えるのではなく、共通性を教えなければならない。

したがって、「人間の責任に関する世界宣言」はさらに重要性を増してきた。共通の普遍的倫理を認識することによって政治家、宗教学者、無神論者、不可知論者たちは相互理解を達成したのである。宗教の自由には、特定の宗教やイデオロギーを物理的にも道徳的にも強制されない権利を含んでいる。この普遍的倫理基準は、他の人々の信仰と道徳心を理解し、尊重する方策を示唆している。今回の専門家グループは、全ての主要宗教の指導者たちが受け入れた「人間の責任に関する世界宣言」を、全ての宗教に存在する共通の倫理基準を創出するものとして再確認した。

二．政治と宗教の関係

各宗教間の共通要素を考察するうえで、専門家グループはまた、宗教が持つ政治へのかなりの影響力をも議論した。この政治と宗教の緊張した関係は、ある地域では世俗性が高まり、他の地域では宗教性が高まるという、世界で同時発生している相反する動きによって強調されてきた。

ほとんどの指標では、西ヨーロッパで教会に定期的に通い礼拝に参加する人々は二〇パーセントに減っている。対照的に米国では、人口の約六五パーセントが毎週教会に通っている。アラブ世界でもアジアでも同様に宗教性の高まりが見られる。

宗教は、国民政治に建設的影響を多大に及ぼすこともあるが、しばしば人々の無知と不安感をあおって自らの権力を維持せんとする政治指導者たちによって搾取され悪用されてきた。無知と宗教と民族主義の組み合わせは、戦争を招く危険性を孕んでいる。この宗教と政治の強力なダイナミックスが、国際紛争に拍車をかけ、世界中の抑圧的政権を支持してきた。その中には、イラクとアフガニスタンにおける惨憺たる占領と泥沼化した戦争、抜け道のないイスラエル対パレスチナ紛争、スリランカにおける長期的内戦、タイにおける新たな紛争の可能性などが含まれている。

現実的には、政治的決定が、まさに彼らが主張せんとしている宗教教義とは真っ向から対照的であることが多い。原理主義は特定の宗教の本質的な属性ではなく、多くの宗教の特徴である。我々が直面する課題は、宗教指導者たちが宗教運動の悪用を否定あるいは阻止し、政治的宣伝に走りやすい「宗教過激派」を隔離し、穏健な宗教運動を支持し、強化することである。

三．未来に向けて

こうした複雑な問題にもかかわらず、専門家グループの多くは未来にいくらかの「希望の光」を見た。人間の威厳、権利そして責任という人間性にかかわる基盤は、世界に対して普遍的妥当性のある共通の倫理基準を提供している。

この新たなグローバル共同体の時代において、我々は責任感のあるグローバル市民を必要としている。宗教指導者たちは、将来的には一層重要な役割を担うだろう。そのためには彼らは二つの言語に精通しなければならない。ひとつはそれぞれの教団内の信徒と共有する言語であり、もうひとつはグローバル市民の言語である。これにより、人種、文化、男女間の政治的、経済的、社会的平等という普遍的倫理に奉ずる機会がもたらされるのである。

我々が直面している最大の問題のひとつに、将来の世代への環境保全がある。地球の生命にとってどの生物種も貴重であるが、毎日一〇〇以上の生物種が絶滅している。この点でも宗教指導者たちは、こうした地球的規模の挑戦に人々が挑みうる力を統合させる重要な役割を担っている。地球を守ろうとする努力に対して敏感になり、道徳的意義を与えることでそれはなし得る。我々は、地球を搾取する者ではなく地球に奉仕する者とならなくてはならない。

この二五年間に、宗教間対話は変化した。宗教間の相違が人間性を損ねるのではなく、宗教は人間性のなかに理想を見つけるよう人々を鼓舞すべきであるという認識が広まった。しかし、対話はまだ始まったばかりである。

四．提言

よりよい未来に向けて、専門家グループの議長は以下のことを提言する。

- 「人間の責任に関する世界宣言」の説得力を再確認し、強化すること。この責任宣言を我々の住む時代背景に照らし合わせて考えること。人権擁護者との正真の対話を可能にするために、責任宣言で言及している正義、慈悲、礼節、調和といった中核的価値基準を強調すること。
- 全ての宗教には共通した倫理規範の中核があるという認識—画一性なき調和—を促進し、グローバル市民およびグローバル倫理基準を通じた共通の人間性を分かち合っているという意識を広めること。
- 自己実現への願望とグローバル共同体における義務感の間で実りある相互作用を促進するために、グローバル市民という概念とその実践を支持すること。
- 各宗教の信仰、価値観、習慣の多様性を認識し、寛容性、尊敬、相互照会と学習を高めるための宗教間教育を通じた行動計画を立案すること。
- 宗教の自由を支持すること。開放的かつ平和な自省的宗教運動を強化し、社会のあらゆる部門の指導者たちが宗教指導者と共に宗教の政治化と悪用を否定し阻止するよう奨励すること。
- 人類の存続への脅威を認識し、宗教の持つ影響力も動員して、将来の世代のために生命を尊重し、地球を守るという環境上の挑戦に立ち向かうこと。
- 文化的多様性と宗教界の複数性を保持しつつ、平和と団結を促進する道を見出すこと。

参加者リスト

インターアクション・カウンシル・メンバー

1 H. E. Mr. Helmut **Schmidt**, Honorary Chairman（Former Chancellor of Germany）

2 H. E. Mr. Malcolm **Fraser**, Honorary Chairman（Former Prime Minister of Australia）

3 H. E. Mr. Ingvar **Carlsson**, Co-chairman（Former Prime Minister of Sweden）

4 H. E. Mr. Abdelsalam **Majali**（Former Prime Minister of Jordan）

5 H. E. Mr. Franz **Vranitzky**（Former Chancellor of Austria）

専門家

6 Dr. A. Kamal **Aboulmagd**（Islam, Sunni）, Attorney at Law（Egypt）

7 Dr. Kezevino **Aram**（Hindu）, Director, Shanti Ashram（India）

8 Rev. Dr. Mettanando **Bhikkhu**（Theravada Buddhist）, Special Advisor on the Buddhist Affairs to the World Conference of Religions for Peace（Thailand）

9 Prof. Hans **Küng**（Christian）, Professor Emeritus, Tübingen University（Switzerland）

10 Prof. Karl-Josef **Kuschel**（Christian）, Vice president of the Global Ethic Foundation（Germany）

11 Rabbi Jonathan **Magonet**（Judaism）Leo Baeck College（U. K.）

12 Archbishop **Makarios** of Kenya（Greek Orthodox）（Cyprus）

13 Dr. Stephan **Schlensog**, Hindu Expert, Secretary-General, Global Ethic Foundation（Germany）

14 Dr. Abdolkarim **Soroush**（Islam, Shia）（Iran）

15 Dr. **Tu** Weiming（Chinese religions and philosophies）, Harvard University（China）

16 吉田　修、東洋大学教授（大乗仏教）

アドバイザー

17 Dr. Thomas **Axworthy**, Professor, Queen's University

(Canada)

18 Dr. Gunther **Gebhardt**, The Global Ethic Foundation (Germany)

19 兵藤長雄、元ベルギー大使（ＩＡＣ事務局次長）

事務局長

20 宮崎　勇、元経済企画庁長官

ウィーン会議参加者・論文提出者の略歴

■インターアクション・カウンシル（ＯＢサミット）メンバー

ジャン・クレティエン
インターアクション・カウンシル共同議長
一九九三―二〇〇三年カナダ首相
一九三四年生まれ。一九五八年ラヴァル大学卒（ラテン語法律有資格Ｌ.Ｌ.）、一九六七―六八年無任所大臣、一九六八年国家歳入大臣、一九六八―七四年原住民問題・北部開発大臣、一九七六―七七年通商産業大臣、一九七七―七九年財務庁長官、一九八二―八四年エネルギー・鉱業資源大臣、一九八四年副首相兼外務大臣

福田康夫
インターアクション・カウンシル共同議長
二〇〇七―〇八年日本国首相
一九三六年生まれ。早稲田大学学士、一九九〇―二〇一二年衆議院議員、二〇〇〇―〇四年内閣官房長官、二〇〇〇年沖縄開発庁長官、二〇〇一―〇四年内閣府特命担当大臣（男女共同参画担当）、ボアオ・アジア・フォーラム（地政学シンクタンク）理事長

フランツ・フラニツキー
インターアクション・カウンシル共同議長
一九八六―九七年オーストリア共和国首相
一九三七生まれ。一九六九年ウィーン大学経営・経済学部ビジネス学科博士号、一九八四―八六年財務大臣、一九八八―九七年オーストリア社会民主党首、ソーシャリスト・インターナショナル副議長

ヘルムート・シュミット

インターアクション・カウンシル名誉議長

一九七四―八二年西ドイツ連邦共和国首相

一九一八―二〇一五年。ハンブルク大学理学修士、一九六七―六九年ドイツ下院社会民主党（SPD）議長、一九六八―八四年SPD副党首、一九六一―六五年ハンブルク州政府内務相、一九六一―六五年国防相、一九七二年経済・財務相、一九七二―七四年財務相

マルコム・フレーザー

インターアクション・カウンシル名誉議長

一九七五―八三年オーストラリア連邦首相

一九三〇年―二〇一五。オックスフォード大学修士、一九五五―八三年国会議員、一九六六―六八年陸軍相、一九六八―六九年教育科学相、一九六九―七一年国防相、一九七一―七二年教育科学相、一九七五年野党党首

アンドリース・ファン・アフト

一九七七―八二年オランダ王国首相

一九三一年生まれ。一九五六―五八年法廷弁護士、一九六八―七一年ナイメーヘン大学刑法学教授、一九七一―七三年法務大臣、一九七三―七七年法務大臣兼副首相、一九七七年国会議員、キリスト教民主アピール党（CDA）党首

シーク・アブドゥルアジィズ・アルクライシ

一九七四―八三年サウジアラビア中央銀行総裁

一九三〇年生まれ。南カリフォルニア大学経営学修士、一九七〇―七四年国務大臣、一九八七―九六年サウジ国際銀行ロンドン会長、一九八七年よりサウジアラビア中央銀行金融理事会理事、一九九四―二〇一二年米国‐サウジアラビア・ビジネス・カウンシル共同議長

トゥン・アブドゥラ・ハジ・アーマッド・バダウィ

二〇〇三―〇九年マレーシア首相

一九三九年生まれ。一九六四年マレイシア大学イスラミック研究学士、一九八一―八四年首相府内務大臣、一九八四―八六年教育大臣、一九八六―八七年国防大臣、一九九一―九九年外務大臣、イスラム理解のためのマレーシア研究所の創設者であり会長

ヴァレリー・ジスカール・デスタン

一九七四—八一年フランス共和国大統領
一九二六年生まれ。一九五二年理工科学院・国立行政学院卒、一九五六—七四年ピュイ・ド・ドーメ副市長、一九五九—六二年金融担当長官、一九六二—六六年経済財政相、一九六七—七四年、一九八二年シャマリエレス（ピュイ・ド・ドーメ）市長、欧州連合創設、欧州金融システム（一九八六年シュミット首相と共に）創設、先進国首脳会議（サミット）創設等に尽力

アブデル・サラム・マジャーリ

一九九三—九五年、一九九七—九八年ヨルダン・ハシミテ王国首相
一九二五年生まれ。一九四九年シリア大学（ダマスカス）医学博士、一九五三年ロンドン王立外科医大学咽頭耳鼻学科修士、一九六九—九一年健康相、一九七一—七六年ヨルダン大学（アンマン）学長、一九七六—七九年教育相、一九七〇—七一年、一九七六—七九年外務相、イスラム世界科学アカデミー代表

オルセグン・オバサンジョ

一九七六—七九年、一九九九—二〇〇七年ナイジェリア連邦共和国大統領
一九三七年生まれ。ナイジェリア陸軍司令官、第二師団司令官、イバダン陸軍守備隊、一九七〇年第三海兵司令官として市民紛争を解決、一九七五年工兵軍団長、一九七五年副大統領、一九七六年大統領、一九八八年アフリカ・リーダーシップ・フォーラム設立、二〇〇五年ベルス技術大学創立

ジョージ・ヴァシリュー

一九八八—九三年キプロス共和国大統領
一九三一年生まれ。ブタペスト経済大学経済学博士号、一九九六—九九年国会議員、一九九八—二〇〇三年ＥＵ加入調和プロセス・キプロス共和国交渉チーム最高責任者

■**宗教および神学指導者**

ハムザ・アル・サレム

プリンス・サルタン大学経営学部教授（サウジアラビア）、

アレクサディア、アルジャジーラのコラムニスト

一九九六年アム・オル・クラ大学（マッカ）学士、二〇〇二年経済経営管理学修士、二〇〇五年クラーク大学経済金融財政博士号、二〇一〇年オックスフォード大学イスラミック研究サウジ・オックスフォード先進管理・リーダーシップ・プログラムおよび、二〇〇五年南カリフォルニア大学客員教授

張信剛

北京大学名誉教授、魯迅研究主任教授

一九四〇年生まれ。一九六二年国立台湾大学土木学理学士、一九六四年スタンフォード大学構造エンジニアリング修士、一九六九年ノースウェスタン大学バイオメディカル・エンジニアリング博士号、一九七六―八四年マックギル大学ヨーク州立大学助教授、一九六九―七六年ニューヨーク州立大学助教授、一九八四―九〇年南カリフォルニア大学教授、一九九〇―九四年香港大学エンジニアリング学院院長、一九九四―九六年ピッツバーグ大学エンジニアリング学部長、一九九六―二〇〇七年香港市立大学教授・学長、二〇〇八年より北京大学魯迅講座名誉教授

フリードリッヒ・ヴィルヘルム・グラフ

ルートヴィッヒ・マクシミリアン大学（ミュンヘン大学）プロテスタント神学部システマティック神学・倫理正教授

一九四八年生まれ。一九七二年ミュンヘン大学神学博士号、一九八六年オーフス大学（デンマーク）神学博士号、アウクスブルク大学システマティック神学・神学近代史教授、一九九二―九六年ハンブルク大学プロテスタント神学・社会倫理学部長、一九九六―九九年アウクスブルク大学プロテスタント神学教授、一九九八―九九年エアフルト大学マックス・ヴェーバー・センター特別研究員、一九九九年より現職、二〇〇〇年より聖学院大学（東京）客員教授

シャイク・ムハンマド・アル・ハバシ

アブダビ大学イスラミック・アラビック研究所准教授

一九六二年生まれ。一九八六年ダマスカス大学イスラム学法学士、一九八七年イスラミック・コール大学イスラム研究学士、一九八八年ベイルート大学アラビック教育学士、一九九二年カラチ大学イスラム研究修士、一九九六年聖クルアーン-ハルツーム大学クルアーン科学博士号、

一九八八―二〇〇二年ダマスカス・イスラミック・コール大学科学・イスラミック文化教授、一九九二年よりダマスカス・イスラミック研究センター部長、二〇〇三―一二年シリア国会議員

カーク・O・ハンソン

サンタ・クララ大学応用倫理学マックラ・センター常任理事および社会倫理学教授

一九四六年生まれ。スタンフォード大学経営大学院経営学修士、ハーバードおよびエール神学スクール研究特待生、二三年間スタンフォード経営大学院スタンフォード・スローン・プログラムの学部長としてビジネス倫理を教えた後現在名誉教授、現在北京インターナショナル・ビジネス倫理センター長

ゴラマリ・コシュロー

「文明間対話」におけるハターミー大統領の特別顧問、国連大使（イラン）

テヘラン大学（イラン）、ソーシャル・リサーチ・ニュースクール（ニューヨーク）、一九八九―九五年国連イラン大使、一九九九―二〇〇二年学術研究・教育副外務大臣、駐オーストラリア大使、二〇〇二―〇五年イランIR法務・国際問題副外務大臣

マノ・メタナンド・ラオハヴァニッチ

チュラポーン国際医科大学、タンマサート大学インド研究センター講師

一九五六年生まれ。チュラーロンコーン大学理学士（医学）、医学博士、オックスフォード大学イデオロギー学士・修士、ハーバード大学神学修士、ハンブルク大学タイランド研究瞑想治療法博士、チュラポーン国際医科大学・タンマサート大学倫理委員会議長、一九八二―二〇〇七年仏僧、タイ上院議員倫理・道徳・美徳サブコミッションのメンバー

アブダル・ムクティ

ムハンマディヤ（インドネシアの最大近代イスラミック組織）本部事務局長、インドネシア・スマラン・ワリソンゴ国立イスラミック研究室（IAIN）名誉教授

一九六八年生まれ。一九九二年ワリソンゴ国立イスラミッ

ク研究室優等学位、一九九七年南オーストラリア・フリンダース大学医学博士、二〇〇八年ジャカルタ州立イスラミック大学医学博士、二〇〇五―一〇年インドネシア・ムスリム・インテレクチュラル・ナショナルボード・アドバイザー、二〇〇五年よりブリティッシュ・カウンシル・アドバイザー

ナイフォン・フィリッポポリス副大主教

モスクワ・アンティオック総主教代表

一九四一年レバノン生まれ。一九五九年ハイガジアン大学（ベイルート）卒業後僧籍入り、一九六四年ザーレおよびヘリオポリスのメトロポリタン大主教秘書官、モスクワ・セオロジカル・アカデミー神学士、一九七七年修道院長としてモスクワに移転、二〇〇九年フィリッポポリス主教に選任、アンティオキアのパトリアーキ大主教に選任

大谷光真

浄土真宗本願寺派（先代）門主

一九四五年生まれ。一九六八年東京大学宗教学科およびインド哲学学士、一九七一年龍谷大学真宗学修士、一九七四年東京大学宗教学科およびインド哲学修士、一九六〇年得度、一九七〇年浄土真宗本願寺派新門就任、一九七七年浄土真宗本願寺派第二四世門主就任、一九七八―八〇年、二〇〇二―〇四年第一三代・第一八代・第二五代全日本仏教界会長

ラビ・ジェレミー・ローゼン

編者、学者、元カーメル・カレッジ学長、ペルシャ・ユダヤ・コミュニティ（マンハッタン）ラビ

一九四二年生まれ。一九六五年ケンブリッジ大学哲学学士、一九六九年ケンブリッジ大学修士、一九八四年ベン・グリオン大学博士号、一九六八年―ラビ、一九七一―八四年カーメル・カレッジ学長、一九八四年ベン・グリオン大学、WUJSセンター・アラド大学院（イスラエル）客員教授、一九八五―九一年ロンドン・ウエスターン・シナゴーグ（ユダヤ教教会）ラビ、一九九一年よりF．V．G．比較宗教学部教授および学部長（ベルギー）

アミン・サイカル

オーストラリア国立大学公共政策学科教授、アラブ・イス

ラム研究所（中東および中央アジア）所長
一九四四年生まれ。プリンストン大学、ケンブリッジ大学、開発研究機関、サセックス大学各客員フェロー、ロックフェラー財団国際関係フェロー、二〇一三年オーストラリア社会科学アカデミー（ASSA）フェロー

シュテファン・シュレンソグ
チュービンゲン大学グローバル倫理研究所最高責任者、グローバル倫理財団理事長
一九五八年生まれ。二〇〇六年神学博士、三〇年間ハンス・キュング教授の協力者および学術スタッフの一員として尽力、"Tracing the Way" のマルチメディア・プロジェクトの学術アドバイザー、"A Global Ethic now!" のインターネット学習プログラム開発アドバイザー

シュリ・シュリ・ラヴィ・シャンカール
アート・オブ・リビング（国連ECOSOCの特別支援による教育と人道に関わるNGO）および人間的価値に関わる国際協会の創立者
一九五六年生まれ。マハトマ・ガンディーの近しい友人である Andit Sudhakar Chaturvedi に学ぶ、ベーダ語文学の学者、近代科学学位取得、一九八一年アート・オブ・リビング設立、人間的価値に関わる国際協会設立、スリランカ・イラク・象牙海岸・カメルーン・カシミール・ビハールその他の紛争地域における平和交渉や助言に従事

アリフ・ザムハリ
ナードラトゥール・ウラマー（インドネシア世界最大のムスリム組織）指導者
一九七二年生まれ。一九九五年スマン・アンペル・マラングの州立イスラム研究専門学校学士、一九九八年西スマトラ州立イスラム研究イマーム・ボンジョル大学イスラム思考教育学修士、二〇〇七年オーストラリア国立大学アジア・パシフィック校博士号、ジャカルタUIN神学講師、二〇〇八―一一年IAINスナン・アンペル・スラバヤ大学院講師、二〇〇九年よりインターナショナル・ディヴィジョン・オブ・インドネシア、マハド・アル講師

ポール・M・チューレナー
一九三九年生まれ。インスブルック・ウィーン・コンスタ

ンツ・ミュンヘン各地で一九六一年宗教社会学の博士号、一九六五年神学博士号、一九六四年ウィーン管区監督、一九七三年牧師神学・牧師社会学の大学教授資格取得、一九七四―八四年バマーク、パッサウ、ボン、ザルツブルク各大学で教職、一九八四―九八年ザルツブルク牧師神学大学学長、一九八五―二〇〇〇年欧州司教協議委員会議長の神学アドバイザー、ウィーン精神神学研究所教授、カトリック神父

■OBサミット事務局長

トーマス・アックスウォージー

ウォルター&ダンカン・ゴードン財団（カナダ）

一九四七年生まれ。一九九〇―二〇〇三年ハーバード大学ジョン・F・ケネディ政治学大学院、一九九九―二〇〇五年カナダ歴史財団常任理事、二〇〇一―〇六年カナダ・アジア太平洋財団理事長、二〇〇三―一〇年クィーンズ大学民主主義研究センター長、二〇一一年よりトロント大学マッシー・カレッジ上級研究員、二〇一〇年よりトロント大学世界情勢ムンク・スクール特別上級研究員

■論文提出者

ハンス・キュング

チュービンゲン大学名誉教授、グローバル倫理財団顧問（スイス）

一九二八年生まれ。グレゴリアン大学（ローマ）で哲学と神学を学ぶ、ソルボンヌ・カトリック神学院（パリ）、一九六〇―九六年グローバル倫理財団会長、チュービンゲン大学世界教会主義研究所所長、世界教会主義神学教授、一九六二―六五年ニューヨーク、ベーゼル、シカゴ、アナーバー（ミシガン州）、ヒューストン（テキサス州）各地で客員教授、ヨハネス二三世教皇が指定する第二ヴァチカン公会議の公式神学コンサルタント

杜維明

ハーバード大学儒教学名誉教授、北京大学名誉教授

一九四〇年生まれ。一九六一年東海大学（台湾）学士、一九六三年修士、一九六八年博士号、ハーバード大学、一九六七―七一年プリンストン大学、一九七一―八一年カリフォルニア大学バークレー校教授、北京大学・台湾大

学・香港中文大学・パリ高等研究実習院教授も歴任、一九八一年よりハーバード大学研究教授、浙江、中山、蘇州、中国人民各大学の名誉教授

左よりシュミット元首相，ジスカール・デスタン元大統領，福田元首相。

INTER ACTION COUNCIL
Established in 1983

開会式で挨拶する福田元首相。
左よりフラニツキー元首相，クレティエン元首相，
フレーザー元首相。

ウィーン会議（2014 年 3 月）における討論の様子。

編集者後書き

ラビ・ジェレミー・ローゼン

二〇一四年一二月

倫理のような高貴で膨大なテーマの議論に、一体どのような正当性があるのだろうか。それは、高貴な追求ではあっても、同時に強烈な挫折感としばしば絶望をもたらす。人間は関与する全て、母なる大地すらをも破滅させる能力を持っている。そして、文化と宗教の多様性と広がりを考慮すると、どのような合意、ましてや全員一致を達成するという希望などどうして抱けるだろうか。

私は、インターアクション・カウンシル（OBサミット）主催のウィーン会議に出席する前、こうした疑問に悩まされた。しかし、多くの難問を克服しようとする全ての参加者のあきらかな善意と未来志向を知って、私は驚喜した。こうした参加者たちに対する敬意から、私は会議の議事と提出論文、さらにこのテーマに関する過去成果物の編集作業を引き受けた。それは、ウィーンでの私たちの努力とOBサミットのこの深遠な分野における活動を記録として残すためであった。

私の意図は善意だった。しかし、討論を文章に書き起こす際、必ずしも発言者の意図が正しく反映されていないかも知れない。同様に、議論の場に居合わせなかった読者にとって、より分かりやすくするために、不明瞭な文章や節を編集することで、著者が望んだような表現になっていない場合もあるだろう。

これらの誤りに対し、私は完全に責任を負い、私が犯したかもしれない非礼について心底から謝るものである。誰かを不愉快にすることなど私の念頭にはなかった。私の唯一の意図は、発言者たちの中心的メッセージを理解しやすく、彼らが伝えたかったことの本質を文章にすることだった。私は、老ヒレルの次の言葉「平和を愛し、平和を追求

し、人類を愛し、彼らを真実に近づけなさい。」の真髄を
皆が真に望んでいるものと信じている。

訳者後書き

インターアクション・カウンシル

渥美桂子

二〇一六年三月一日

「こういうことをしたいから、手伝ってもらえないか」と故福田赳夫元総理からOBサミットにお誘い頂いたのは、一九八二年の秋でした。私の人生後半は、世界の多くの指導者たちから直接学習できる機会を与えられた、感激・感動に彩られたありがたき半生でした。

この三十有余年、多くの優れた二〇世紀の指導者たちが逝去されました。そうした方々の教えとご恩に報うためにも、と福田康夫元首相から、最後の宗教間対話の企画・運営をご依頼されたのが、二〇一三年の秋でした。未だISの国家宣言はありませんでしたが、宗教を巻き込む戦争は頻繁に世界のいたる所で発生しており、有識者たちは今日の惨状を予想しておられました。

この会議を最も望んでいらしたのがドイツの故シュミット首相でした。そして同首相は会議終了後に「対話の内容を記録として残しておくように」と嘱望され、私たちは昨年英語版を出版いたしました。今は亡きシュミット首相も共著者フレーザー首相も英語版を手に取られ、お喜び下さったことは、私たちOBサミットに長年携わってきた者のあり難き幸せでした。共に喜ばれた宮崎勇事務総長も、悲しいことに、今は亡き方となられました。

英語版が出版されると、会議に出席されていた宗教指導者たちがそれぞれの言語に自主的に翻訳して下さることにもなり、ロシア語、インドネシア語、タイ語は完成し、現在はヒンドゥー語、アラブ語、中国語の翻訳が進行中です。この展開に関係者一同感動しました。

日本語翻訳を部分的に担ってくれた朝倉久美子、上杉明美、原学、藤波庸子の諸氏に感謝しております。またオリジナルの英文出版では田崎豊子、英和双方で諸々のお手伝いをしてくれた野川智恵子両氏にも御礼申し上げます。最後に本著の出版をお引き受けいただいた朝倉書店の方々のご協力に深謝いたします。

ありがとうございました。

世界はなぜ争うのか
—国家・宗教・民族と倫理をめぐって—　　定価はカバーに表示

2016 年 5 月 15 日　初版第 1 刷

著　者　福　田　康　夫
　　　　ヘルムート・シュミット
　　　　マルコム・フレーザー
　　　　他
編集者　ジェレミー・ローゼン
訳　者　渥　美　桂　子
発行者　朝　倉　誠　造
発行所　株式会社　朝　倉　書　店
東京都新宿区新小川町 6-29
郵 便 番 号　162-8707
電　話　03（3260）0141
F A X　03（3260）0180
http://www.asakura.co.jp

中央印刷・牧製本

ISBN 978-4-254-50022-6　C 3030　Printed in Japan